Friedrich Naumann

Demokratie und Kaisertum

Verlag
der
Wissenschaften

Friedrich Naumann

Demokratie und Kaisertum

ISBN/EAN: 9783957007681

Auflage: 1

Erscheinungsjahr: 2016

Erscheinungsort: Norderstedt, Deutschland

Hergestellt in Europa, USA, Kanada, Australien, Japan
Verlag der Wissenschaften in Hansebooks GmbH, Norderstedt

Cover: Foto ©Carsten Grunwald / pixelio.de

Demokratie und Kaisertum

Ein Handbuch für innere Politik

von

D. Fr. Naumann

Vierte neubearbeitete Auflage

1905

Buchverlag der „Hilfe"

Berlin-Schöneberg

Vorbemerkung zur dritten Auflage.

Die erste und zweite Auflage von „Demokratie und Kaisertum" sind im Frühjahr 1900 erschienen. Jetzt geht eine neue dritte Auflage (8. bis 14. Tausend) hinaus, um neue Leser zu suchen. Sie ist ebenso ausgestattet wie die früheren, wird aber weit billiger geliefert, damit die Verbreitung der in diesem Buch enthaltenen politischen Gedanken erleichtert wird. Ungebunden kostet „Demokratie und Kaisertum" von jetzt an nur 1,20 Mk. und gebunden 2,00 Mk. Inhaltlich ist der ganze Stoff der gegenwärtigen inneren Politik neu durchgearbeitet worden. Einzelne Abschnitte sind völlig neu geschrieben, überall sind die Vorkommnisse der letzten vier Jahre berücksichtigt, Zahlen und Zitate sind nach den neuesten Veröffentlichungen vervollkommnet. Der Geist und die Grundrichtung ebenso wie die Anordnung des Gedankenganges sind sich gleich geblieben.

Der Hauptunterschied zwischen 1900 und heute liegt in dem Ausgang des Zollkampfes, im Ergebnis der letzten Reichstagswahl und vor allem im stärkeren Hervortreten der Zentrumsmacht in der deutschen Staatsleitung. Man wird die Berücksichtigung dieser politischen Erscheinungen im ganzen Verlauf der Darlegungen finden. Vieles, was über das Zentrum in den früheren Auflagen als bevorstehend angesehen wurde, ist jetzt als vorhanden zu kennzeichnen. Durch Bülows Berufung in die Regierung und Miquels Ausscheiden veränderte sich der Umkreis der zu besprechenden politischen Charakterköpfe ebenso wie durch verschiedene Todesfälle im Gebiet des parlamentarischen Lebens. Ausführlicher als früher ist auf die Frage eines Bauernprogramms im Industriestaat eingegangen, überhaupt tritt die politische Bedeutung der industriellen Entwickelung noch bestimmter hervor als in den ersten Ausgaben.

Seit dem Erscheinen von „Demokratie und Kaisertum" im Jahre 1903 ist in gleicher Ausstattung und in demselben Verlage ein Buch über äußere Politik erschienen, das als Seitenstück und wertvolle Ergänzung zu diesem Bande gedacht ist, nämlich Dr. Rohrbachs wertvolle Arbeit über „Deutschland unter den Weltvölkern, Materialien zur auswärtigen Politik". Als dritten gleichartigen Band hofft der Verfasser im folgenden Jahre eine neue Bearbeitung seiner „Neudeutschen Wirtschaftspolitik" bieten zu können. Erst aus der Gemeinschaft dieser drei Arbeiten wird sich ein Gesamtbild der deutschen Politik der Gegenwart ergeben.

Als „Demokratie und Kaisertum" zuerst erschien, wurde es viel besprochen, kritisiert, angegriffen, verlacht, verleumdet und gelobt. Das Wesentliche aber ist, daß es, wie dem Verfasser persönlich versichert wurde, nicht wenigen Lesern Anlaß gab zu eigener Beschäftigung mit den brennenden Fragen der Zeit. Das ist es, was ich auch der neuen Ausgabe wünsche!

Schöneberg, im Juli 1904.

Fr. Naumann.

Vorwort zur vierten Auflage.

Unsere Berechnung hat sich glücklicherweise als richtig erwiesen. Durch die Verbilligung des Preises hat sich die Verbreitung von „Demokratie und Kaisertum" sehr wesentlich gesteigert. Wir wagen es, die vierte Auflage noch größer zu machen, als die dritte war. Es erscheint hiermit zu denselben günstigen Bedingungen das 15. bis 25. Tausend. Der Inhalt ist im ganzen derselbe geblieben, nur sind überall die neuesten Vorkommnisse berücksichtigt worden. Möge dieses Buch zur Erneuerung der deutschen Politik an seinem Teile mitwirken!

Schöneberg, im Mai 1905.

Fr. Naumann.

Inhalts-Verzeichnis.

I. Abschnitt: Demokratie.

Seite

II. Abschnitt: Die drei Aristokratien.

III. Abschnitt: Das Kaisertum.

Namen-Verzeichnis.

Die Ziffer bezeichnet die Seite.

I. Abschnitt.

Die Demokratie.

I. Demokratie als Voraussetzung des Sozialismus.

Wie Sonnenaufgang stieg vor fast 40 Jahren der Gedanke des Sozialismus über dem eben erst entstehenden deutschen Industrievolke empor. Die Leinweber, Strumpfwirker, Großstadtmaurer, Eisendreher und Former sahen sich von der Weltgeschichte an die Wende der Zeiten gestellt. Die Periode des Privateigentums lag endlos lang und mühselig hinter ihnen, und die Periode der gesellschaftlichen Gütergemeinschaft lag glitzernd, wonnig und lockend vor ihnen. Viele von den ersten Sozialdemokraten Deutschlands glaubten daran, den großen Tag zu erleben, wo das „Krieg den Palästen und Friede den Hütten" zur Wahrheit wird. Sie hielten die „neue Gesellschaft" für eine Sache von greifbarer Nähe und Deutlichkeit. Ein Volksdichter von der Begabung **August Bebels** malte in seinem Buch von der „Frau" das, was kommen sollte, mit den Farben eines volksverständlichen irdischen Paradieses. Er war ein gewaltiger Aufwecker schlafender Seelen, ein Wohltäter der Versunkenen, denen er Hoffnung gab, zugleich ein Phantast, voll von fabelhaftem Glanze für das arme Volk, das da wohnet im dunkelen Lande. Was er brachte, war eine Art neuer Religion an Stelle der alten. Nicht der Liebknechtsche Marxismus, nicht der reformatorische Realismus, der auch in Bebel ist, war das durchschlagende Element in seiner ersten lebens- und opfervollsten Zeit; das, was seinen Namen zur Massenparole machte, war der hinreißende, Glück weissagende soziale Utopismus. Von dieser seiner großen Jugendstimmung hat er sich nie ganz losmachen können. Bekannt ist, daß er 1891 auf dem sozialdemokratischen Parteitage in Erfurt die hoffnungsvollen Worte sprach:

> Ja, ich bin überzeugt, die Verwirklichung unserer letzten Ziele ist so nahe, daß wenige in diesem Saale sind, die diese Tage nicht erleben werden.

Bebel sagt solche Worte nicht, ohne sie zu glauben. Gerade darin, daß man ihm die ganze weltumgestaltende Glaubensfreudigkeit anfühlt, daß der Hörer eine subjektiv wahrhaftige Rede von ihm hört, liegt seine Kraft. Wenn er den Utopismus aufgibt, dann gibt er sich selber auf, und weil er Utopist ist, muß er demokratisch-revolutionär sein. Eine neue Gesellschaft kann, wenn sie überhaupt in kurzer Zeit kommen soll, nur durch Ereignisse herbeigeführt werden, die gewaltsamer sind, als es die große französische Revolution war. Der langsame Weg der natürlichen Entwickelung schafft begreiflicherweise nur langsame Ergebnisse. Wo aber pulsierende Ungeduld der Zukunft entgegeneilt, da muß diese Ungeduld sich auf den einen politischen Kerngedanken sammeln: die Eroberung aller politischen Macht zur Beseitigung aller vorhandenen Mächte. In dieser Richtung hin sagte Bebel auf demselben Parteitag:

> Wir sind nicht in der Lage, die Herrschaft der Arbeiterklasse zu errichten auf der Gewinnung der ökonomischen Macht, wir müssen zum umgekehrten Mittel greifen. In erster Linie haben wir die politische Macht zu erobern und diese zu benutzen, um auch die ökonomische Macht durch die Expropriation der bürgerlichen Gesellschaft zu erreichen. Ist die politische Macht in unseren Händen, so findet sich das Weitere von selbst.

Wir wählen aus der reichen Fülle des vorliegenden Materials gerade diese Worte, weil in ihnen der politische Charakter des ursprünglichen utopistischen Sozialismus am knappsten und besten ausgesprochen ist. Man kann sich den Bebelschen Sozialismus nicht denken ohne uneingeschränkte Machtgewinnung. Ob bei erlangter politischer Macht das soziale Endziel verwirklicht werden könnte, ist eine Frage für sich, die wir an dieser Stelle nicht zu erörtern haben. Hier genügt es festzustellen, daß Bebel revolutionärer Machtpolitiker ist und sein muß.

So groß nun aber auch heute noch das persönliche Ansehen Bebels in seiner Partei sein mag, so unterliegt es doch keinem Zweifel, daß die eigentümlich Bebelsche Form des utopistisch-dichterischen Sozialismus im Schwinden ist. Die Bewegung wird älter, größer, schwerer und nüchterner.

In den Winkeln armer Hausindustrie, in den Hütten erwachender Landarbeiter bleibt noch etwas vom Schimmer der goldenen Wolken zurück, der den Morgen der neudeutschen proletarischen Bewegung vergoldete, auf sozialdemokratischen Parteitagen brennt noch bisweilen einmal in einem Augenblick die alte Glut lichterloh in die Höhe; aber im Grunde wird es niemand bestreiten, daß die ersten Überschwenglichkeiten dahin sind. **Der Sozialismus richtet sich auf lange Arbeit ein, und die gegenwärtige Generation verzichtet darauf, am Rande des Zusammenbruchs einer ganzen alten Welt zu stehen.**

Das ist der Inhalt der Kämpfe, die in den letzten Jahren die sozialdemokratische Partei bewegt haben. Obwohl die Mehrzahl der Genossen dem Streite ihrer Wortführer durchaus abhold war, da jeder Prinzipienstreit die Agitation stört, ließ sich der Gegensatz zwischen alter und neuer Richtung nicht aus der Welt schaffen. Der wirkliche Führer der neuen Strömung hätte v. Vollmar sein können, wenn er Lust und Trieb gehabt hätte, sich in den Vordergrund des Prinzipienstreites zu stellen. Er blieb aber oben in seinen Bergen und überließ es dem logisch begabten, aber nicht unmittelbar und tief wirkenden **Eduard Bernstein,** die Lehre des „Revisionismus" in allerlei Schriften zu vertreten. Der Grundgedanke Bernsteins ist, daß man das Endziel, die volle Gewinnung der Macht und die gänzliche Umgestaltung der Wirtschaftsordnung künftigen Jahrhunderten überlassen muß, und heute für die heutige Generation arbeiten muß, indem man sich begnügt, ein politischer Faktor zwischen den anderen zu sein. Diesen Gedanken brachte Bernstein kritisch, aber nicht schöpferisch zum Ausdruck. Er dachte nicht daran, sich im praktischen Handeln von der Partei abzusondern, erkannte den zweiten Teil des Programms, der von den Gegenwartsforderungen der Sozialdemokratie handelt, restlos an, bestritt aber die Agitationsgrundlage, eben jene große, glückverheißende, zauberkräftige Utopie. Dabei gelang es ihm nicht, eine in sich einheitliche Gruppe der Revisionisten zu bilden. Man sah keinen neuen Kristallisationskern entstehen. Vollmar, Auer, Heine, David, Schippel, Calwer, v. Elm und viele andere tauchten als Einzelpersonen auf, die sich dem Zwang des alten Grundgedankens gelegentlich entzogen, aber sie stellten keinen neuen Gedankengang an Stelle des alten.

Sie sagten nicht, was denn nun der poilitische Weg des Proletariats sein solle. Im Grunde waren sie nur eine Lockerungserscheinung, ein Schmelzungsprozeß. Und deshalb mußten sie in der Debatte unterliegen, sobald ihnen scharf begegnet wurde.

Die große Auseinandersetzung zwischen beiden Richtungen spielte sich im September 1903 in Dresden ab. Bebel trat als Ankläger der Neuerer auf, die der Partei ihren alten revolutionären Glutcharakter nehmen wollten. Er war groß in seinem Zorn und seiner Leidenschaft. Aller alte Enthusiasmus seines opfervollen Lebens brach noch einmal heraus. Er wollte Klarheit:

> Man rede doch nicht von der Einheit und der Einigkeit in der Partei! Nie und zu keiner Zeit waren wir uneiniger als gerade jetzt. Das zu vertuschen und darüber abermals mit Zuckerwasser hinwegzukommen, das habe ich für meine Person herzlich satt . . . Ich will der Todfeind dieser bürgerlichen Gesellschaft und dieser Staatsordnung bleiben, um sie in ihren Existenzbedingungen zu untergraben, und sie, wenn ich kann, beseitigen.

Wie Sturmwind jagte noch einmal der wilde Heldengeist der ersten Tage durch die Gemüter. Bebel stand in der Mitte und warf als Zeus mit Donnerkeilen. Das Ende aber ist, daß alles beim alten bleibt. Die Theorie Bernsteins ist bei Seite gedrückt, aber die Tatsache bleibt, daß die Partei der 3 Millionen Stimmen keine Sekte mehr ist, die eine Welt umzuwerfen beabsichtigt. Der Parteitag ist verrauscht, die Resolution wird vergessen, die Wirklichkeit geht weiter.

Der Inhalt der Dresdener Resolution ist in folgenden Worten ausgesprochen:

> Die Folge einer revisionistischen Taktik wäre, daß aus einer Partei, die auf die möglichst rasche Umwandlung der bestehenden bürgerlichen in die sozialistische Gesellschaftsordnung hinarbeitet, also im besten Sinne des Wortes revolutionär ist, eine Partei tritt, die sich mit der Reformierung der bürgerlichen Gesellschaft begnügt . . Der Parteitag verurteilt jedes Bestreben, die vorhandenen, stets wachsenden Klassengegensätze zu vertuschen, um eine Anlehnung an bürgerliche Parteien zu erleichtern.

Diese Resolution ist eine nur theoretische Kriegserklärung. Eine praktische Kriegserklärung würde ganz anders lauten müssen, etwa so: Die Partei organisiert das Proletariat zur politischen Überwindung des Klassenstaates durch revolutionäre Erhebung, sie setzt Kommissionen ein, um die Mittel des Aufstandes zu prüfen! Es liegt auf der Hand, daß derartige Beschlüsse nur dann gefaßt werden können, wenn wirklich die Absicht baldigster Revolution besteht. Die Sozialdemokratie aber ist „im besten Sinne des Wortes revolutionär", das heißt: in der Theorie und auf dem Papier! Im Grunde glaubt keiner mehr an die Überwindung aller vorhandenen politischen Mächte im gegenwärtigen Geschlecht, aber es scheint agitatorisch notwendig, noch so zu reden, als täte man es. Aus dem alten feurigen Revolutionsbekenntnis wird eine Lehrformel, die man mit Majorität beschließt und an die geglaubt werden muß. Aus vulkanischer fließender Glut wurde formulierbare Lava. Man machte aus Marx den Marxismus. Das, was in Bebel nur Mittel zum Zweck ist, wurde zur Hauptsache gemacht: die Sammlung schulmäßiger Begriffe. Aus dem reichen, vielseitigen Schatze veraltender und bleibender Gedanken von Marx und Engels hob die Partei eine katechismusartige Lehre heraus, die soweit unter Marx steht, wie der Lutherianismus unter Luther. Der Hauptvertreter dieses Marxismus ist **Kautsky.** Er ist phantasielos, aber wissenschaftlich gründlich. Man kann aus jeder seiner Schriften vielerlei lernen, eins aber hat er nicht: politischen Instinkt. Ihm fehlt die alte revolutionäre Energie Bebels, ihm fehlt aber auch eine neue, andersartige politische Energie. Er ist doktrinär und kein Machtpolitiker, und gerade deshalb bedeutet er für den Sozialismus in Deutschland eine scharfe Gefahr, die Gefahr der politischen Erschlaffung. Seine Theorie ist derjenigen Bebels verwandt, nur gilt von ihr „verflogen ist der Spiritus, das Phlegma ist geblieben". Er sitzt in seiner Studierstube und schreibt über die soziale Revolution und über den Tag nach der Revolution, ein Alexandriner des Proletariats, aber nichts in ihm atmet den Geist derer, die Welten aus den Angeln zu heben jemals sich vorgenommen haben. Die Arbeiterbewegung selbst hat mit allen diesen Theoretisierereien nur scheinbar noch zu tun. Sie freut sich am kräftigen Radikalismus der Rede, ohne deshalb revolutionäre Absichten in sich zu haben. Da sie mit Hilfe der alten Formeln gesammelt ist, will sie bei ihnen bleiben, vor allem verlangt sie aber, von den Theoretikern nun endlich in Ruhe gelassen zu werden. Die ganze Prinzipiendebatte der letzten Jahre ist nirgends tief gegangen. Was hat sich die Menge der Berliner Sozialdemokraten aus der Bernsteinfrage gemacht?

Man hat zwar von seiten der Theoretiker behauptet, der revolutionäre Marxismus entspreche so sehr dem Wesen des Lohnarbeiters im kapitalistischen Zeitalter, daß er mit elementarer Notwendigkeit aus ihm herausbrechen müsse. Aus der Lage des abhängigen Mannes ergebe sich, daß er sich als herrschend, aus der des Besitzlosen, daß er sich als Inhaber aller Güter denken müsse. Das ist aber nichts als eine Konstruktion, gegen die schon längst der geistige Entwickelungsgang der englischen Arbeiter gesprochen hat, und gegen die je länger desto mehr das Abflauen der Endzielsgedanken in Deutschland protestiert. Natürlich muß der Arbeiter Verbesserungsideen in seinem Gehirne tragen. Keine große aufsteigende Schicht lebt ohne solche Ideen, aber es liegt keinerlei innerer Zwang vor, gleich aus der Gegenwart hinaus in ungesehene, völlig andere Gesellschaftsformen hinüberzuspringen. Dieser Gedankensprung ist zeitgeschichtlich und gehört nicht zum Wesen der politischen Arbeiterbewegung an sich. Er ist Merkmal eines gewissen Stadiums im Werden der Industrie, wo man noch nicht gelernt hat, mit der Festigkeit der bestehenden Herrschaftsverhältnisse und mit der Langsamkeit aller menschlichen Entwickelung zu rechnen. Die Illusion, als könne der jüngste Bestandteil des politischen Lebens sofort als Allbeherrscher auftreten, verflüchtigt sich und die reale Politik einer nach Millionen zählenden Klasse tritt langsam in ihr Recht.

Für die Langsamkeit der Hinwendung zur realen Politik der Arbeiterklasse ist niemand charakteristischer als der langjährige Sekretär der Partei **Ignaz Auer.** Er ist seiner ganzen Anlage nach das Gegenteil von Kautsky, kein Theoretiker, kein Philosoph, sondern ein strategisch-taktischer Kopf. Trotzdem ist er mit Kautsky in seiner Gesamtwirkung verwandt. Aus praktischen Gründen hält er am alten Wortgebrauche fest. Kein Mensch, der seine Arbeit und seine Reden verfolgt, hält ihn für einen prinzipientreuen revolutionären Marxisten (an anderer Stelle bringen wir sein persönliches Bekenntnis über die marxistische Dialektik), aber niemand weiß auch genau zu sagen, wohin er in Wirklichkeit steuert. Er stellt dem alten revolutionären politischen Ideal, das er für seine Person nicht mehr hat, kein neues anderes politisches Ideal gegenüber. Es genügt ihm, daß die alten Begriffe sich verflüchtigen, und die Pflicht, neue politische Begriffe zu pflanzen, fühlt er nicht in sich. Von Fall zu Fall verwertet er die Kräfte der Partei nach bestem Wissen und sorgt mit fast mütterlicher Beflissenheit für die Erhaltung der Einheit. Unerschöpflich ist er im Auffinden von Gründen, warum eine auftauchende Streitfrage nicht parteispaltend sein könne. Er ist es, der das Zusammenbleiben von Bebel und Bernstein ermöglicht hat. Diese seine vereinigende, parteierhaltende Tätigkeit ist an sich keine kleine Leistung, zu ihr gehört wirkliche Virtuosität in der Behandlung von Personen und Gedanken, innige Mischung von bayerischer Biederkeit und Berliner Diplomatie, aber es fragt sich, ob diese Einheitserhaltung nicht das gehindert hat, was Auer sonst leisten konnte: die Führung zur neudeutschen Demokratie.

Das nämlich ist es, was sich in allem Widerstreit der Meinungen immer sichtbarer meldet: an Stelle der alten revolutionären Politik ist ein neuer politischer Gedankengang nötig, dessen Ausgangspunkt die Frage ist: Wie gewinnt die lohnarbeitende Masse Einfluß innerhalb des vorhandenen Staates, den sie zu stürzen zu schwach ist, in dem sie aber täglich an Bedeutung zunimmt? Der bisherige Zustand ist, daß die Masse an Macht zunahm, indem sie den Staat mit dem Untergang bedrohte. Dieser Weg ist nur solange gangbar, als von beiden Seiten an die Möglichkeit des Umsturzes geglaubt wird. Fällt dieser Glaube in sich zusammen, so ist es nötig, daß die Masse einen Plan aufnimmt, wie sie ohne Erweckung revolutionärer Angst im Staat genug Macht erlangen kann, um die Gesetzgebung und Verwaltung zu ihren Gunsten zu wenden.

Mit anderen Worten: Das alte sozialdemokratische Ideal einer Vernichtung der bürgerlichen Gesellschaft verschiebt sich in das neue, kleinere, aber dafür aussichtsreichere Ideal, innerhalb dieser Gesellschaft ein Machtfaktor von steigender Wirksamkeit zu werden. In Wirklichkeit ist dieses neue Ideal längst an Stelle des alten getreten, nur fehlt bisher die Anerkennung der vollzogenen Verschiebung. **Das neue Ideal heißt Herstellung einer Periode, in der Deutschland von links her von demokratischer Seite regiert wird.** Nicht der ganze Kapitalismus, nicht die bürgerliche Gesellschaft soll gestürzt, aber der politische Einfluß der konservativ-klerikalen Majorität im Staat soll gebrochen werden.

Auch das ist schwer genug und erfordert ein Zusammenfassen aller Kräfte und eine Arbeit von 15 oder 20 Jahren. Was dann später geschieht, mögen die Späteren besorgen! Jetzt ist das die politische Aufgabe, die das deutsche Proletariat hat, die einzige, die es nach Lage der Sache haben kann, denn ehe die Gegner liberaler Staatsbürgerfreiheit nicht zurückgeworfen sind, ehe nicht ein Mindestmaß von Durchdringung des Staates mit demokratischer Gesinnung erreicht ist, sind alle weiteren Hoffnungen der Masse vergeblich. Die erste Etappe auf dem Wege zur Zukunft ist die Erlangung der politischen Freiheiten, wie sie England hat. Das ist die Aufgabe des Zeitalters, das wir Heutigen noch erleben können.

Alles, was der Sozialismus praktisch anstrebt, ist von einer systematischen Erweiterung des demokratischen Einflusses abhängig. Ob er Kommunalsozialismus will, ob Besserung der Lage der Staatsarbeiter, so sind es alte demokratische Wahlrechtsfragen, die am Tor zum Erfolge stehen. Ob er Genossenschaften pflegen will oder Gewerkschaften, die demokratische Vereinsfreiheit ist das A und O. Ob er wirksame Schutzgesetze will oder sonst einen Staatseingriff, so wird der Nutzen dieses Eingriffes stets davon abhängen, wie sehr der Verwaltungskörper von wirklicher Achtung vor den Rechten der einzelnen durchdrungen ist. Der Sozialismus leidet in Deutschland daran, daß sich der Liberalismus nicht hat ausleben können. Unser liberaler Frühling war zu kurz und es sind dann zuviel Blüten wieder erfroren. Es ist deshalb nötig, daß es noch einmal Frühling wird im Sinne deutscher Freiheit. Freiheitsbewegungen aber haben ihren Ursprung immer dort, wo der Druck am lebhaftesten empfunden wird. Ein Frühling deutscher Freiheit ohne die Proletarier ist undenkbar. Sie sind die Masse, die den Infanterieangriff gegen die Mauern der Bevormundungs- und Zwangspolitik zu machen hat, den politischen Angriff „innerhalb der vorhandenen Staats- und Gesellschaftsordnung".

II. Die Unmöglichkeit der demokratischen Revolution.

Der Mehrzahl der Sozialdemokraten erscheint die Aufgabe der Herstellung einer demokratischen inneren Politik als zu gering. Sie leugnen nicht, daß diese Aufgabe vorhanden ist, aber sie wollen Größeres vollbringen. Gegen diesen Willen ist natürlich rein theoretisch nichts einzuwenden, denn alle Volksteile sind geneigt, so viel zu nehmen, als sie irgend erlangen können. Es fragt sich nur, ob etwas anderes als allmähliche Demokratisierung des Staates möglich ist. Mit anderen Worten: es fragt sich, ob die proletarische Revolution möglich ist. Wenn sie möglich ist, dann sind alle Versuche vergeblich, dem Proletariat eine gemäßigtere Tonart zu empfehlen.

Man hat zwar versucht, den Sozialdemokraten zu sagen: warum wollt ihr nach der Erlangung der Macht an sich streben, da ihr doch selbst im Falle der Eroberung der Macht nicht imstande sein würdet, eure Pläne wirklich durchzuführen? Dieses Zureden ist aber ganz zwecklos, denn selbst wenn es richtig sein sollte, daß die etwa siegreiche Sozialdemokratie ihre Zukunftsgesellschaft nicht schaffen könnte (ein sehr wahrscheinlicher Fall), so folgt daraus noch lange nicht, daß sie nicht hundert Verbesserungen hervorbringen würde, die jetzt nicht da sind. Jede Partei glaubt an ihre eigene Vortrefflichkeit und hält deshalb ihren Sieg für unter allen Umständen erstrebenswert. Keine Partei von 3 Millionen Wählern wird sich durch schüchterne Erwägungen darüber, was sie etwa falsch machen würde, wenn sie herrschen müßte, vom Drang nach Herrschaft abhalten lassen. Der Drang nach Herrschaft ist der Lebenssaft alles politischen Tuns. Er leitet die Fürsten, die Aristokratien, die Demokratien. Ihn selbst darf man keiner politischen Partei zum Vorwurf machen. Nichts würde die Sozialdemokratie abhalten, die gesamte Macht in ihre Hände bringen zu wollen, — wenn sie es könnte! Wenn es möglich ist, daß die Sozialdemokratie im Sturm, bei irgendwelcher politischen Lage, die Herrschaft in Deutschland an sich reißt, die bisherigen Fürsten und Verfassungen stürzt und sich an die Stelle der jetzt herrschenden Schichten setzt, wenn sie die Macht, die Souveränität ergreifen und die ganze alte politische Welt aus den Angeln heben kann, dann ist auch ihre ältere Taktik richtig, dann ist und bleibt Bebel auf dem richtigen Wege. Kann sie es aber nicht, dann soll sie aufhören, sich als revolutionäre Partei zu bezeichnen und mit dieser Bezeichnung ihren Anhängern die Sachlage zu verdunkeln!

Es hilft auch gar nichts, wenn man dem Revolutionsgedanken gegenüber mit moralischen Gesichtspunkten kommen will, denn die Staatskörper, in denen wir heute leben, sind auch nicht nach dem Muster des kleinen Katechismus entstanden. Unsere ganze Gegenwart beruht auf vergangenen Gewalttaten. Es gibt keine einzige politische Macht, die nicht Menschenblut vergossen hat, um bestehen zu können. Jeder deutsche Einzelstaat hat seine rote Geschichte. Überall sitzen entthronte, mediatisierte, gestürzte alte Herrschaften. Auch das neue Deutsche Reich ist durch Blut und Annektierung entstanden. Bismarck war gegenüber dem früheren Deutschen Bund ein rücksichtsloser Revolutionär. Mit demselben Rechte, mit dem er Kronen brach und Urkunden zerriß, können neue Mächte das jetzige geschichtliche Recht verletzen. Es fragt sich eben nur, ob es Mächte gibt, die dazu geschichtlich berechtigt sind. Geschichtliches Recht hat, solange die Welt steht, nur der Stärkere gehabt. Preußen hatte recht, weil es siegen konnte. Wenn es nicht siegen konnte, so war das Vorgehen König Wilhelms I. und seiner politischen und militärischen Helfer ein geschichtlicher Frevel, ein Sturz in den Abgrund, eine zwecklose, unverantwortliche Opferung von Blut, Recht und Gut. So aber ist heute und für alle absehbare Zeit die Lage der Demokratie: sie darf um keinen Preis Revolution machen, weil sie bei jedem Versuche verlieren muß!

Diese unsere Behauptung, daß eine Revolution im heutigen Deutschland gar nicht erfolgreich durchzuführen ist, ist Überzeugung politisch einsichtiger Männer aus allen Lagern. So sehr eben jetzt durch die Vorgänge in Rußland das Denken aller politisch bewegten Kreise auf das Problem der Revolution hingelenkt wird und so viele Menschen es in Deutschland gibt, die einer russischen Revolution von Herzen Glück wünschen würden, so wenig ändert das an der deutschen Lage. Nur dadurch wurde überhaupt der Revolutionsgedanke bei uns künstlich lebendig erhalten, daß die Scharfmacher ohne Ende vom Gespenste der Revolution redeten, und daß es den radikaleren Sozialdemokraten gefiel, sie so reden zu hören. Am meisten aber sündigte in dieser Hinsicht, soviel wir sehen, die Zentrumsgeistlichkeit. Sie hat sich so daran gewöhnt, von den dämonischen Kräften des Abgrundes zu predigen und ihre Hörer mit dem Blick auf rote Lohe und blutigen Mord bange zu machen, daß es noch lange dauern wird, bis man auch in den Hütten der Kapläne menschliche Dinge menschlich und wahrhaftig anzusehen lernt. Alle Leute, die nicht gerade Wahlreden gegen die Sozialdemokratie halten, sind sich einig, daß das viele Getöse von Revolution nichts als Phrase ist. Die Masse des Volkes hat es längst begriffen, daß das Jahr 1848 das Ende der Revolutionen für Deutschland gewesen ist. Es gibt nirgends heimliche Komitees, nirgends den Versuch Waffen zu sammeln. Während Rußland kocht und gärt, während dort Chemie und Technik sich der Verbreitung des politischen Schreckens zur Verfügung stellen, denkt in Deutschland kein einziger organisatorisch befähigter Kopf über Revolution nach. Diese einfachen und klaren Tatsachen werden von niemand bestritten. Es ist aber bei der großen prinzipiellen Wichtigkeit dieser Frage trotzdem von Wert, sich die Gründe genauer zu vergegenwärtigen, warum die früher vorhandenen revolutionären Neigungen eingeschlafen sind und selbst durch das Beispiel des Nachbarvolkes nicht wach gerufen werden.

Das wesentliche ist, daß wir durch die früheren Revolutionen und ihre Nachwirkungen soviel demokratische Volksrechte bekommen haben, daß die Stimmung des Volkes sich ohne vulkanische Ausbrüche deutlich machen kann. Der Stimmzettel ist ein großes Sicherheitsventil gegen Revolutionen. In Ländern ohne Wahlrechte, in rein konservativ und absolutistisch regierten Ländern zwingt die politische Aussichtslosigkeit zu verzweifelten Mitteln. Welche Länder sind von Revolution bedroht? Etwa England und Amerika? Nein, aber Rußland, das Land konservativster Kultur! Ein Volk, das einen Massenprotest bei Wahlen erheben kann, denkt nicht an Gewalttaten.

Dazu kommt ein zweites. Je mehr der Großbetrieb fortschreitet, desto weniger ist der Charakter der Menschen für Straßenkämpfe und ähnliches gestimmt. Der verzweifelte Kleinbauer, der Jahrzehnte für sich in seinem Winkel geduldet hat, kann am Tage großer Aufregung zum wilden Tiere werden, der zerbrochene, verelendete Kleinhandwerker stellt seinen armen Körper mit tollen Reden auf die Barrikade, wenn es der Zug der Dinge mit sich bringt, der Großbetriebsarbeiter aber ist von dieser Art von Desperation weit entfernt. Er kennt sich als Glied eines Organismus und glaubt nicht an die wunderbare Gewalt rollender Leidenschaft. Nirgends in der Welt hat diese Art von Menschen bisher Revolution gemacht. Auch ist es falsch zu sagen, daß diese Arbeiter nichts zu verlieren haben als ihre Ketten. Die einzige Art Revolution, die man dem neuzeitlichen Massenarbeiter zutrauen kann, ist die Durchführung eines großen Streikes, der sich zum allgemeinen Kampf um die Macht auswächst. Der Gedanke dieses Generalstreikes ist innerhalb der Sozialdemokratie wiederholt erörtert und stets schließlich als völlig aussichtslos abgewiesen worden. Die Arbeiter können streiken. Je mehrere es tun, desto eher sind ihre Mittel und ihr Kredit am Ende. Sie und nicht ihre Gegner sind es, die zuerst hungern, und das Übergewicht des Staates ist im Zeitalter des Verkehrs größer als jemals früher, da alle Verkehrsanstalten dem Staate dienen, und die Revolution zwar möglicherweise den Verkehr hindern, aber nicht sofort von sich aus neu organisieren kann. Man würde jeden politisch in Brand geratenen Ort verkehrspolitisch isolieren. Das übrige Land würde vom Kampfplatz kaum soviel Nachricht bekommen, als Europa durch den Kabel vom Krieg in Korea. Bei Proklamierung des Kriegsrechtes würde der Zeitungsvertrieb durch die Post eingestellt werden. Wo sind die Kräfte, die trotzdem die Beteiligung der Provinzen zu wecken imstande wären?

Bedacht muß ferner werden, daß die Abschneidung der Zufuhr durch den Gütertransport der Eisenbahn jede Großstadt binnen wenigen Tagen zur Verzweiflung treiben kann. Es genügt, an die Folgen mangelnder Milcheinfuhr für die Kinder zu denken. Natürlich würde die arme Bevölkerung durch eine solche Maßregel am härtesten betroffen werden, da sie vielfach auf Kredit lebt und über keine Lebensmittel im Haushalt verfügt. Ohne Lebensmittel ist aber bekanntlich die größte Wut, die allerdings durch diese Abschneidungen entstehen würde, wehrlos.

Schneidet der Staat die Zufuhr ab, so schneidet die Revolution die Gas- und Wasserleitungen auf. Sie hat ja Arbeiter genug, die wissen, wie das gemacht wird. Niemals früher hat es ein so unheimliches Revolutionsmittel gegeben als dieses, aber allerdings ein äußerst zweischneidiges Mittel, bedenklicher fast für die Lebenserhaltung und Disziplin der Kämpfer als der Verteidiger.

Eine moderne Großstadtrevolution ist nicht ein Zwischenspiel, wie es die früheren bürgerlichen Revolutionen in Berlin, Dresden, Leipzig und Frankfurt waren, wie es auch der nur kurze Straßenauflauf in Brüssel war, eine Revolution, die jetzt um die Souveränität kämpft, ist ein Ringen auf Leben und Tod, ungeheuer in ihren Zerstörungen, wie der Krieg der Zukunft, dessen Greuel niemand sich genügend vorstellen kann. Nur eine Revolution größten Stiles kann im Staate etwas ändern. Eine solche aber wird in Grund und Boden geschossen, ehe sie wirklich aufsteigt. Auch wenn man zugeben wollte, daß im Heer genügend sozialdemokratische Gesinnung vorhanden sei, so würde es aller seitherigen Erfahrung widersprechen, wenn man glauben wollte, daß im Momente des blutigen Kampfes die Truppe zweifelhaft sein könnte. Sobald etliche Soldaten durch Steinwürfe und Revolverschüsse getötet sind, bemächtigt sich des Heeres ein Geist unbarmherziger Kampfesgier. Dazu kommt, daß das Offizierkorps geschlossen gegen die Revolution steht und daß man die Truppen sorgsam auswählen wird, die man ins Feuer schickt. In dieser Hinsicht hat Fr. Engels recht in seiner Einleitung zur 3. Auflage der „Klassenkämpfe in Frankreich", indem er die Erfahrungen von 1848 bespricht:

> Seitdem hat sich sehr viel verändert und alles zugunsten des Militärs. Sind die Großstädte bedeutend größer geworden, so noch mehr die Armeen. Paris und Berlin sind seit 1848 nicht ums Vierfache gewachsen, ihre Garnisonen aber um mehr als das. Diese Garnisonen können vermittels der Eisenbahnen in 24 Stunden sich mehr als verdoppeln, in 48 Stunden zu Riesenarmeen anschwellen. Die Bewaffnung dieser enorm verstärkten Truppenzahl ist unvergleichlich wirksam geworden. 1848 der glatte Perkussionsvorderlader, heute der kleinkalibrige Magazinhinterlader, der viermal so weit, zehnmal so genau und zehnmal so rasch schießt wie jener. Damals die relativ schwach wirkenden Vollkugeln und Kartätschen der Artillerie, heute die Perkussionsgranaten, deren eine hinreicht, die beste Barrikade zu zertrümmern.

Nur da können Revolutionen Erfolg haben, wo der Staat als Staat schwach geworden ist. Das ist er bei uns in keiner Weise. Das ganze l e t z t e h a l b e J a h r h u n d e r t b e d e u t e t e i n b e s t ä n d i g e s S t ä r k e r w e r d e n d e r S t a a t s e n e r g i e. Das neue Deutsche Reich ist kein wackliger Bau wie etwa das Österreich von 1848, und selbst dieses hat sich gehalten. Man steht auch auf den obersten Stufen der Staatsverwaltung diesen Dingen anders gegenüber als früher. Wilhelm II. würde kein Friedrich Wilhelm IV. sein. Das ganze besitzende Bürgertum würde wie ein Mann zur Krone stehen, so oft es vorher über sie gescholten haben mag. Die Zusammenballung der staatserhaltenden Kräfte würde ungeheuer sein, die Niederlage unsagbar blutig, die Folge ein aristokratisch-despotisches Zwangsregiment von tyrannischer Macht. Indem Deutschland die Revolution bekämpft, würde es um sein Staatsleben als Volk unter Völkern kämpfen, denn im Kaisertum liegt, wie wir später zeigen werden, die Möglichkeit seiner politischen Zukunft nach außen.

Diese ungeheuren Gegenkräfte werden von den Arbeitern nicht verkannt. Wir haben noch nie jemand gesprochen, der im ruhigen Gang der Dinge eine organisierte Revolution auch im privatesten Kreise für ausführbar hielt. Das einzige, was man hört, ist die Frage, wie sich die Sache gestalten würde, wenn einmal Hungerzeit oder Wahlrechtsverschlechterung eintreten. Es ist nicht zu leugnen, daß an sich diese Dinge Volksunruhen hervorrufen können. Insbesondere eine Verschlechterung des Reichstagswahlrechtes würde in unsagbarer Weise verbitternd wirken. Nur gilt für derartige unbeabsichtigte Gefühlsrevolutionen erst recht, daß sie nicht siegen, wenigstens nie zur Eroberung der Macht an sich führen werden. Eine Revolution von Unvorbereiteten gegen die vorbereitete Macht! Das hat man in Belgien gesehen, wo im Jahre 1902 eine Wahlrechtsbewegung bis zur Volkserhebung zu führen schien. Wenn irgendwo, dann sind in Belgien die Vorbedingungen für eine Revolution vorhanden, ein verhaßtes klerikales Regiment, ein König, der nicht als Muster aller Tugenden angesehen wird, eine alte revolutionäre Tradition, und doch konnte man den Schritt nicht wagen. Der Generalstreik setzte kräftig ein, jeder Tag aber lehrte, daß er die ruiniert, die ihn machen. Man ging wieder zur Arbeit. Selbst in Belgien war es unmöglich!

Ein Fall nur ist es, der übrig bleibt. Wie steht es während eines Krieges, der eine für Deutschland ungünstige Wendung nimmt? Ist dann im Schrecken, im Ärger, in der Auflösung des Handels und der gewerblichen Tätigkeit nicht der Zeitpunkt, wo die Revolution siegen kann? Man denkt an das Jahr 1871 in Paris! Aber zeigt nicht gerade der Vorgang in Paris das Mißlingen des Versuches? Und dann: die sittliche Kraft der deutschen Arbeiterschaft ist eine ganz andere als die der Pariser Radikalen unter Napoleon III. Die Niederlage des Vaterlandes für Parteizwecke auszunutzen, ist ein Gedanke, der von dem deutschen Proletariat absolut fern ist. Im Reichstag erklärte Bebel im März 1904:

> Ich nehme an, daß die deutsche Politik so sorgfältig geleitet wird, daß sie selbst keinen Grund gibt, einen Krieg hervorzurufen —, aber wenn der Krieg ein Angriffskrieg werden sollte, ein Krieg, in dem es sich dann um die Existenz Deutschlands handelte, dann — ich gebe Ihnen mein Wort — sind wir bis zum letzten Mann und selbst die ältesten unter uns bereit, die Flinte auf die Schulter zu nehmen und unseren deutschen Boden zu verteidigen, nicht Ihnen, sondern uns zuliebe, selbst meinetwegen Ihnen zum Trotz. Wir leben und kämpfen auf diesem Boden, um dieses unser Vaterland, unser Heimatland, das so gut unser Vaterland, vielleicht noch mehr als Ihr Vaterland ist, so zu gegestalten, daß es eine Freude ist, in demselben zu leben, auch für den letzten unter uns. Das ist unser Bestreben, und deshalb werden wir jeden Versuch, von diesem Vaterlande ein Stück Boden wegzureißen, mit allen uns zu Gebote stehenden Kräften bis zum letzten Atemzuge zurückweisen.

Diese Erklärung sagt zum mindesten so viel, daß auch der alte Führer des Radikalismus, der „Todfeind dieser bürgerlichen Gesellschaft" nicht daran denkt, ein Kriegsunglück für sich ausnützen zu wollen. Er macht keine Politik, die auf diesen traurigsten aller möglichen Fälle spekuliert. Wer aber dann? Niemand! Keiner! **Die Tatsache muß als feststehend angenommen werden, daß der Weg der Revolution verlassen ist.** Der Sozialismus in Deutschland hat die alte Art des Machtkampfes von 1848 aufgegeben, das einzige, was man noch behält, ist das Wort „revolutionär". Noch klingt gelegentlich dieser Ton in eine anders gewordene Welt hinein, das alte, helle, grelle Lied von roten Fahnen und belagerten Schlössern, es ist aber nichts mehr als bloße Romantik. Von „revolutionärer Sozialdemokratie" zu reden, ist dasselbe wie vom Königreich Hannover sprechen oder von der Unüberwindlichkeit der Spanier. Die Partei wird groß und damit vorsichtig. Mit einem Körper von 3 Millionen macht man keine Experimente auf Tod und Leben.

Es kann harmlos und ungefährlich scheinen, daß das Wort „revolutionär" nicht fallen gelassen wird, aber sein falscher Weitergebrauch hat doch eine doppelte schädliche Folge. Einmal ermöglicht er noch immer jene öde Gespensterfurcht, von der wir vorhin redeten, und dann verbirgt er vor den Augen der Genossen selbst, wie groß die Veränderung ist, die sich wirklich vollzogen hat. Das Problem: wie gewinnen wir ohne Revolution Einfluß im Staate? wird nicht in aller seiner Schärfe gestellt. Man begnügt sich damit, die Ziele anzugeben, die man erstrebt und fröhlich zu agitieren, läßt aber die eigentliche politische Kernfrage, die Frage der Machtgewinnung im Dunkel. Gegen wen und mit wem will die sozialdemokratische Masse Macht gewinnen? In welcher Weise denkt sie sich das Einrücken in die Regierungsfähigkeit? Oder will sie mit aller ihrer Wucht immer nur Kritik treiben und sich nicht an der Verantwortung beteiligen? Welches ist, wenn sie den Staat nicht umstürzen kann, ihre Stellung im Staat?

III. Die Träger der Demokratie.

Wir haben bisher nur von der Sozialdemokratie gesprochen und konnten eine Untersuchung über die Aussichten demokratischer Gestaltung in Deutschland nicht anders anfangen, denn die Sozialdemokratie ist soviel stärker als der bürgerliche Liberalismus, daß sie auch von uns, die wir uns zum Wahlverein der Liberalen rechnen, als erster Faktor der demokratischen Gesamtbewegung eingesetzt werden muß. Darüber geben die Ziffern der letzten Wahlen deutlichste Auskunft. Es erhielten Stimmen:

	1898	1903
die Sozialdemokratie	2 107 076	3 010 771
Deutsche Volkspartei	108 528	91 217
Freisinnige Volkspartei	558 314	542 556
Freisinnige Vereinigung .	195 682	243 230

Wollte man also auch, wozu leider nur geringe Veranlassung vorliegt, die drei linksliberalen Parteien als eine politische Einheit rechnen, so würden sie, selbst vereinigt, nicht entfernt an die Sozialdemokratie heranreichen. Außerdem hat sich auch dieses Mal wieder gezeigt, daß die Sozialdemokratie die größere werbende Kraft besitzt. Daran, daß der bürgerliche Liberalismus ohne Sozialdemokratie noch einmal wieder zur politischen Führung gelangt, kann auch von seinen wärmsten Vertretern nicht mehr im Ernst geglaubt werden. Das liberale Prinzip wird siegen aber nicht ohne den Liberalismus der Masse. Die Frage ist nicht, ob der bürgerliche Liberalismus die Sozialdemokratie wieder in sich aufsaugen wird. Das kann er nicht mehr. Die Frage ist, ob sich die Sozialdemokratie so entwickeln wird, daß sie die altliberale Aufgabe übernimmt und es den ehrlich liberalen Teilen des Bürgertums ermöglicht, sich der von ihr getragenen Gesamtbewegung ohne Opfer ihrer Überzeugungen anzuschließen. So wie sie heute ist, erschwert die Sozialdemokratie alle politische Sympathie bürgerlicher Kreise, für deren Liberalismus sie nur Spott und Hohn zu haben pflegt. Aber es ist nicht wahrscheinlich, daß diese reine Ablehnung dauernd sein wird. Dieselbe Entwickelung von der Utopie zur Politik, die wir besprochen haben, muß in ihrem weiteren Verlaufe zu einer Annäherung aller demokratischen Richtungen führen, denn bei Herrschaftsgewinnung sind Mitstreiter, selbst unbequeme Mitstreiter, nie zu verachten. Eine Sekte, die an ihr Übermenschentum glaubt, kann in ihrer Selbsterhabenheit alle nicht ganz „zielbewußten" Mitkämpfer verwerfen, aber eine Partei, die mit dem Wachstum ihrer eigenen Ziffern das politische Rechnen lernt, muß haushälterisch mit ihren Vernichtungsurteilen umgehen. Man kann es der Sozialdemokratie nicht verdenken, wenn sie mit gewissem Stolze auf ihre Legionen sieht. Das würde jede andere Partei in ihrer Lage ebenso machen. Nur soll die Partei der Proletarier nicht glauben, daß man bloß mit Lohnarbeitern und abhängigen Leuten die Kräfte schaffen kann, die ein Volk von 60 Millionen Menschen zu leiten vermögen!

Vor 50 Jahren war der **Liberalismus** die große Fortschrittsbewegung. Alles was im Volk an Protest und reformierender Energie vorhanden war, sammelte sich in seinen Reihen. Es liegt etwas Glänzendes in dem Eindruck jener Bewegung, deren letzte Häupter sich unter uns in den letzten Jahren zur Ruhe gelegt haben. Und diese alte liberale Bewegung hat ihren politischen Ertrag gehabt. Alles, was wir an Wahlrechten und freien Bürgerrechten haben, stammt von ihr. Ihre Mitwirkung bei der Herstellung des deutschen Nationalstaates ist unvergeßlich. Ihre Kulturideale wirken unter uns allen noch fort. Auch Gräber, die nicht bekränzt werden können, sind dauernder Ehre wert.

An Geist und Rede hat nie eine Bewegung höher gestanden als die, die in der Paulskirche und im konstituierenden Reichstag des norddeutschen Bundes sich auslebte. Aber freilich eins hat dieser Bewegung gefehlt, was die Sozialdemokratie besitzt: die Einheitlichkeit der Masse. Der Liberalismus war und ist noch heute bunt und mannigfaltig zusammengesetzt. Er hat Kaufleute, Handwerker, Bauern, Bildungsvertreter, Leute aus allerlei Stand und Schicht, die weniger durch das Bewußtsein ihrer Klassenlage zusammengehalten werden, als durch gemeinsame allgemeine Ideen. Er hat diese seine Zusammensetzung oft als seine schönste Eigenart gepriesen, aber leider — der einheitliche Schritt der Arbeiterbataillone war fester! In der Politik entscheidet weniger die Mannigfaltigkeit als die Gleichmäßigkeit.

Der Liberalismus verlor bei seinem Aufsteigen seine innere Einheitlichkeit. Er war nicht so zusammengesetzt wie etwa jetzt der Bund der Landwirte oder auch das von einem einheitlichen Klerus geleitete Zentrum. Alles in ihm war flüssig, aufnahmefähig, aber darum auch von geringer Widerstandskraft. Die Fehler des Kulturkampfes, das Emporsteigen der Arbeiterbewegung, Bismarcks Faust und innerer Zwist haben eine Leidensgeschichte dieser feinen und beweglichen politischen Strömung heraufgeführt, deren Tragik noch heute in vielen Seelen wiederklingt. Was heute bürgerlicher Liberalismus heißt, ist das, was aus allen diesen Mühen übrig geblieben ist. Ist es ein Wunder, wenn man der Sozialdemokratie grollt, die dem Liberalismus die großen Städte wegnahm, die ihn auf wenige Wahlkreise in der Provinz zurückdrängte, die ihm keine sicheren Kreise mehr ließ? Parteien, die solches erlebt haben, können nicht ohne Bitternisse an diejenigen denken, die ihnen das alles antaten! Aber Politik wird nicht mit Gefühlen gemacht, weder mit der Liebe, noch mit dem Haß. Auch die Zurückgedrängten müssen kämpfen, und auch sie müssen sagen: ohne die Masse, die heute Sozialdemokratie heißt, gibt es kein Auferstehen unserer ältesten und tiefsten Hoffnungen! Gewiß ist es schwer, bei der Verwirklichung politischer Ideale auf siegreiche Rivalen angewiesen zu sein. Aber was hilft es? Es gibt keine demokratische Regierung in Deutschland, keine neue schaffende Politik überhaupt, wenn nicht Arbeiter und Bürger trotz aller Zerwürfnisse und inneren Gegensätze in den Hauptrichtungen zusammengehen.

Die **Sozialdemokratie** besitzt die gleichartige Masse. Nicht als ob sie nur aus Lohnarbeitern bestände, aber der Lohnarbeiter ist ihr gleichförmigster Hauptbestandteil. Nun ist ja auch der Begriff Lohnarbeiter noch ungeheuer weit! Was für Unterschiede gibt es zwischen den Schriftsetzern, Bildhauern und Feinmechanikern einerseits und den Erdarbeitern, Sackträgern und Hafenarbeitern andererseits! Es liegen ganze Kulturfernen zwischen den einen und den anderen. Und doch, sie alle haben nicht Haus, nicht Hof, nicht Acker, nicht Rente, sie haben nichts als sich selbst und ihre Arbeit. Hört die Arbeit auf, dann sinken sie zusammen, wird der Lohn knapp, dann steigen sie abwärts. Derselbe gute Geschäftsgang pflegt sie alle zu heben und dieselbe Krisis sie alle zu drücken. Es gibt unter ihnen ein gewisses gemeinsames Leben, ob sie sich auch nicht kennen. Dieses Leben, das ihnen allen gemeinsam ist, macht den Inhalt ihrer Politik aus. Es ist die Politik des Lohnes. Was kann es anders sein? Lohn ist ihr Wohnen, ihr Essen, ihre Kleidung, ihre Heizung, Lohn ist ihre Bildung, ihre Gesundheit und die Möglichkeit der Erziehuug ihrer Kinder. Um den Lohn dreht sich nun einmal das Leben der Masse. Das mag verwöhnten Menschen, die von Renten leben, ärmlich und peinlich erscheinen, aber es ist die nackte Wahrheit: im Steigen und Fallen des Lohnes steigt und fällt die Lebenstemperatur der Hälfte des Volkes.

Die Hälfte des Volkes ist es nämlich, die vom Lohne lebt. Leider können keine anderen Zahlen gegeben werden als die bereits sehr veralteten der Berufszählung von 1895. Damals lebten vom Lohn unter Einrechnung der Angehörigen

in landwirtschaftlicher Arbeit	8 781 000
Bergbau, Industrie und Gewerbe	12 888 000
Hausindustrie	732 000
Handel, Verkehr, Gastwirtschaft	2 531 000
häuslichem Dienst und wechselnder Lohnarbeit	887 000
	25 819 000

Da die Gesamtbevölkerung damals 51 770 000 Menschen betrug, so war bei Hinzuziehung der Hausindustriellen schon vor 9 Jahren fast die Hälfte des Volkes vom Lohn abhängig. Inzwischen ist die Hälfte ohne Zweifel weit überschritten. Das allein zeigt, daß Lohnpolitik nicht eine Klassenpolitik in demselben Sinne ist wie etwa Grundrentenpolitik, da die Lohnklasse den Durchschnittstypus des Volkes darstellt. In der Lohnpolitik pulsiert die ganze Unterlage des Volkstums, der Urgrund der kleinen Leute, aus denen die Arbeitsleistung und die Militärleistung aufsteigt, ohne die der Staat nicht sein kann.

Nun ist es ja wahr, daß die Sozialdemokratie längst nicht alle Lohnarbeiter vertritt. Man geht wohl kaum fehl, wenn man annimmt, daß nur etwas über die Hälfte von ihnen sozialdemokratisch wählen. Aber alles, was von Lohnarbeitern bei Konservativen oder beim Zentrum frohndet, ist doch nur träumende Masse. Es gibt noch viele Hunderttausende von Arbeitern, die kein Klassenbewußtsein haben, es gibt auch solche, die aus bestimmten und klaren Gründen nicht Sozialdemokraten sind, aus Gründen religiöser oder patriotischer Natur. Das alles aber ändert nichts daran, daß die Sozialdemokratie die große Arbeiterpartei geworden ist, die mit der Zahl der Lohnarbeiter weiter wächst und der alles Industriewachstum und alles Steigen der Volksziffer am meisten zu gute kommt.

Und damit sind wir bei dem Punkt angelangt, der für alle weitere politische Zukunft von der durchschlagendsten Wichtigkeit ist. **Unser Volk wächst, und dieses Wachstum vermehrt die Träger der Demokratie.** Unsere deutsche Bevölkerung betrug:

1880	45 095 000
1885	46 707 000
1890	49 241 000
1895	52 001 000
1900	56 004 000

Bis zur nächsten Volkszählung werden wir 60 Millionen überschritten haben. Der Geburtenüberschuß der letzten Jahre betrug über 900000. Es spricht alles dafür, daß die von uns seit Jahren aufgestellte Berechnung, daß Deutschland ums Jahr 1925 nicht weniger als 80 Millionen Einwohner haben wird, auf richtigen Voraussetzungen beruht. Aber selbst wenn durch Sinken der Geburtsziffer etwas Verlangsamung eintreten sollte, so ändert das sehr wenig an der Sachlage, da unter allen Umständen die Vermehrung im ganzen noch viele Jahrzehnte fortdauert. Der neue Zuwachs von weiteren 20 Millionen vermehrt das

Industrievolk, denn das Landvolk wächst nicht mehr. Zwischen den zwei Berufszählungen von 1882 und 1895 sank die Gesamtzahl der landwirtschaftlichen Bevölkerung trotz der Bismarckischen Schutzzollgesetzgebung der achtziger Jahre von 19225000 auf 18501000, während die Industriebevölkerung schon damals von 16000000 auf 20253000 stieg! Selbst die neue Periode hochschutzzöllnerischer agrarischer Gesetzgebung, in die wir eingetreten sind, wird am weiteren Fortschreiten dieses Prozesses wenig ändern. Die neuen Menschen kommen, wollen arbeiten und leben. Der Boden ist verteilt, kann auch bei Parzellierung des Ostens und bei Melioration der Ödländereien nur geringe Quantitäten neuer Arbeitskräfte aufsaugen. Um leben zu können, müssen wir industriell fortschreiten. Wir müssen vorwärts, weil wir ein wachsendes Volk sind. Deshalb ist es nur eine Frage der Zeit, wann auf Grund des allgemeinen Wahlrechtes die Lohnarbeiter in die aktive Politik mit eintreten.

Es ist aber nötig, an dieser Stelle, wo wir von den Lohnarbeitern als **Trägern** einer demokratischen Massenpolitik reden, nochmals auf die Unterschiede im Gebiet der Lohnarbeiter zurückzukommen. Vorhin mußte gesagt werden, daß alle Lohnarbeiter eine gewisse Gleichmäßigkeit ihrer Daseinsbedingungen haben. Jetzt fügen wir hinzu, daß die politische Leistungskraft der verschiedenen Schichten des Proletariats eine äußerst verschiedene ist. Der Hauptunterschied ist der von ungelernten und gelernten Arbeitern. Natürlich ist das kein ganz scharfer Unterschied. Irgend etwas muß jeder gelernt haben, und das Lebensschicksal wirft auch oft denselben Mann einmal nach oben und einmal nach unten. Aber im Grunde gibt es doch auch hier zwei Welten, und politisch kommt für den Stimmzettel Ober- und Unterwelt, für die politische Arbeit und Gedankenbildung aber fast nur die proletarische Oberwelt in Betracht, wenigstens fängt es an, so zu sein. Bis heute war der Zustand vielfach so, daß die Kräfte der oberen Hälfte mit Gedanken arbeiteten, die zur unteren Hälfte gehören, man sieht aber, wie das mit dem Erstarken der Gewerkschaftsbewegung anders wird. Der gelernte Arbeiter tritt fester hervor und zeigt seine Eigenart. Das ist im Blick auf den Gesamterfolg der demokratischen Bewegung höchst wünschenswert und gut. Der organisierte, höhere Arbeiter ist Realist, er will

Vorteile erkämpfen, während der unorganisierbare, ungelernte Arbeiter Utopist ist, Wolken im Kopfe hat. Auf letzteren Punkt kommt es an. Solange die Lohnarbeiterschaft sich vom Gedankengange ihrer unentwickelten Unterschicht leiten läßt, kann sie naturgemäß wenig leisten, denn diese Unterschicht ist ihrer ganzen Anlage nach unpolitisch. Ihr fehlt die nötige Organisation, Einsicht und Disziplin. Mit ungelernten Tagearbeitern kann man zwar Wahlerfolge haben, aber einen reellen politischen Gedankengang pflegt doch nur die Schicht des sogenannten intelligenten Arbeiters. Es soll nicht geleugnet werden, daß sich aus dem ungelernten Proletariat einzelne überaus fähige, politisch tüchtige Köpfe erheben, aber die Schicht als solche ist für die verwickelten, schwierigen Gedankengänge zu wenig reif. Sie muß geführt werden, und zwar von der ihr nächststehenden Schicht, vom gelernten, qualifizierten Arbeiter. Dieser höher gebildete, gelernte Arbeiter ist in Deutschland eine relativ neue Erscheinung. Im Anfang der deutschen Arbeiterbewegung konnte bei dem damaligen Zustand unserer Industrie von einer Oberschicht innerhalb des Proletariats kaum gesprochen werden, da unsere Industrie, mit billigen Massenartikeln beginnend, wenig Spielraum für bessere Arbeiterqualitäten bot. Das ist inzwischen sehr anders geworden und verbessert sich mit jedem Jahre. Die Industrie sieht ein, daß sie den Weltmarkt mit Qualitätsware erobern muß, da in Quantitätsware doch schließlich der Hindu und der Chinese siegen werden. Die Pariser Weltausstellung zeigt uns neue Fortschritte auf dem Wege zur Qualitätserhöhung durch gehobene Technik. Zu gehobener Technik aber gehört ein gehobenes Arbeiterpersonal.

Ganz natürlicher Weise geht neben der Hebung der Qualität des Arbeiters — das Wachsen der Organisationskraft der Arbeiter einher. Es ist wunderbar, wie gut sich im vergangenen Jahrzehnt in Deutschland die Verbände der Arbeiter entwickelt haben. Selbst die Krise der letzten Jahre hat sie nicht wesentlich gestört. Der Organisationsbetrieb ist da, und ist trotz des unpolitischen Charakters der Verbände eine für die Zukunft der Politik folgenreiche Erscheinung, denn in den Gewerkschaften wird das Menschenmaterial geschult, das die Politik der Arbeiterklasse zu machen hat, hier entstehen die Unteroffiziere der Demokratie. Die Generalkommission der Gewerkschaften Deutschlands berichtet von folgenden Verbänden:

	1901	1902	1903
Metallarbeiter	102 903	128 842	160 135
Maurer	80 869	82 223	101 155
Holzarbeiter	70 251	70 390	79 732
Bergarbeiter	38 042	46 894	60 127
Buchdrucker	30 974	33 369	35 970
Textilarbeiter	28 836	38 158	64 536
Zimmerer	24 151	24 502	27 265

Man sieht, wie groß die Steigerungen sind. Im ganzen haben die sozialdemokratisch geleiteten Gewerkschaften verschiedener Art im Jahre 1903 einen Bestand von 888000 zahlenden Mitgliedern gehabt, wozu noch fast 400 000 Gewerkschaftler anderer Gewerbe kommen. In den Händen dieser oberen Arbeiterschicht liegt durch den Zwang der modernen Verhältnisse ein wichtiger Teil der deutschen Zukunft. Sie wird durch ihre Geschlossenheit und Gleichartigkeit und durch die weite volkswirtschaftliche Bedeutung der von ihr vertretenen Lebensinteressen zu einem politischen Faktor, der unter besten Aussichten das politische Ringen mit den älteren, erfahrenen politischen Mächten beginnen kann. In ihren Händen liegt die Weiterbildung der deutschen Demokratie zur führenden Partei des neuen deutschen Industrialismus und damit zur bedeutsamen Macht in der Weltgeschichte der deutschen Nation. Selbstverständlich aber kann die gelernte, organisierbare Arbeiterschaft der Mitarbeit der bürgerlich liberalen Elemente einerseits, der freiheitlichen Bauern und der ungelernten Arbeitermasse andererseits nicht entbehren, sie aber steht in der Mitte der Masse, die die neudeutsche Zukunft sucht, denn sie kämpft prinzipiell am geschlossensten für das Existenzquantum des deutschen industriellen Volkes, für den Lohn. Die Einheit dieser Gewerkschaftler wird es auch sein, die nach dem Absterben der ersten Generation sozialdemokratischer Führer einen Zerfall der Arbeiterbewegung durch Streite der Akademiker hindert. Hier ist nüchterner hausbackener Verstand und mühsam erworbener Selbsterhaltungstrieb. Es kann sein, daß die Politik dieser Kreise bisweilen kleinlich ist, aber sie wird immer reell und durchsichtig sein. Das liegt in ihrer Entstehung.

Nichts aber würde irriger sein, als zu glauben, daß die Arbeiter allein genügen, um die ganze Richtung der deutschen Politik zu ändern. Um was handelt es sich denn? Nicht bloß um kleine und formale

Dinge. Der Streit geht um den endgültigen Sieg des Industrialismus in Deutschland. Die Frage „Industriestaat oder Agrarstaat“? ist richtig formuliert. Hier hilft kein Ausweichen, kein ewiges Verkleistern der Linien! Die ganze Arbeiterbewegung hat in Deutschland nur dann große Zukunft, wenn wir eine große, technisch vollkommene, finanziell steigende, glücklich schaffende Industrie haben. Ohne Wachsen der industriellen Gesamtleistung ist es ganz vergeblich, was die Arbeiter fordern, denn sobald der Gesamtertrag sinkt, fällt die Möglichkeit einer erfolgreichen Lohnpolitik von selbst hinweg. Wir müssen das Ideal haben, das erste Industrievolk der Erde zu sein, wenn unser Volkszuwachs uns nicht zum Verhängnis werden soll. Diesem Ideale hat die ganze Politik zu dienen. Eine Industriepolitik großen Stiles ist undenkbar ohne die Arbeiter, aber ebenso undenkbar ohne die Unternehmer. Auf diesem Gebiet gibt es gemeinsame Interessen, die über den Streit beider Gruppen weit hinausgehen. Die Industrie als Ganzes ist ein organisches Leben. Nur wer sie so begreift, erfaßt sie in ihrer Wirklichkeit. Auf dem Papier kann man sich einen Zustand denken, bei dem der Unternehmer ausgeschaltet ist, wie es im ersten Teil des sozialdemokratischen Programmes dargestellt ist. In Wirklichkeit aber gibt es die unternehmerlose Industrie nicht, und wird es voraussichtlich im nächsten Menschenzeitalter nicht geben. Der Arbeiter muß in dieser Industrie steigen wollen, die wir haben, nicht in einer, die er sich träumt. Daher ist er gar nicht in der Lage, den Unternehmer als Gegner in jeder Hinsicht anzusehen, und wenn wir von den Trägern der Demokratie reden, müssen wir alle diejenigen einrechnen, die führend im Produktionsprozeß der Zukunft stehen werden. Auf die Schwierigkeiten, die darin liegen, die Führer der Industrie im demokratisch-industriellen Entwickelungsgange nicht entbehren zu können, gehen wir später genauer ein. Hier ist es nur nötig, die Tatsache selbst festzustellen, daß auch die größte Stimmenzahl der Sozialdemokraten uns den Blick dafür nicht trüben darf, daß auch die nichtsozialdemokratischen Kräfte der Linken zum Siege gehören, und zwar in ganz hervorragender Weise.

Das Unternehmertum ist an Zahl geringer, an Kraft der Arbeiterschaft mindestens gleich. Wir sprechen von ihm unter der Überschrift der industriellen Aristokratie. Dieses Unternehmertum ist in seinen freiheitlichen Bestandteilen der Kern des bürgerlichen Liberalismus, aber nur der Kern, keineswegs das Ganze. Die zwei anderen Bestandteile des Liberalismus sind Bauern und Kleinhandwerker, Bestandteile, die desto wertvoller sind, je schwerer es ihnen gelungen ist, sich von konservativer Übermacht frei zu halten. Man sieht diese Bestandteile von undemokratischer Seite aus als irre gegangener Teil der konservativ-klerikalen Masse an und bemüht sich eifrig, sie dem Liberalismus wieder zu entziehen. Der Sache nach aber gehören sie auf unsere Seite. Es müßten von Rechts wegen viel mehr Bauern und Handwerker liberal sein, denn ihr Fortschritt, ihr Wohlsein ruht nicht im geschlossenen Agrarstaat. Ihr Schicksal ist längst mit dem der Industrie verbunden. Guter Geschäftsgang und guter Lohn ist ihr Lebenselement, denn sie leben vom Konsum der Masse. Industriewachstum heißt Fleischverbrauch, Arbeiterlohn heißt Handwerkerbeschäftigung. Es ist ein unheimlich schädlicher Irrtum, wenn Leute, die bereits völlig in den neuen Volkswirtschaftsbetrieb einbezogen sind, sich einbilden zum alten Gesellschaftsbestande zu gehören. Die neue Zeit mit ihrer Technik ist es, die das ganze Volk, alles Arbeitsvolk in Stadt und Land, in kleinen und mittleren Betrieben mit in die Höhe reißt. Wo sind denn die Handwerker noch am kräftigsten, wo haben die Bauern den besten Absatz? Dort, wo die Schlote rauchen und wo die Massen verdienen! Verloren, verkümmert sind sie dort, wo die Rittergüter den Charakter der Gegend bestimmen.

Und alles, was zur Berufsbildung gehört, muß sich aus inneren und äußeren Gründen zur industriell-demokratischen Politik rechnen. Einst waren Bildung und Liberalismus enger verbunden als heute, aber die Bildung wird es am eigenen Leibe fühlen, was für sie ein konservativ-klerikales Zeitalter bedeutet. Zur Bildung gehört Wohlstand und Freiheit. Die Schule ist ein liberales Gewächs. Sobald es wieder eine demokratische Gesamtpolitik gibt, die an Sieg glaubt, wird ihr die Bildung wieder zuströmen. Und sind die Bildungsvertreter an Zahl nur wenige, ihr Einfluß ist groß, denn sie haben das Wort in der Hand, das geschriebene und das gesprochene Wort, und dieses ist in allen Zeiten, vor allem aber dann eine Macht, wenn ein ganzes Volk gelernt hat, zu denken und zu lesen.

IV. Demokratie als Industriepolitik.

Die Politik des Industrievolkes ist nicht mit wenigen Worten darzustellen, denn der Übergang Deutschlands zum Industriestaat ist ein Ereignis, das sich auf allen Gebieten des Volkslebens tief und eigentümlich bemerkbar macht. Unsere äußere Politik, Handelspolitik, Schulpolitik, Verkehrspolitik, Sozialpolitik tragen schon die Spuren einer beginnenden neuen Zeit. Es ist eine neue Kulturform, die wir suchen, nicht weil es der Willkür unserer Zeitgenossen so gefällt, sondern weil Volksvermehrung und Maschinentechnik als treibende Mächte der Veränderung hinter uns stehen. Einen Teil der hier in Betracht kommenden Fragen hat der Verfasser in seiner Schrift „Neudeutsche Wirtschaftspolitik" behandelt (Verlag der Hilfe). Alles rein Volkswirtschaftliche soll in diesem politischen Buch nicht behandelt werden, aber allerdings sind die Zusammenhänge zwischen Volkswirtschaft und Politik so enge, daß ganz scharfe Grenzlinien von niemand gezogen werden können.

Das erste Merkmal der demokratischen Industriepolitik ist die freudige Zustimmung zu jeder Art von technischem Fortschritt. Das unterscheidet die Linke vom Zentrum und von den Konservativen. Auch diese stimmen im einzelnen Fall für Technik, aber ihr ganzes Innenleben ist voll von Scheu vor der neuen elektrischen Zeit. Auf unserer Seite muß aber geradezu Begeisterung für möglichste Vervollkommnung aller menschlichen Hilfsmittel vorhanden sein, denn nur bei vollendetster Technik können wir alle unsere sozialen Ideale von Volkswohl und Fortschritt durchführen. Wir müssen ein Volk heranziehen wollen, das bis in jede Faser modern ist, ein Volk der Eisenzeit, ein Volk der Produktion im größten und besten Stil. Alle Politik muß der Steigerung der Leistungskraft dienen, denn Politik ist ja nicht eine Sache für sich, die außerhalb des übrigen Lebens steht, sondern ist das Volksleben selbst, soweit es sich durch Gesetze und Staatsverwaltung regelt. Das Thema des Deutschtums heißt Industrialisierung! Das ist nach der Schaffung des Deutschen Reiches die größte deutsche Angelegenheit, das ist unsere nationale Frage.

Die Industrialisierung ist es, die einen neuen Aufschwung des demokratischen Denkens mit sich bringt und fordert, und zwar in verschiedener Weise, teils um den Industrialismus zur vollen Entfaltung zu bringen, teils um ihn davor zu behüten, das Wertvollste zu ruinieren, was es überhaupt gibt, die menschliche Persönlichkeit. **Fortschritt und Persönlichkeit, in diesen zwei Worten liegt der Gesinnungsinhalt alter und neuer Demokratie!**

Persönlichkeit! Das war das Glück des 18. Jahrhunderts, daß es den Persönlichkeitsgedanken fand. Jeder Mensch soll ein wertvolles Ich sein! Niemand soll, wie der Philosoph Kant es ausdrückt, nur Werkzeug für die Zwecke von anderen sein! Auch im Landarbeiter und selbst im Bettler soll der Mensch geachtet werden. Kein Mensch ist dazu da, um verachtet und in den Kot geworfen zu werden. Erst dann zeigt die Menschheit was sie kann, wenn man die einzelnen Menschen in ihr sich entfalten läßt. Alle Formen von Sklaverei sind Verschleuderung von moralischem Gut, denn der Sklave wird wertvoller, wenn er frei wird. Jede unnötige Zwangsvorschrift ist ein Hemmen von Kraft!

Mit diesem Persönlichkeitsgedanken ist die Demokratie im älteren Liberalismus in die Höhe gestiegen. An dieser Quelle hat sie stets neue Stärkung getrunken. Alle Betriebsformen, alle Staatsverwaltungen, alle Kommunalbetriebe, alle Wissenschaft und alle Schulen sollten mit Persönlichkeitsgeist gefüllt werden. Es ist nur teilweis gelungen, oft wuchs die Wucht der Organisationen den Freiheitstrieben über den Kopf. Immer war ein Wettlaufen zwischen den monarchisch aristokratischen Tendenzen, die in allen großen Körpern vorhanden sind, und den demokratischen Gegenwirkungen. Aber vergeblich war dieses Laufen und Ringen nicht. Staat und Gesellschaft sind schon ganz anders mit Persönlichkeitsgeist gefüllt als in alten Zeiten. Aus Untertanen sind Staatsbürger geworden. Die Vergangenheit zeigt keinen blendenden einmaligen Sieg des Persönlichkeitsgedankens, aber ein beständiges erfolgreiches Ringen für ihn. Ihn nehmen wir Heutigen aus den Händen der Vorfahren und tragen ihn in unser technisches Zeitalter hinein, so daß unsere Parole heißt: Maschine und Persönlichkeit! Das ist der Gesinnungsinhalt, der hinter aller politischen Betätigung im Urgrunde der Geister auf der linken Seite liegt.

Dieser Gesinnungsuntergrund ist auch bei der Sozialdemokratie vorhanden. Mögen auch die Programmformeln so klingen, als käme auf Persönlichkeitswerte wenig an, und mag auch die Praxis der Partei zeitweise als Druck für Persönlichkeiten empfunden werden, es ist doch sicher, daß die Masse bei ihrem politischen Wollen von einem Persönlichkeitsideale vorwärts gedrängt wird, das der einzelne in sich hat. Der einzelne will menschenwürdig leben! In diesen Begriff „menschenwürdig" legt der Arbeiter seine materiellen wie sittlichen Ansprüche hinein. Er kämpft nicht für eine abstrakte Gesellschaftsordnung, auch nicht für seine arme Einzelperson, die bald ein Opfer gerade der politischen Tätigkeit werden kann, er kämpft für seinen Glauben an die Menschheit, das heißt für sein Ideal der Persönlichkeit, das er in Zukunft verwirklicht wissen möchte.

Der Unterschied zwischen Liberalismus und Sozialismus liegt deshalb nur scheinbar auf dem Gebiet des Persönlichkeitsideals. Dieses ist beiden Richtungen gemeinsam! Er tritt erst dann zutage, wenn man fragt, wie weit das beiderseits gemeinsame Ideal ausgedehnt werden kann und soll. Der Liberalismus vertritt das Persönlichkeitsideal gegenüber dem Staat, der Sozialismus gegenüber jedem großen Betriebe überhaupt! Diese Begriffsunterscheidung zwischen Liberalismus und Sozialismus bedarf aber näherer Darlegung.

Was will und wollte der Liberalismus? Er sah sich dem ersten der neuzeitlichen Großbetriebe gegenüber, dem absolutistischen Staat. Sein Ziel war nicht den Staat zu vernichten, aber die Persönlichkeit in ihm und vor ihm zu schützen. Das geschah auf doppelte Weise.

1. Der Staat sollte auf die Mitwirkung aller in ihm umschlossenen Personen begründet werden; Volksvertretungsprinzip, Wahlrechte, Konstitution, Republik, Volksreferendum usw.

2. Die Staatstätigkeit soll durch Verfassung und Gesetz in bestimmten Grenzen gehalten werden; Menschenrechte, Bürgerrechte, Grundrechte, Rechtsgleichheit, Religionsfreiheit, Freizügigkeit, Gewerbefreiheit usw.

Diesen doppelten Weg ist der Liberalismus seit hundert Jahren gegangen. Immer hatte er dem Staat gegenüber eine doppelte Gesinnung, er wollte in ihm herrschen und er wollte ihm die Arme binden. Welche dieser zwei Gesinnungsweisen die Führung hatte, hing meist von dem Grade des Kraftgefühles ab, das der Liberalismus in einer bestimmten Periode besaß. Perioden mit starken Herrschaftshoffnungen haben mehr die erste Methode bevorzugt als die zweite. Beide Gesinnungsweisen kehren in der Sozialdemokratie in radikalen Ausgestaltungen wieder, besonders in den Anfangszeiten aber überwog die erstere vor der zweiten. Man dachte nicht daran, den Staat zu begrenzen, da man träumte, ihn bald zu besitzen.

Sind es also in Hinsicht auf den Staat nur Temperaturunterschiede, die sich zwischen Liberalismus und Sozialismus zeigen, so wird das Verhältnis verwickelter, sobald man die erst in diesen letzten hundert Jahren aufgestiegenen gewerblichen Großbetriebe in Betracht zieht. Diese sind einerseits Privatbetriebe wie jeder Handwerksbetrieb auch. So sieht sie der Liberalismus an. Sie sind aber andererseits kapitalistische Großbetriebe, wie der Staat, oft mächtiger als die „Despotien", die der alte Liberalismus bekämpfte. So erscheinen sie in den Augen des Sozialismus. Das ist recht eigentlich das Wesen des Sozialismus im Unterschiede vom älteren Liberalismus, daß er die doppelte Methode von der wir sprachen, auch auf gewerbliche Betriebe anwendet, und zwar:

1. Der Großbetrieb soll auf Mitwirkung aller an ihm beteiligten Personen beruhen; Genossenschaft, Fabrikparlament, Übergang der Produktionsmittel in die Hand der Gesellschaft usw.

2. Der Großbetrieb soll durch Gesetz gebunden werden, die physischen und moralischen Menschenrechte aller Beteiligten zu schützen und zu schonen; Arbeiterschutz, Koalitionsfreiheit, Achtstundentag, Verbot der Kinderarbeit, Altersversicherung usw.

Daß es altliberale Prinzipien sind, die der Sozialismus gegenüber dem modernen Großbetriebe geltend macht, wird nicht leicht bestritten werden, die Meinungsverschiedenheit besteht nur darin, ob überhaupt der Gewerbebetrieb nach diesen Prinzipien angesehen werden darf. Es gibt noch heute etliche altliberale Prinzipienvertreter, die das grundsätzlich leugnen, aber ihre Zahl ist sehr gering geworden. Der wirkliche Zustand ist, daß sich der Liberalismus zögernd, aber mit wachsender Bestimmtheit bereit gefunden hat, die neue Art Fragestellung als zu Recht bestehend anzuerkennen, mehr freilich die zweite Methode dabei bevorzugend als die erste. Meist sind es auch hier Temperaturunterschiede, die sich bemerkbar machen, nicht Unterschiede des reinen Prinzips, aber allerdings Temperaturunterschiede, die beiderseits als stark empfunden werden. Das Problem der neuen demokratischen Linken wird sein, ob es auf dieser Basis ein gemeinsames Wirken geben kann.

Dafür wird in hohem Grade ausschlaggebend sein, ob man annimmt, daß ein Fortschreiten auf der von den Sozialisten befürworteten Methode die gewerbliche Entwickelung im ganzen schädigen wird oder nicht. Zugestanden, daß die Auffassungsweise der Sozialdemokraten das Recht der Persönlichkeit im Industriestaat vertritt, so bleibt doch die Sorge übrig, daß die grundsätzliche Vertretung dieses Rechtes den Erwerbs- und Arbeitsfortschritt selbst hemmen könne. Diese Sorge ist es, die es vielen Liberalen so unendlich sauer macht, sich der neuen Betrachtungsweise anzuschließen. Sie werden lieber unliberal, als daß sie ihren Fortschritt, der mit dem volkswirtschaftlichen Gesamtfortschritt zusammenhängt, fahren lassen wollen, eine an sich begreifliche Haltung, da das Leben-Können die Urbedingung alles weiteren ist.

Ist es nun wirklich so, daß ein weiteres Vorgehen im Sinne des Sozialismus die Industrie selbst hemmt? Einst sagte man: der Liberalismus wird den Staat ruinieren, Liberalismus war gleichbedeutend mit Umsturz! Alles, was man heute den Sozialisten vorwirft, haben schon die Väter des Liberalismus in ihren Ohren gellen hören. Ist der Staat untergegangen? Ist er schwächer geworden? Würde er untergehen, wenn er noch liberaler wäre, als es bei uns der Fall ist? Die Staaten von Nordamerika und England geben die Antwort. Der Großbetrieb Staat hat sich mit Persönlichkeitsprinzip sättigen können, ohne dadurch schwindsüchtig zu werden. Im Gegenteil, je mehr er es tat, desto frischer wurde er. Das ist die große geschichtliche Erfahrung, die uns Mut und Lust gibt, das alte demokratische Persönlichkeitsideal auch in die neue großindustrielle Zeit hineinzutragen. Unsere Industrie wird an der oben dargelegten Doppelmethode ebensowenig sterben, wie der Staat an ihr gestorben ist; sie wird sich in ihrer eigenen Kraft erhöhen, je mehr auch in ihr aus Sklaven und Untertanen Industriebürger werden. Der Liberalismus aber empfindet es dort, wo er seine eigenen alten Prinzipien bis zu Ende denkt, als eine Wohltat, der neuen Zeit frei und freudig gegenüberstehen zu können.

V. Demokratie als moralische Macht.

Indem die Demokratie das Persönlichkeitsideal innerhalb des industriellen Volkes vertritt, wird sie ganz von selbst zum Anwalt geistiger Mächte. Ihr erster Grundsatz ist, daß der Mensch als Mensch einen Wert hat. Ob man diesen Satz religiös begründen will oder nicht, liegt außerhalb ihres Bereiches, jedenfalls hat sie nichts dagegen, daß es geschieht, denn sie erinnert sich, welche Bedeutung die religiöse Wertschätzung der Einzelperson in den protestantischen Sekten Englands und Amerikas für den Liberalismus gehabt hat. Jede Weltanschauung, die dazu hilft, das Ich zu kräftigen und in seiner Wichtigkeit hervorzuheben, gilt von vornherein als gesinnungsverwandt. Abgewiesen werden Weltanschauungen, die die Bevormundung und Knechtung der Masse als notwendig für die Kultur hinstellen.

Im Kampfe für die Freiheit der Persönlichkeit hat sich die Demokratie im Gange ihrer Geschichte mit allen alten Herrschaftsmächten auseinandersetzen müssen. Daraus ergaben sich ihre negativen Elemente:

1. Kampf gegen die Souveränität der Fürsten, verständlich aus der Zeit der deutschen Kleinstaaterei, wo die Fürsten in der Tat ein Hemmnis der nationalen Entwickelung waren.

2. Kampf gegen die Kirche, katholische und evangelische, verständlich durch die Haltung des beiderseitigen Klerus gegenüber der neueren freiheitlichen Volksgestaltung.

3. Kampf gegen den Adel, als die alte politisch privilegierte, herrschende Klasse, die zu keinerlei Konzessionen geneigt war.

4. Kampf gegen das Beamtentum, das im Dienst der herrschenden Klasse die unteren Volksschichten bedrängte, gegen Justiz, Polizei und Fiskalismus.

5. Kampf gegen Militär und Militarismus, verständlich aus der wirklich zwecklosen Soldatenwirtschaft der politisch unfähigen Kleinstaaterei.

Wie seinerzeit von den radikalen Elementen des bürgerlichen Liberalismus negativ demokratische Stimmung gepflegt wurde, lehrt wohl kein Dokument besser, als der von Gg. Büchner, dem Bruder des bekannten Gelehrten, 1834 verfaßte „Hessische Landbote". Ich drucke aus dieser Flugschrift zwei kurze Stellen ab, um denen, die heute über jeden Hauch von unbotmäßiger Gesinnung zetern, an bürgerlich-radikalem Beispiele zu zeigen, was demokratisch negative Stimmung leisten konnte, ohne daß die Welt deshalb untergegangen ist. Büchner schreibt:

> Der Fürst ist der Kopf des Blutegels, der über euch hinkriecht, die Minister sind seine Zähne, und die Beamten sein Schwanz. Die hungrigen Mägen aller vornehmen Herren, denen er die hohen Stellen verteilt, sind Schröpfköpfe, die er dem Lande setzt. Das L. (Ludwig), das unter seinen Verordnungen steht, ist das Malzeichen des Tieres, das die Götzendiener unserer Zeit anbeten. Der Fürstenmantel ist der Teppich, auf dem sich die Herren und Damen vom Adel und Hofe in ihrer Geilheit übereinander wälzen — mit Orden und Bändern bedecken sie ihre Geschwüre und mit kostbaren Gewändern bedecken sie ihre aussätzigen Leiber. Die Töchter des Volkes sind ihre Mägde und Dirnen, die Söhne des Volkes ihre Lakaien und Soldaten. Geht einmal nach Darmstadt und seht, wie die Herren sich für euer Geld dort lustig machen, und erzählt dann euren hungernden Weibern und Kindern, daß ihr Brot an fremden Bäuchen herrlich angeschlagen sei, erzählt ihnen von den schönen Kleidern, die in ihrem Schweiß gefärbt, und von den zierlichen Bändern, die aus den Schwielen ihrer Hände geschnitten sind, erzählt von den stattlichen Häusern, die aus den Knochen des Volkes gebaut sind; und dann kriecht in eure rauchigen Hütten und bückt euch auf euren steinichten Äckern, damit eure Kinder auch einmal hingehen können, wenn ein Erbprinz mit einer Erbprinzessin für einen anderen Erbprinzen Rat schaffen will, und durch die geöffneten Glastüren das Tischtuch sehen, woran die Herren speisen, und die Lampen riechen, aus denen man mit dem Fett der Bauern illuminiert. Das alles duldet ihr, weil euch Schurken sagen: „Diese Regierung sei von Gott".
>
> Die Justiz ist in Deutschland seit Jahrhunderten die Dirne der deutschen Fürsten. Jeden Schritt zu ihr müßt ihr mit Silber pflastern, und mit Armut und Erniedrigung erkauft ihr ihre Sprüche. Denkt an das Stempelpapier, denkt an euer Bücken in den Amtsstuben und euer Wachestehen vor denselben. Denkt an die Sporteln für Schreiber und Gerichtsdiener. Ihr dürft euren Nachbar verklagen, der euch eine Kartoffel stiehlt; aber klagt einmal über den Diebstahl, der von Staats wegen unter dem Namen von Abgaben und Steuern jeden Tag an eurem Eigentum begangen wird, damit eine Legion unnützer Beamten sich von eurem Schweiße mästen! klagt einmal, daß ihr der Willkür einiger Fettwänste überlassen seid, und daß diese Willkür

Gesetz heißt, klagt, daß ihr die Ackergäule des Staates seid, klagt über eure verlorenen Menschenrechte: Wo sind die Gerichtshöfe, die eure Klage annehmen, wo die Richter, die Recht sprechen? — Die Ketten eurer Vogelsberger Mitbürger, die man nach Rockenberg schleppte, werden euch Antwort geben.

Solche Proben bürgerlichen Radikalismus muß man sich gegenwärtig halten, wenn man das Erbe besprechen will, das die sozialistische Demokratie vom liberalen Bürgertum übernahm. Sie erbte alle alten Negationen und fügte zwei weitere ein, die wir im Anschluß an obige Punkte zählen:

6. Kampf gegen das neue industrielle Unternehmertum, das in den Anfängen der deutschen Industrie die Armut und Arbeitsbedürftigkeit der meist hausindustriellen Textilarbeiter oft unbeschreiblich ausbeutete.

7. Kampf gegen den im militaristisch entstandenen neuen Deutschen Reich verkörperten Nationalitätsgedanken vom Standpunkt proletarischer Internationalität.

Von diesen sieben demokratischen Negationen hat sich die gegen Kirche und Klerus am meisten gemildert, weil man einerseits die Erfahrung machte, daß die mit diesem Kampf unvermeidlich verbundene Verletzung religiöser Gefühle politisch nur nachteilig wirken könne, weil andererseits in den Kirchen beider Konfessionen freiheitliche und soziale Strömungen zutage traten, und weil schließlich im Kulturkampf der Demokrat aus Prinzip für den in seinen bürgerlichen Rechten geschädigten Teil eintreten mußte. Geändert hat sich in etwas die Negation gegen den Adel, seit der Adelstitel keine politischen Vorzugsrechte erheblichen Umfangs mehr gewährt, geblieben ist aber natürlich die sachliche Opposition gegen die durch Fideikommisse und exemte Gutsbezirke bevorrechtete Großgrundbesitzerklasse als solche. Geändert hat sich auch der Gegensatz gegen fürstliche Souveränität insofern, als er sich mehr und mehr gegen das eine wirklich souveräne Haupt des neuen Reiches konzentrierte, die Landesfürsten aber mehr zu schonen begann. Ausgedehnt hat sich der Kampf gegen Militarismus, indem er sich ohne weiteres auf die Flotte übertrug, und der Kampf gegen das Unternehmertum, dessen politische und wirtschaftliche Macht zusehends erstarkte. In Abschwächung begriffen erscheint uns der Kampf gegen den im Reich vertretenen Nationalitätsgedanken an sich.

Es ist viel Negation, die eine pflichtbewußte Demokratie um ihrer geschichtlichen Aufgabe willen tragen und üben muß. Wenn sie das mit einer gewissen Leidenschaftlichkeit tut, so soll man das nicht verurteilen. Gefängnis und Strafgelder sorgen reichlich genug für Dämpfung. Eine Aristokratie, die die Macht in der Hand hat, kann bedächtiger und gemessener auftreten, denn sie hat andere Mittel als das laut gesprochene Wort. Solange man bei uns die „freie deutsche Rede“ zu einer juristisch umgitterten Kunstleistung macht, wird der Trieb nicht aufhören, bei Gelegenheit bis an die äußerste Grenze des Erlaubten zu gehen. Ein Land ohne Zwangsgesetze wird weniger rednerische Überschreitungen der durch Takt und sachliche Notwendigkeit gezogenen Grenzen erleben als unser Vaterland in seinem jetzigen Zustande. Eine kämpfende Partei braucht temperamentvolle Kämpfer, und es ist deshalb nicht die Form, in der sich die Demokratie jetzt bei uns auslebt, an der unsere Kritik einsetzt. Es sind gewisse Gedankengänge der Negation, die wir für schädlich halten.

Wir glauben, daß die Negation der Souveränität des Kaisers und die Ablehnung des Militärs einer vollen Umdenkung bedarf, wenn die deutsche Demokratie aus einer wesentlich negativen Periode in eine positive Epoche übergehen will, und daß die Negation des industriellen Unternehmertums gewisse politisch notwendige Einschränkungen erfahren muß. Die Gründe dieser Änderungen sind teils schon besprochen, teils sollen sie im weiteren Verlauf unserer Arbeit vorgetragen werden. Sie liegen teils in der formellen Natur des demokratischen Prinzips, teils in der Wirtschaftslage der durch die Demokratie vertretenen Volksschicht, teils in der politischen Gesamtsituation Deutschlands. Es ist nötig, das negative Erbe der demokratischen Vergangenheit kritisch zu prüfen, damit man nicht unnötige Belastungen mit hindernden Negationen weiterschleppt, nachdem Zeit und Verhältnisse sich geändert haben.

Die Demokratie muß starke Töne des Protestes in sich haben, denn sie ist es ja, die den unter Fesseln liegenden Persönlichkeitsgeist frei machen soll, sie darf sich aber dadurch nie verführen lassen, eine rein negative Gesamthaltung zu bekommen, denn mit bloßer Negation kann sie zwar agitieren, aber niemals regieren. Die Negationen müssen übertönt werden vom gewaltigen Rhythmus positiver Ideale. Es ist ein Fehler, der ebenso in der bürgerlichen wie in der sozialistischen Demokratie vorkommt, daß man nur Kritik und keinen Aufbau im Sinne hat. Ein lehrreiches Beispiel für diese Abirrung ist **Eugen Richter.**

Als er ins politische Leben eintrat, hieß die Partei, deren Reste er heute diktatorisch verwaltet, die „Fortschritts"partei, eine norddeutsche Form der allgemein deutschen bürgerlichen Demokratie. Die Fortschrittspartei hatte ihre große Zeit gehabt im Kampfe gegen die Militärorganisation König Wilhelms I. Von dieser Zeit sprach im Jahre 1876 Bismarck gegenüber dem Abgeordneten Virchow in folgenden Worten:

> Ich habe Objektivität genug, um mich in den Ideengang des Abgeordnetenhauses von 1862 bis 1866 vollständig einleben zu können, und habe die volle Achtung vor der Entschlossenheit, mit der die damalige preußische Volksvertretung das, was sie für recht hielt, vertreten hat. Daraus mache ich niemand einen Vorwurf. Sie konnten damals nicht wissen, wo meiner Ansicht nach die Politik schließlich hinausgehen sollte; ich hatte auch keine Sicherheit, daß sie faktisch dahin ausgehen würde, und *Sie hatten auch das Recht, wenn ich es Ihnen hätte sagen können, mir immer noch zu antworten: uns steht das Verfassungsrecht unseres Landes höher als seine auswärtige Politik!*

Diese Worte, die Bismarck auf der Höhe seiner Erfolge sprach, sind eine gute Warnung davor, die alten Fortschrittler von vor 1866 deshalb herabzusetzen, weil ihnen die Geschichte unrecht gegeben hat. Was sie aber dann in das Hintertreffen gebracht hat, ist ihr Verhalten nach der geschichtlichen Entscheidung. Ihr linker Flügel stimmte gegen die Indemnitätsvorlage, ihr „fortschrittlich" gebliebener Bestandteil stimmte gegen die Verfassung des norddeutschen Bundes. Damit war die Bahn gegeben, in der Eugen Richter weiter arbeitete. Er hat meist nachträglich mit für das gestimmt, was er bei seinem ersten Auftreten bekämpfte, beispielsweise 1871 für die Reichsverfassung und öfter für Militärausgaben, die er anfangs für unerhört angesehen hatte. Immer aber war er Hemmnis des Fortschritts, außer in der liberalen Gewerbe- und Handelsgesetzgebung. Kein Schritt des neuen Deutschen Reiches in die Welt hinein geschah ohne seine Ablehnung. Er wurde im Laufe der Jahre der gewohnheitsmäßige Gegner alles dessen, was Bismarck tat, nicht bloß dessen, was in seinem Wirken unliberal war. Staatseisenbahnen und soziale Versicherungen sind gegen ihn gemacht worden. Weder vom neuen Nationalismus noch vom Sozialismus hat er etwas in seine Seele dringen lassen, und noch heute ist er eine Art manchesterliche Insel in einer anders gewordenen Welt. Es gibt Momente, wo er noch immer groß sein kann, Tage, an denen er den Liberalismus gegen die Reaktion vertritt. An solchen Tagen wird er Sprecher des besseren und freieren Teiles des deutschen Volkes und wird wie von selbst zum Redner der gesamten Linken. Aber diese Tage werden seltener und immer seltener. Ein solcher Tag läßt viel politische Sünden vergessen, aber er läßt den traurigen, jammervollen Zustand nicht verschwinden, in den durch eine zwecklose, ziellose Neinsagerei ohne positive Ideale der wahrhaft liberale Teil des alten bürgerlichen Liberalismus gekommen ist. Eugen Richter vertritt in seiner Person die alte negative Demokratie. Er wird schwerlich noch anders werden, aber an ihm soll die Demokratie lernen, wohin eine Politik der bloßen Negation führt: zur politischen Versteinerung! Ein Sozialismus Kautskyscher Art müßte trotz seiner viel weiteren wirtschaftlichen Gesichtspunkte durch politisch negative Prinzipienreiterei an demselben Ende ankommen. Mit Negation kann man im Augenblicke gut agitieren, aber nicht dauernde Politik machen. Die bloß verbitterte, unzufriedene Negationsstimmung kann in jedem einzelnen Falle Berechtigung haben, als Gesamtrichtung einer politischen Arbeit ist sie unbedingt verhängnisvoll. Sie behält zwar das schöne Bewußtsein, sich im Neinsagen treu geblieben zu sein, aber auf das Denkmal ihrer Führer gehört eben doch nichts als das Wort: Ich stimme dagegen! Richter verliert die Fühlung mit schaffenden Volkskreisen und gelangt dazu, in seinem Alter nichts als ein Wortführer desperater Kleinbürger zu sein, die ohne allen Optimismus großer Ziele immer nur kreischend neben dem Wagen der Entwickelung herlaufen. Er wird auf solche Weise zum toten Bestandteil im Körper des Liberalismns, ein Schädiger der Ideen, für die er selbst in besseren Jahren große persönliche Opfer gebracht hat.

Das Positive, was Richter nicht hat, besteht in der lebendigen Mitfreude am wachsenden Volke, an der Volkspolitik nach außen, an der technischen Neugestaltung im Innern, an der Wucht der Arbeiterbewegung, mag sie im einzelnen noch so unreif auftreten. Er hat sich in Pessimismus vor der neuen Zeit verschlossen und erntet Lob von seiten derer, die die bittersten Feinde aller freien Regungen sind. Ein pessimistischer Liberalismus aber kann sich begraben lassen. Nur Optimisten können schwere Dinge vollbringen.

Und haben wir denn nicht alle Ursache, froh in die Zukunft zu blicken? Heute ist der Himmel trübe, aber die Sonne des Freiheitsgedankens wird wieder scheinen! Hinter der Zeit der Zentrumsherrschaft kommt die Zeit der Linken. Es gilt nur, daß wir alle Geduld haben und nicht aufhören an Sieg zu glauben. Ein Volk wie das Deutsche läßt sich nicht dauernd hinter Zoll- und Klostermauern festhalten! Es sprengt die Stricke, die untergehende Aristokratien um seine Hände binden. Aber freilich dann muß es an sich selbst glauben, an seine Weltaufgabe und sein nationales Freiheitsrecht unter allen Völkern der Erde.

Die ältere deutsche Demokratie glaubte an die große Pflicht der Deutschen, der Welt ein Vorbild zu geben. Dieser Glaube ist nicht Selbstüberhebung, denn wir achten alle die anderen, wir achten aber auch uns, und lassen es uns nicht gefallen, wenn man uns in den Winkel der Weltgeschichte drücken will. Wir sind nicht stolz auf das, was geleistet worden ist, aber von einem Durst erfüllt, als Volk das Größte zu leisten, was möglich ist, der Menschheit für ihr Denken und Wollen, für ihre Kunst und Arbeit einen Stil zu geben, der aus dem Innern der deutschen Seele heraus geboren ist. Wir nehmen das Zeitalter der Maschine als unsere deutsche Neuzeit hin. Unser Volk soll Eisen kneten lernen wie kein anderes, unser methodisches Denken soll sich in Geschäft und Technik umsetzen, unsere Empfindungsweise soll sich in Linien, Formen und Farben ausleben, unser Recht soll das beste Recht sein, das es gibt, und unsere Spezialpolitik die erste der Erde. Vor allem aber: wir wollen ein Volk von Qualitätsmenschen sein bis hin zum letzten Deutschen. Jeder Deutsche ein Mann von Ehre! Wir wollen es nicht dulden, daß man in der Kaserne oder in der Werkstatt deutsche Menschen herabwürdigt, denn unser erstes, größtes, heiligstes Kapital sind die Persönlichkeiten, aus denen das Volk besteht. Wir wollen keine zerschlagenen Weiber, keine geknickten Kinder, denn wir sind — Deutsche! Das Bekenntnis zur Nationalität und zur Menschwerdung der Masse sind für uns nur zwei Seiten ein und derselben Sache.

Man sagt, der Liberalismus habe keine Ideale mehr! Sobald er aber als Lebensgesinnung eines großen Weltvolkes gefaßt wird, ist er übervoll von Idealen. Er fängt dann an, den Menschen in allen seinen Lagen zu sehen und ihn fähig zu machen, sich zu regen. Daraus ergibt sich seine Stellung zur Erziehung. Nie war es falscher, kleinliche Menschen zu erziehen, als jetzt! Wir brauchen Kräfte, die sich selbst etwas zutrauen, die lieber auf eigene Rechnung und Gefahr verloren gehen als sich bevormunden lassen wollen. Nur mit solchen Kräften werden wir die Konkurrenz mit alten Kulturvölkern bestehen. Es ist wichtiger, neue Kräfte zu entfesseln als alten Schlendrian sorgsam zu schonen. Wo wirkliches Talent ist, sollen sich ihm die Wege leichter öffnen als bisher! Was ist es denn, was die Amerikaner in die Höhe bringt? Sie haben „das Land der unbegrenzten Möglichkeiten", wir aber lassen es uns gefallen, daß unsere Möglichkeiten verkürzt werden, daß Talente verloren gehen, selbständige Personen aus den Betrieben hinausgetan werden! Es ist ein Risiko, daß das alte, brave, deutsche Volk modern werden will, aber ein Risiko, das nur dann gefährlich wird, wenn man zu langsam vorgeht. Deshalb müssen vor allem die Lehrkräfte freie Leute und Persönlichkeiten sein, und die Lehrklassen nicht voller als es eine persönliche Erziehung zuläßt. Nicht die geistige Schablone darf das Volksideal sein, sondern die Eigenart in der Leistung. Das alles sind unbestimmte allgemeine Worte, aber wer die Politik der letzten Jahre verfolgt hat, der weiß, wieviel Gelegenheit ist, sie in politische Praxis umzusetzen. Der Kampf um die Schule muß aufgenommen werden, die absolute Freiheit der Wissenschaft muß Nationaleigentum sein, kein Schatten einer neuen lex Heinze darf geduldet werden, und das alles nicht aus bloßer Lust am Neinsagen, sondern aus einem weitblickenden Pflichtgefühl gegenüber denen, die von uns und nach uns kommen.

Es gibt keine demokratischen Erfolge ohne Pflichtgefühl, da es keine Erfolge ohne Opfer geben kann. Die Demokratie muß darum darauf bedacht sein, bei aller Kritik am Bestehenden, die Pflicht, die wir gegen das Volk haben, zu dem wir gehören, und gegen die Klasse, in die wir geboren sind, die Pflicht, die den faulen Egoismus überwindet, beständig zu pflegen und zu wecken.

VI. Demokratie als Majoritätsprinzip.

Wir haben gesagt, daß die Demokratie einen doppelten Weg geht, wenn sie die Persönlichkeit vor der Vernichtung durch den großen Betrieb des Staates und anderer großer Gesellschaftsgebilde sichern will. Sie versucht, die Staatsleitung durch die Menge der Beteiligten zu beeinflussen, und sie versucht, ihr Grenzen zu ziehen. Der erste dieser zwei Wege führt zur Aufstellung des Majoritätsprinzipes. Man gibt jeder Einzelperson ein Stück von der allgemeinen Souveränität und sammelt dann die kleinen Stücke wieder zu Massen. Das Recht der Person taucht auf, verschwindet aber sofort wieder in der Zahl, die nötig ist, um etwas zu erreichen. Man mag es eine Ironie nennen, daß die Proklamierung der Rechte das Ich in die Formel der freiwilligen Massenbildung umschlägt, aber es gibt in der Tat keinen anderen Weg, das Einzel-Ich politisch wirksam zu machen. In welcher Weise dies geschieht, zeigen die Programme der verschiedenen demokratischen Parteien, die meist selbst wieder älteren ähnlichen Urkunden nachgebildet sind. Wir beginnen mit bürgerlich liberalen Formulierungen.

Am klarsten tritt der ältere demokratische Grundgedanke im Programm der deutschen Volkspartei zutage. Dort heißt es:

> Die Deutsche Volkspartei ist eine Partei des politischen Fortschrittes. Sie bekennt sich zu den demokratischen Grundsätzen der Freiheit und Gleichheit und verlangt die gleichartige Mitwirkung aller Staatsbürger bei Gesetzgebung, Verwaltung und Rechtsprechung, die Durchführung der Selbstregierung des Volkes im Staate .... Kraft dieser Grundsätze verlangt die Deutsche Volkspartei zur Verwirklichung des demokratischen Staates das Eintreten ihrer Mitglieder für: Bestimmung der staatlichen Politik durch den Mehrheitswillen der parlamentarisch vertretenen Nation — volle Vereins-, Versammlungs- und Preßfreiheit — allgemeines, gleiches, direktes und geheimes Wahlrecht für

alle Vertretungen im Reich, Staat und Gemeinde unter Berücksichtigung der Minderheiten, Sicherung der Wahlfreiheit, kurze Legislaturperioden, gerechte Wahlkreiseinteilung, Diäten für die Abgeordneten — Gesetze zur Verwirklichung der Verantwortlichkeit der Minister gegenüber der Volksvertretung für ihre gesamte amtliche Tätigkeit im Reiche, Einzelstaat und Bundesrat, Öffentlichkeit der Sitzungen des Bundesrates bei Beratung und Abstimmung über Gesetzentwürfe — Ausbau unseres Verfassungslebens durch Einführung der Volksabstimmung über grundlegende Gesetze.

Das ist in der Tat fast alles, was sich aus den Grundgedanken des Majoritätsprinzips entwickeln läßt. Weniger prinzipiell durchgearbeitet erscheint daneben der demokratische Gedanke im Programm der freisinnigen Volkspartei. In diesem heißt es:

Die freiheitliche Ausgestaltung des Gemeinwesens als unerläßliche Voraussetzung der Volkswohlfahrt erheischt: Entwickelung eines wahrhaft konstitutionellen Verfassungslebens im Reich und in allen Einzelstaaten — Sicherstellung und Kräftigung der Rechte der Volksvertretung, Verwirklichung der Ministerverantwortlichkeit, Reichsministerien, einjährige Finanzperioden, jährliche Steuerbewilligung — Erhaltung des geheimen, allgemeinen, gleichen und direkten Wahlrechtes für den Reichstag, Ausdehnung desselben auf die Landtagswahlen der Einzelstaaten, Sicherung der Wahlfreiheit, Vollziehung der Wahlen am Sonntag, dreijährige Wahlperioden, Einteilung der Wahlkreise entsprechend veränderter Einwohnerzahl, Diäten für Abgeordnete.

Mit bestimmter Hervorhebung des Klassenkampfcharakters ihrer Partei schreibt die Sozialdemokratie in ihr Programm:

Die sozialdemokratische Partei Deutschlands kämpft nicht für neue Klassenprivilegien und Vorrechte, sondern für die Abschaffung der Klassenherrschaft und der Klassen selbst und für gleiche Rechte und gleiche Pflichten aller ohne Unterschied des Geschlechts und der Abstammung. Von diesen Anschauungen ausgehend fordert die sozialdemokratische Partei Deutschlands zunächst: Allgemeines, gleiches, direktes Wahl- und Stimmrecht mit geheimer Stimmabgabe aller über 20 Jahre alten Reichsangehörigen, ohne Unterschied des Geschlechts für alle Wahlen und Abstimmungen — Proportionalwahlsystem und bis zu dessen Einführung gesetzliche Neueinteilung der Wahlkreise nach jeder Volkszählung, zweijährige Gesetzgebungsperioden, Vornahme der Wahlen und Abstimmungen an einem gesetzlichen Ruhetage, Entschädigung für die gewählten Vertreter — Aufhebung jeder Beschränkung politischer Rechte außer im Falle der Entmündigung — direkte Gesetzgebung durch das Volk vermittels des Vorschlags- und Verwerfungsrechtes — Selbstbestimmung und

Selbstverwaltung des Volkes im Reich, Staat, Provinz und Gemeinde — Wahl der Behörden durch das Volk, Verantwortlichkeit und Haftbarkeit derselben — jährliche Steuerbewilligung — Abschaffung aller Gesetze, welche die freie Meinungsäußerung und das Recht der Vereinigung und Versammlung einschränken oder unterdrücken.

Eine Verwandtschaft dieser drei demokratischen Programme in den Grundgedanken ist unverkennbar. Die Grundgedanken sind: das Volk besteht aus der Summe aller Staatsbürger, diese Summe hat Souveränitätsrechte, diese Souveränitätsrechte können von den einzelnen Teilen dieser Summe nur durch Wahlakte und Abstimmungen ausgeübt werden, deshalb sind Wahlakte direkter Art und Abstimmungen durch alle Staatsbürger so häufig und vielartig einzusetzen, als es mit dem Betrieb des Staatswesens irgend verträglich ist. Bei allen Wahlakten und Abstimmungen entscheidet die Majorität. Volkssouveränität durch Majorität!

Durch Majorität sollen die Ideale gefördert werden, die in der Natur der Demokratie und in der gegenwärtigen Zeitlage beschlossen sind. Damit aber eine Majorität regieren kann, muß erst eine Majorität vorhanden sein, und zwar nicht nur eine Majorität für ein einzelnes Gesetz oder eine einzelne Handlung. Regieren besteht bekanntlich in zusammenhängendem Handeln auf verschiederartigen Gebieten, im Ausführen größerer Gedankengänge wie etwa: Handelsverträge, Arbeiterversicherung, Bürgerliches Gesetzbuch, Flotte, und zwar im gleichzeitigen Ausführen mehrerer derartiger Generalideen. Eine Majorität, die nur auf ein oder zwei Leitsätzen aufgebaut ist, wird stets in Gefahr sein, in der Vielartigkeit der politischen Probleme zu zerschellen. Man erinnert sich, wie der Liberalismus am preußischen Militärproblem zerbrochen ist! Es genügt also nicht eine Majorität zu haben, die etwa in rein demokratischen Gesichtspunkten einig ist, die aber in bezug auf Nationalität, Heer, Zoll, Agrarwirtschaft verschiedene Strömungen vertritt. Es ist eine Majorität nötig, die erst durch lange politische Arbeit in einem Volk entstehen kann, eine durch verschiedene Zeiten teils oppositioneller, teils regierender Betätigung gefestigte Massenpartei. Da aber eine solche Massenpartei nur durch den Gegensatz ihrer Gegenpartei zusammengehalten werden kann, so ist die einzig erkennbare Möglichkeit zur Entstehung eines demokratischen Staates die Aufsaugung aller kleineren Parteiunterschiede durch zwei beständig konkurrierende, beiderseits regierungsfähige, große Parteien. Diesem Zustand am nächsten sind von den großen Staaten England und Nordamerika gekommen. Wo es kein **Zweiparteiensystem** gibt, stellt sich ein immerwährender Wechsel von Kompromißbildungen ein, der dem Fortschreiten einheitlicher Reformideen fast unübersteigliche Hindernisse entgegenstellt, wie man in Frankreich sehen kann.

Gelingt es, in einem Staate ein demokratisches Wahlrecht zu erlangen, so ist damit noch keineswegs ein „demokratischer Staat" gegeben. Es ist dann erst der allererste Schritt getan. Überall, wo der demokratische Parlamentarismus aus dem Chaos einer Revolution auftaucht, wie 1848 in Frankreich und 1866 in Deutschland, ergeben sich zunächst soviel Fraktionen, daß keine für sich allein das Heft in der Hand behalten kann. Jede Gruppe glaubt an die majoritätsbildende Kraft ihrer Idee und vermehrt und verewigt die Parteizersplitterung. Erst langsam, unter dem Druck trüber Erfahrungen, die ganze Generationen erleben, bildet sich im Parlamentarismus soviel politische Einsicht und Resignation, daß große dauernde parlamentarische Verbände entstehen können. Es ist ein langer, schwerer Weg, den Bernstein einmal in die Worte faßte, daß die Demokratie „die Hochschule der Kompromisse" ist. Durch Verschmelzung, Abschleifung, Kartell wächst langsam die Partei, die durch ihre eigene Lebens- und Leidensgeschichte ein feines Gefühl dafür erhält, was sie, um Majorität zu werden, sich leisten darf und was nicht. Viel Zeit und Kraft wird verbraucht, ehe es soweit kommt, viel Personen, die in dem einen Stadium Vorzüglichstes wirkten, müssen absterben oder zurückgeschoben werden, damit ein nächstes Stadium erreicht werden kann. **Das allgemeine Wahlrecht ist nichts als der Anfang für die Selbsterziehung eines Volkes zur Majoritätsbildung.**

Es unterliegt keinem Zweifel, daß wir in Deutschland im Prozeß der Majoritätsbildung noch nicht weit fortgeschritten sind. Wir sind jetzt soweit, daß die zwei Mittelpunkte der zukünftigen Majoritätsbildungen klar zutage treten: Agrariertum und industrielle Demokratie, Zoll und Lohn. Aber noch ist die große politische Retorte voll und übervoll von vorübergehenden kleineren Zentren, von unaufgelöstem politischen Rohstoff, von unbestimmbaren Zwischenbildungen. Auch dem kühnsten politischen Träumer kann es nicht einfallen, an ein baldiges fertiges Resultat unserer parteipolitischen Entwickelungen zu glauben. Es fragt sich sogar, ob wir bei der eigenartigen konfessionellen Zusammensetzung Deutschlands jemals zu einem reinlichen Zweiparteiensystem gelangen werden. Vielleicht sind wir verurteilt, für lange Zeit mit einer Dreiheit rechnen zu müssen, da das Zentrum voraussichtlich sich nicht bald beseitigen läßt. Man kann also im Prinzip der denkbar reinste Demokrat sein und muß doch zugeben, daß in der gegenwärtigen Epoche die reine demokratische Formel für Deutschland eine geschichtliche Unmöglichkeit ist. Wir sind erst mitten darin im demokratischen Werden, wir weben mit am Kleid der Zukunftsdemokratie, wir sehen den Demokratismus als Prinzip steigen, aber freilich in der Gegenwart kann die A u f g a b e d e r D e m o k r a t i e k e i n e a n d e r e s e i n, a l s p a r l a m e n t a r i s c h e M a j o r i t ä t s b i l d u n g a u f d e r d e u t s c h e n L i n k e n. Von Übernahme der gesamten Souveränität kann nicht die Rede sein.

Als der deutsche Liberalismus in der Mitte des vergangenen Jahrhunderts gegen die Despotie des Kleinfürstentums kämpfte, sah er begreiflicherweise den kommenden Parlamentarismus in goldenem Licht. Heute findet sich eine weit verbreitete Enttäuschung auch bei freiheitlichen Beurteilern. Diese Enttäuschung ist der unvermeidliche Rückschlag jener zu hoch gespannten Erwartungen, darf aber nicht als letztes Urteil angenommen werden. Eine Ernüchterung mußte kommen, und sie ist da. Man hat erlebt, daß in der ersten Generation des neudeutschen Reichsparlamentarismus die Bedeutung des Kaisertums unerwartet gewachsen ist. Später wollen wir zeigen, wie dieses Wachsen des Imperialismus eine Folge der ersten Periode des Parlamentarismus ist. Hier soll nur gesagt werden, daß diese Erfahrung nicht an sich gegen das demokratisch-parlamentarische Prinzip spricht. Das, was der Parlamentarismus zunächst tun sollte, die Mediatisierung der kleinstaatlichen Souveränitäten, hat er wirklich fertig gebracht, er hat Unberechenbares getan für die Festigung der deutschen Einheit, Großes für die neudeutsche, gewerbliche Entfaltung, er hat die Masse des Volkes ins politische Leben hineingezogen, hat aus Untertanen Staatsbürger gemacht — in der Tat, es wäre ein Unrecht, deshalb den demokratischen Parlamentarismus für nichtsnutzig zu erklären, weil er in seiner ersten Periode nicht sofort fertig und souverän auftreten konnte.

Es liegt nahe, darauf hinzuweisen, daß der demokratische Parlamentarismus in Deutschland mehr geleistet haben würde, wenn er nicht durch militärische Monarchie, aristokratische Verfassung der Einzelstaaten und dergleichen gehindert gewesen wäre. In diesem Hinweis aber steckt ein Denkfehler. Daraus, daß es dem demokratischen Gedanken nur gelang, einen Teil der Souveränität zu gewinnen, ersieht man eben, daß er noch nicht stärker ist. Man kann sogar sagen, daß er bereits mehr erhalten hat, als er vor 30 Jahren zu erkämpfen imstande war und als er heute für sich allein zu verteidigen in der Lage ist. Die geschichtlichen Umstände der Jahre 1864 bis 66 haben der Demokratie eine günstigere Möglichkeit geboten, als es im reinen Kräfteverhältnis an sich begründet war. Bismarck gab aus Gründen der äußeren Politik dem von ihm unterschätzten demokratischen Gedanken mehr Spielraum, als es nach innerpolitischen Entwickelungsgesetzen damals nötig gewesen wäre. Erst im Laufe der Jahrzehnte entsteht die Bevölkerung, die das damals gegebene Recht prinzipiell verwerten kann. Eine Demokratie also, die auf eigener Kraft stehen will, wird sich hüten müssen, über Benachteiligung zu klagen. Was sie nicht erreicht hat, dazu ist sie eben zu schwach. Wenn sie stärker werden wird, wird sie mehr erreichen. Sie tritt doch zugestandenermaßen als Kämpferin auf ein bereits besetztes Terrain und es steht ihr übel an, darüber zu jammern, daß das Terrain vor ihr besetzt ist. Sie kann nichts anderes sein als eine politische Macht zwischen anderen älteren Mächten. Eine theoretische Konstruktion, wie es sein könnte, wenn sie kampflos als Herrin auftreten dürfte, hat praktisch gar keinen Zweck.

Eins aber soll trotz der langsamen Erfolge und des schweren geschichtlichen Kampfes die Demokratie nicht tun: ihr politisches Prinzip als solches aufgeben. Der Leser wird später sehen, mit welchem Nachdruck wir für die Stärke und Notwendigkeit des Kaisertums eintreten. Er soll aber nicht daraus folgern, daß wir prinzipiell für das „konstitutionelle System" sind. Das Programm der freisinnigen Volkspartei hat, wie sich aus dem mitgeteilten Abschnitt ergibt, das „wahrhaft konstitutionelle Verfassungsleben" als Ziel gesetzt. Das sieht so aus, als wäre der Konstitutionalismus ein in sich fertiger, geschlossener, politischer Gedanke, eine Art Musterform, die den Ausgangspunkt politischen Denkens bilden könnte. Das ist aber ein Irrtum. Der Konstitutionalismus ist kein Prinzip, sondern ein Kompromiß, ein notwendiger, unvermeidlicher Kompromiß, aber auch nicht mehr als das. Die Monarchie ist ein Prinzip, die Demokratie ebenfalls, der Konstitutionalismus ist eine aus beiden entstehende Wirklichkeit. Es gibt keine theoretische Grundlage für die Verteilung der Souveränität zwischen Monarchie, Aristokratie und Demokratie, sondern immer ergibt sich die jeweilige Verteilung aus der beiderseitigen Stärke. Nichts hindert die beiden Mächte, wenn sie ihre Kräfte gemessen haben, periodenweis zusammenzugehen, aber von beiden Seiten wird man das Zusammengehen nicht anders auffassen können, als etwa einen Staatsvertrag zwischen zwei Staaten, die ihre natürliche Gegnerschaft um gewisser gemeinsamer Zwecke willen einschränken. Veränderte Kraftverteilung, veränderte Geschichtslage verändern auch das beiderseitige Verhältnis. Alles in der Politik ist Kampf ums Dasein, auch das Verhalten von Monarchie und Demokratie zueinander. Wer sich prinzipiell zum Konstitutionalismus bekennt, gibt das Recht des demokratischen Stimmzettels grundsätzlich auf. Ebenso aber gibt er das Recht der monarchisch militärischen Führung grundsätzlich auf. Wir erkennen beide Rechte als an sich vorhanden an und suchen keine Vereinigungstheorie, sondern nur einen Weg praktischen Zusammenwirkens beider Faktoren für die Entwickelung der Nation. Es ist ein Wahn, als ließen sich alle in den Dingen vorhandenen Gegensätze durch schöne Zwischentheorien beseitigen. Richtiger ist, die Gegensätze als solche anerkennen und von da aus Zukunftswege zu suchen. Ewige Normalverfassungen gibt es nicht.

Auch der Demokratismus ist keine ewige Normalform, sondern nur die notwendige Gegensatzgestaltung gegen aristokratische und monarchische Übergewalt. Der Macht des Monarchen und der Aristokratien tritt die Macht der zusammengehäuften Einzelpersonen gegenüber. Die Kopfzahl entscheidet, weil es sich um Masse handelt. Die ältere Theorie, die im Programm der deutschen Volkspartei noch nachwirkt, gründet das Majoritätsprinzip auf die natürliche Gleichheit aller Menschen oder wenigstens aller erwachsenen (männlichen?) Staatsbürger. Diese Gleichheit ist aber im besten Falle eine sittliche Forderung, aber keineswegs eine vorhandene Tatsache, auf die man politische Arbeit aufbauen kann. Die Menschen, die in Wirklichkeit leben, sind ungleich, und zwar im modernen Kulturstaat ungleicher als in ursprünglichen rein landwirtschaftlichen Volksverhältnissen. Aus dieser Ungleichheit heraus entstand eben der Klassenkampf, von dem der Sozialismus redete. Gerade auf sozialistischem Boden ist bei konsequentem Denken eine Begründung der Demokratie auf angeblich vorhandener Gleichheit unmöglich. Ob man von vollzogener demokratischer Gestaltung eine Erreichung der Gleichheit erwartet, kann für die jetzige Begründung demokratischen Einflusses natürlich nicht in Betracht kommen. Die bisherige geschichtliche Entwickelung spricht nur wenig für diese Erwartung. Heute, im vorhandenen Zustand der Ungleichheit, fördert natürlich jede Schicht das als Prinzip, worauf in der Wirklichkeit ihre Stärke beruht. Die Stärke des industriellen Arbeitsvolkes und aller aufstrebenden Volksteile beruht nicht im Besitz, nicht in ererbter aristokratischer Autorität, nicht in bereits erprobter Macht, sie beruht in der wachsenden Ziffer. W i r w e r d e n M i l l i o n e n ! D a s i s t d e r G r u n d g e d a n k e d e r P o l i t i k d e s I n d u s t r i e v o l k e s . W i r w a c h s e n a n Z a h l ü b e r a l l e a n d e r e n V o l k s t e i l e h i n a u s ! W i r s e t z e n , w e i l w i r v i e l e s i n d u n d n o c h m e h r e r e w e r d e n , d e s h a l b d i e V i e l h e i t , d i e M a j o r i t ä t a l s P r i n z i p ! U n s e r L e b e n i s t d e m o k r a t i s c h , d e n n e s i s t M a s s e n e x i s t e n z ! D i e D e m o k r a t i e i s t f ü r u n s n i c h t e t w a s v o n a u ß e n H e r b e i g e h o l t e s , e s i s t u n s e r e D a s e i n s w e i s e ! W a s i s t d e r e i n z e l n e u n t e r M i l l i o n e n v o n L o h n a r b e i t e r n ? E s l e b e d i e Z a h l .

Dieses politische Zahlenprinzip stößt im harten Raum der Wirklichkeiten natürlich an andere ebenso aus der Natur der Dinge heraus geborene Machtprinzipien: es lebe die vorhandene Macht, weil sie da ist! Es lebe der Besitz, weil er Herrschaft gibt! Es lebe die Bildung, weil sie nur die Leitung führen kann! Auch diese anderen Prinzipien sind für ganze Volksteile Lebensfragen, ja, mehr als das: kein wirklich schaffenskräftiges derartiges Prinzip kann im Gesamtleben des Volkes entbehrt werden. Die einmal vorhandenen Interessen müssen sich auswirken. Vom Standpunkt des Historikers aus muß man ihnen allen ein relatives Recht einräumen. Wer aber Politiker ist, kann nicht zugleich Historiker sein wollen. Er muß sich zu einem Grundprinzip rechnen, damit er nicht „über den Dingen" schwebt. In diesem Sinn bekennt sich der Verfasser zur Demokratie. Er weiß, daß sie nicht die Generallösung aller Welträtsel ist, aber sie ist die natürliche politische Formel für denjenigen Volksteil, der neu in die deutsche Geschichte eintritt, und für die deutsche Zukunft, der wir dienen. Dem Arbeitervolk insbesondere einreden, daß es sich politisch auf etwas anderes stützen solle als auf seine Zahl, würde eine einfache Torheit sein. Der Proletarier hat wenig Geld, wenig politische Vergangenheit, eine begrenzte Durchschnittsbildung, aber eins hat er, was ihm kein anderer Volksteil nachmacht: Kinder bringt er in Hunderttausenden, und diesen Kindern Platz machen wollen, heißt demokratisch sein!

VII. Das allgemeine Wahlrecht.

Die Zahl ist Macht! Nach diesem Prinzip ist der deutsche Reichstag zusammengesetzt. Bismarck nahm den Wahlrechtsentwurf aus der Paulskirche und half ihm gegenüber konservativen und bürgerlich liberalen Bedenken zum Siege. Es ist noch heute nicht uninteressant, sich die Verhandlungen des Frankfurter Parlaments über das Wahlrecht zu vergegenwärtigen. Im ersten Kommissionsentwurf war das allgemeine Wahlrecht durch folgende Einschränkungen begrenzt:

> Wähler ist jeder selbständige unbescholtene Deutsche, welcher das 25. Lebensjahr zurückgelegt hat.

Über den Begriff „unbescholten" gelangte man zu ungefähr den jetzt geltenden Bestimmungen, aber zur Erklärung des Wortes „selbständig" diente folgender Paragraph:

> Als nicht selbständig, also von der Berechtigung zum Wählen ausgeschlossen, sollen angesehen werden
>
> 1. Personen, welche unter Vormundschaft oder Kuratel stehen oder über deren Vermögen Konkurs- oder Fallitzustand gerichtlich eröffnet worden ist,

2. Personen, welche eine Armenunterstützung aus öffentlichen Mitteln beziehen,
3. Dienstboten,
4. Handwerksgehilfen und Fabrikarbeiter,
5. Tagelöhner.

Also die Lohnarbeiter im ganzen Umfang sollten ausgeschlossen sein. Für ihre Zulassung kämpfte die Linke, und zwar am eindrucksvollsten Wilhelm Löwe. Er gab für die Ausdehnung des Wahlrechtes auf die Lohnarbeiter folgende Gründe an:

a) der im Protestantismus und in der deutschen Volksnatur liegende Zug zum Individualismus fordert Beteiligung aller Einzelpersonen,
b) das von der französischen Revolution proklamierte Prinzip der Gleichheit fordert allgemeines Wahlrecht,
c) ein Ausschluß der Unterklasse macht diese staatsfeindlich,
d) die Staatslasten werden zu einem großen Teil von dieser Unterklasse getragen,
e) in einem Klassenstaat tritt notwendig politische Versumpfung ein,
f) hat man einmal Majoritätsprinzip, so soll man es ganz haben,
g) beschränktes Wahlrecht hat Beschränkungen des Vereins- und Rederechtes zur Folge.

Das Gewicht dieser Gründe und das Ausscheiden rechtsstehender Elemente aus dem bereits dünner werdenden deutschen Parlament führte das Fallenlassen der umstrittenen Beschränkungen herbei. In zweiter Lesung entschied man sich für das Wahlrecht der lohnarbeitenden Unterklasse. Dieser Erfolg des demokratischen Gedankens in der Mitte des Jahrhunderts, der damals nur ein papierner Erfolg zu sein schien, hatte für Deutschlands Geschichte weittragende segensreiche Folgen, denn die zuletzt angenommene Form wurde maßgebend, als nach Königgrätz ein neues deutsches Wahlrecht geschaffen werden mußte. Bismarck hat ohne äußeren Zwang dieses Wahlrecht gegeben, da es ihm in die damals vorhandene Situation zu passen schien. Seine Gründe waren verschiedener Art. Er wollte ein Wahlrecht vorschlagen, das Österreich keinesfalls annehmen konnte, mit Hilfe der königstreuen Masse das liberale Bürgertum dämpfen und etwa widerspenstigen Kleinfürsten den Volkswillen im

Wahlplebiszit vorbehalten. Er glaubte an die national-einende Kraft des allgemeinen Wahlrechtes und ließ es sich gefallen, daß dieses von ihm als offenes Wahlrecht gedachte Verfahren zu einem geheimen gestaltet wurde. Es ist aus den damals gehaltenen Reden unzweifelhaft, daß es nicht demokratische Begeisterung war, die das Reichstagswahlrecht schuf, daß aber der Hauptgrund seiner Annahme doch der war, daß die Regierung und insbesondere Bismarck sich auf den Geist der Masse stützen mußten, wenn sie nationale Fortschritte machen wollten. In kritischen Zeiten der Staaten braucht man das „Volk". Wenn später sanfte Friedenstage kommen, glaubt man, daß man die Masse nicht brauche. Sachsen gab nach 1866 sein weitherziges Landtagswahlrecht und verkürzte es nach fast 30 Friedensjahren. Wenn die Kanonen schießen, dann werden auch älteste Staatshäupter sozial. Es war die Kriegszeit 1866—70, die dem Reiche sein Wahlrecht gab. die magna charta der deutschen Demokratie.

Die Forderung eines auf demokratischer Grundlage aufgebauten Reichstages gehörte von Anfang an zu den Streitpunkten zwischen Preußen und Österreich. In der Denkschrift des preußischen Staatsministeriums an den Bundestag vom 15. September 1863 erklärte Bismarck für die wichtigste und wesentlichste Reform der Bundesverfassung die Einfügung einer Nationalvertretung, welche berufen sei, „die Sonderinteressen der einzelnen Staaten im Interesse der Gesamtheit Deutschlands zur Einheit zu vermitteln", und verlangte im Gegensatz zu der von Österreich unter dem Beifall der Mittelstaaten in Vorschlag gebrachten Delegiertenversammlung „eine Versammlung, die aus dem ganzen Deutschland nach dem Maßstabe der Bevölkerung durch direkte Wahlen hervorgeht". Damit gab Bismarck dem herannahenden Kriege ein nationaldemokratisches Ziel neben dem preußisch-dynastischen Zwecke. In weiterer Verfolgung dieser Politik forderte Preußen am 9. April 1866 vom Bundestage: hohe Bundesversammlung wolle beschließen, „eine aus direkten Wahlen und allgemeinem Stimmrecht der ganzen Nation hervorgehende Versammlung einzuberufen, um die Vorlagen der deutschen Regierungen über eine Reform der Bundesverfassung entgegenzunehmen und zu beraten". Eine weitere Zirkulardepesche bezeichnet die Bestimmung des Tages für die Zusammenberufung dieser Nationalversammlung als Kern der Bundesreform überhaupt. Und als nun der alte Bund durch den Krieg tatsächlich in Stücke zerbrochen war, schloß Preußen am 18. August 1866 mit den Staaten des Norddeutschen Bundes ein Bündnisvertrag, der an diese eben genannten preußischen Vorschläge anknüpfte und eine Verfassung in Aussicht nahm, die unter Mitwirkung eines gemeinschaftlich zu berufenden Parlaments festgestellt werden sollte. Um diese Verfassung zu „vereinbaren", wurde der konstituierende norddeutsche Reichstag von 1867 gewählt, und zwar fast in allen Bundesstaaten bereits nach den Wahlgrundsätzen der Paulskirche. Erst durch das Zusammenwirken der verbündeten Regierungen mit diesem demokratisch gewählten Reichstag entstand die deutsche Verfassung.

Es ist nicht überflüssig, diese Tatsachen fest im Auge zu behalten. Das allgemeine Wahlrecht ist eine Rechtsgrundlage des Deutschen Reiches, ein Teil des großen Kontraktes, den Deutschland schloß, als es sich preußischer Führung anvertraute. Geschichtlich angesehen, ist das allgemeine Wahlrecht nicht eine beliebige Verfassungsbestimmung, die beliebig geändert werden kann, sondern eine unveräußerliche Grundlage des neuen Reiches. Der spätere Zutritt der süddeutschen Staaten ändert an diesem Grundverhältnis um so weniger etwas, als gerade Süddeutschland bei seinem Eintritt auf die Volksvertretung besonderen Wert legte, und man noch heute sagen kann, daß nirgends das allgemeine Wahlrecht zum Reichstag festeren Boden im ganzen Volke hat als in den süddeutschen Staaten.

Es ist zuzugeben, daß weder die Redner der Paulskirche noch Bismarck die Folgen dieses Rechtes in vollem Umfange vor sich sahen. Sie konnten die große Entwickelung der Industriebevölkerung nicht vorher wissen und konnten nicht damit rechnen, wie grundsätzlich diese Bevölkerung das neue Recht ausüben würde. Lassalle war in dieser Hinsicht weiterblickend als Bismarck. Letzterer ist in späteren Jahren, wie seine „Gedanken und Erinnerungen" beweisen, dem allgemeinen Wahlrecht gram geworden, aber wir appellieren in dieser Sache von dem greisen Bismarck an den schaffensfreudigen Werkmeister Deutschlands, der politischen Optimismus genug hatte, die Hälfte des politischen Geschickes unserer Nation dem System der Majorität anzuvertrauen. Statt diesen staatsgründenden Optimismus zu verlassen, sollte man den ernsten Versuch machen, Patriotismus der Masse zu pflegen.

Die Form, in der das neue Wahlrecht in die Verfassung aufgenommen wurde, ist folgende: „Der Reichstag geht aus allgemeinen und direkten Wahlen mit geheimer Abstimmung hervor.“ Es fehlt das Wort vom „gleichen“ Wahlrecht. Wenn nun aber Wahlrechtsfeinde diese formelle Lücke benutzen wollen, um Vorzugsrechte für Alter, Besitz oder Bildung einzuschmuggeln, so verletzen sie damit den Geist der Verfassung, denn im Gegensatz zum Klassenwahlrecht des preußischen und anderer Landtage wurde von Anfang an die Gleichheit aller Wähler an der Urne als selbstverständlich behandelt. „Was nützt das Prinzip der Majorität, wenn es nicht ganz gehandhabt wird?“ können wir noch heute mit Wilhelm Löwe fragen. Das Reichstagswahlrecht, wie wir es haben, ist ein Ganzes und muß als solches erhalten und verteidigt werden. Es kann vielleicht in der Welt noch bessere Wahlrechte geben, aber in der politischen Lage des deutschen Volkes muß dieses auf seinem Schein, auf seinem Kontrakt bestehen, wenn es nicht betrogen werden will.

Die Einwirkungen dieses Wahlrechtes auf das ganze Volksleben sind ungeheure. Erst durch dieses Recht haben wir einen politisch atmenden Gesamtkörper. Mit Schwankungen, aber unverkennbar ist die Wahlbeteiligung gestiegen. Wahlberechtigt ist im Durchschnitt ein reichliches Fünftel der vorhandenen Volkszahl. Von den Berechtigten beteiligen sich etwa drei Viertel. Es waren:

Jahr der Wahl	Wahlberechtigte	Wahlbeteiligung
1871 . . .	7 656 000	51 %
1874 .	8 523 000	61,3 %
1877	8 943 000	60,6 %
1878	9 124 000	63,4 %
1881 .	9 090 000	56,3 %
1884	9 383 000	60,6 %
1887	9 770 000	77,5 %
1890 .	10 146 000	71,6 %
1893 . .	10 628 000	72,2 %
1898 .	11 441 000	68 %
1903	12 531 000	76,1 %

Man sieht, daß trotz des Wechsels in der Beteiligung ein Aufsteigen vorliegt. Die letzte Wahl brachte nächst der unter ungeheurem Regierungsdruck erfolgten Wahl von 1887 die höchste Beteiligung. Solange aber überhaupt so hohe Beteiligungsziffern für den Reichsdurchschnitt vorliegen, scheint uns die von den Antisemiten befürwortete Bestrafung säumiger Wähler als überflüssig. Saumseligkeit findet sich am ersten in sogenannten „sicheren" Kreisen. Dort ändert sie am Resultat am wenigsten. Wo es umstrittene Kreise gibt, steigt die Beteiligung. In sächsischen Kreisen gab es 88,8 % und 88,6 % Beteiligung bei der Hauptwahl. Mehr kann auch durch Strafgesetz nicht geleistet werden.

Jede Wahl bedeutet Aufrüttelung der politischen Instinkte. Oft geschieht diese Aufrüttelung etwas herb, grob, drastisch, leidenschaftlich, aber mit Einrechnung aller Schattenseiten ist es doch etwas Großes, daß an einem Tage zwölf Millionen Männer sich um die Regierung ihres Volkes kümmern. Das bringt in das ganze Volk einen anderen Zug hinein, eine Staatsbürgergesinnung, mag sie sich nun konservativ oder oppositionell äußern. Das allgemeine Wahlrecht an sich ist das Tor für die Gedanken der Masse. Durch dieses Tor strömt der Hauch der Menge in die Regierungssäle hinein. Es ist jetzt und für absehbare Zeiten kein einheitlicher, machtgewaltiger Wille, der durch dieses Tor kommt, aber der Olymp der politischen Götter ist nicht mehr endlos hoch und fern über dem Volke. Irgendwo in einem Gutsbezirke Ostpreußens oder in einer dunklen Wahlstube Bochums oder am Rande der bayerischen Alpen trägt ein armer Mann ein Blatt in den Kasten und sagt sich dabei: es ist eine einzelne Schneeflocke; viel Schneeflocken machen Schnee und hinter Schnee kommt Frühling!

Aus dem allgemeinen Wahlrecht geht das Parteileben hervor. Von den Prinzipien der Parteien wird später gesprochen werden. Jetzt ist nur wichtig, zu zeigen, **daß das Parteileben an sich nicht eine Krankheitserscheinung ist, sondern ein demokratischer Naturprozeß.** Wenn wir im vorigen Abschnitt die Majoritätsbildung als das Ziel der demokratischen Entwickelung fanden, so müssen wir nun die Parteien als notwendige Zwischenkörper zwischen der Wählermasse und der angestrebten regierungsfähigen Majorität betrachten lernen. Das Wesen der Partei ist die Existenz einer Organisation von Wählern zum Zweck der Majoritätsgewinnung. Die große und langsam zu erreichende Aufgabe der erfolgreichen Majoritätsbildung kann ohne dauernden Apparat nicht erreicht werden, am wenigsten von demokratischen Strömungen, denen bis jetzt weder staatliche noch kirchliche Organisationen helfen. Aus dem Wesen dieses Apparates ergibt sich die Notwendigkeit der Berufspolitiker. Kein Berufsstand ist so sehr von wechselnden Wellen getragen als dieser. Er erlebt Enthusiasmus und Verleumdung in vollem Maße, soll tausend Interessen und Wünsche kennen, sichten, sagen, soll Sachkenntnis, Redekunst, Ausdauer vereinigen, soll zanken und schonen können, wie die Umstände es fordern, soll dabei konsequent und zielbewußt bleiben. Kein Wunder, wenn hier viele Gestalten auf- und untertauchen. Einige bleiben, wie etwa Bebel, Auer, Richter, Kardorff, Limburg-Stirum, Spahn, Gröber. Sie kehren Jahr für Jahr in die Parlamentsräume ein und sind in ihrer, allerdings streitvollen Gesamtheit die vom Volke gegebene Nebenregieruug neben der monarchischen Regierung. In ihrem Kreis wechseln die Hauptstellen langsamer als im Kollegium der Staatssekretäre und Minister. Das demokratische Wahlverfahren hat seine eigene Treue in sich, es ist stets unberechenbar im einzelnen und doch berechenbarer in seiner Gesamtwirkung als die Politik der Fürsten. Es geht eine gewisse langsame, schwerfällige Tradition durch alle Demokratie, da die Gedanken von Massen sich nur schrittweise und mit sachten Übergängen ändern. Wenn es im monarchischen Getriebe an alten Formen nicht fehlt, so bereichert sich auch der demokratische Organismus, je länger er lebt, desto mehr mit zäh festgehaltenen Worten, Programmen, Gewohnheiten. Erst wenn neue Gedanken schon lange durchs Land gegangen sind, ist es ihnen möglich, auf dem Wege der Parteigruppe oder auf dem Wege der Gedankenverschiebung innerhalb bestehender Parteien vorzudringen. Alles, was noch nicht breite Massenwahrheit wurde, ist im demokratischen System wirkungslos, eine Erfahrung, die gerade auch unsere Gruppe zu machen Gelegenheit hatte.

Diese natürliche Zähigkeit der aus Wahlen hervorgehenden Parlamente kann für die Gesamtheit ein Glück oder ein Unglück sein. Bismarck hat viele harte Worte über die Parteiführer und ihren dickköpfigen Unverstand gesprochen. Aber auch ein Bismarck hatte es nötig, daß es Wände gab, an die er sich zuweilen stieß. Oft würde gegenüber schnellen Regungen der Regierung eine noch kühlere Beharrung in der Tradition nicht schädlich sein. Daß aber dieselbe Tugend des Beharrungsvermögens in entscheidenden Momenten des ganzen Volkslebens ein Hemmnis des Fortschrittes sein kann, liegt klar auf der Hand. Unsere Kolonialpolitik bietet ein grelles Beispiel. Überall in der ganzen Welt wird es so sein, daß kollegialisch zusammengesetzte Körper eine gewisse Schwerfälligkeit in sich selber haben. Eine Unmasse Kraft verzehrt sich im internen Kampf der Parteien und Personen. Je weiter der Majoritätsbildungsprozeß fortschreitet, desto mehr werden diese Kraftvergeudungen vermindert. Am wenigsten Kraftverlust finden sich beim voll durchgeführten Zweiparteiensystem. Aber wie weit von diesem demokratischen Ideal ist der deutsche Reichstag!

Solange die Majoritätsbildung sich auf der jetzigen deutschen Entwickelungsstufe befindet, kann die Initiative des Reichstages nur gering sein. In dieser Hinsicht bietet die Verfassung mehr, als was bis heute der Reichstag leisten kann. Solange die Parteien sich gegenseitig aufheben, ist das Recht des Reichstages, seinerseits Gesetze vorzuschlagen, beinahe ein schlummerndes Recht. Unsere Gesetzgebung wird in Wirklichkeit von der Regierung gemacht und der Reichstag hat nur die Möglichkeit, Veränderungen anzubringen, anzunehmen oder abzulehnen. Dieser Zustand ist sehr bedauerlich, kann aber nur durch Vertiefung der politischen Einsicht des Volkes im ganzen gehoben werden, denn nur aus dieser heraus kann die zur Besserung nötige Einheit aller vereinigungsfähigen Elemente kommen. Über Vergewaltigung des Reichstages zu deklamieren ist ziemlich zwecklos, solange er nicht von sich aus fähig ist, bei größeren gesetzgeberischen Aktionen eine feste Grundlage zu bieten. Unser Volk ist eben noch sehr jung in seinem demokratischen Parlamentarismus, jung und daher schwach.

Es könnte freilich mancher Schritt zur Besserung geschehen sein, wenn nicht durch die jetzt geltende **Wahlkreiseinteilung** die parlamentarische Vertretung der großen Städte und Industriegebiete in unverantwortlicher Weise benachteiligt wäre. Diejenigen Gebiete, die für die Versorgung der wachsenden Volksmenge das meiste tun, in denen die meisten Steuern aufgebracht und die höchsten absoluten Soldatenziffern gestellt werden, sind auf halbes und teilweis auf Viertelsrecht gestellt. Da die Kreiseinteilung in Norddeutschland seit 1867 und in Süddeutschland seit 1871 nicht geändert worden ist, ist eine ungerechte Ungleichheit entstanden, die geradezu unerträglich genannt werden muß. Als die Wahlkreise entstanden, hatte Deutschland etwa 39 Millionen Menschen, jetzt hat es 58 Millionen. Der Zuwachs ist zur Belastung der politischen Rechte der vorwärtsstrebenden Landesteile geworden. Stellen wir zunächst etliche größte und kleinste Wahlkreise nebeneinander:

	Einwohnerzahl		Einwohnerzahl
Löwenberg	60 355	Berlin VI . .	696 608
Waldeck	57 918	Teltow-Charlottenburg	689 444
Lauenburg .	51 833	Bochum-Gelsenkirchen	566 813
Schaumburg-Lippe	43 132	Hamburg III	448 614

Ein Teil der kleinen Kreise erklärt sich geschichtlich aus Bundesstaatsverhältnissen, aber auch diese Erklärung kann den Eindruck stärkster politischer Benachteiligung der volksreichen Kreise nicht verwischen. Ein Staatsbürger in Berlin VI hat fast nur $^{1}/_{12}$ soviel politisches Recht als ein solcher in dem schlesischen Kreis Löwenberg, der zu demselben preußischen Staate gehört! Diese Verschiedenheit liegt nicht im Geist der Verfassungsgründer, denn diese sagen im Wahlgesetz: „Ein Reichsgesetz wird die Abgrenzung der Wahlkreise bestimmen." Bis jetzt aber ist alles beim alten geblieben. Die 397 Reichstagssitze sind willkürlich über das Land verteilt und mit jeder neuen Million von Einwohnern wird die Willkür drückender. **Wenn Deutschland 60 Millionen Einwohner hat, wird es nur eine Pflicht der Gerechtigkeit sein, eine Neueinteilung vorzunehmen, bei der auf 150 000 Einwohnern ein Abgeordneter kommt.** Mehr als 400 Abgeordnete faßt (wohl absichtlich) der Saal des Reichstagsgebäudes nicht, 400 sind auch genügend, wenn nur die Gleichheit des Wahlrechtes hergestellt wird.

Natürlich wehren sich die vom jetzigen Zustand begünstigten Parteien gegen jede Änderung. Es ist darum wichtig, zu zeigen, wie ein Reichstag zusammengesetzt sein müßte, der den letzten Wählerziffern entsprechen würde.

	Anteil an den abgegebenen Stimmen	Erforderliche Zahl von Abgeordneten	Jetzige Zahl von Abgeordneten
Sozialdemokraten	31,7 %	127	81
Zentrum	19,7 %	79	100
Nationalliberale	13,8 %	55	51
Deutsch-konservativ . .	10,0 %	40	52
Freisinnige Volkspartei . .	5,7 %	23	21
Polen	3,7 %	15	16
Freikonservativ	3,5 %	14	25
Freisinnige Vereinigung . .	2,6 %	10	10
Antisemiten	2,6 %	10	11
Bund der Landwirte . .	1,2 %	5	3
Bauernbund	1,2 %	5	3
Protestler	1,1 %	4	10
Welfen	1,0 %	4	7
Deutsche Volkspartei . . .	1,0 %	4	6
Kleinste Parteien u. zersplit.	1,2 %	2	1
	100,0 %	397	397

Das Gesamtergebnis einer gerechten Wahlkreiseinteilung würde also etwa folgendermaßen aussehen:

Ungerechte jetzige Einteilung.			Gerechte Einteilung.	
		Die Linke.		
118	81	Sozialdemokratie	127	164
	21	Freisinnige Volkspartei	23	
	10	Freisinnige Vereinigung	10	
	6	Deutsche Volkspartei	4	
		Die Mitte.		
136	100	Zentrum	79	107
	16	Polen	15	
	3	Bauernbund	5	
	10	Protestler	4	
	7	Welfen	4	
		Die Rechte.		
142	51	Nationalliberal	55	124
	52	Deutsch-konservativ	40	
	25	Freikonservativ	14	
	11	Antisemiten	10	
	3	Bund der Landwirte	5	
396				395

Es würde also vor allem die vom Zentrum geführte Mitte verlieren, und es würde die Möglichkeit bestehen, aus der Linken und dem Hauptbestandteil der Nationalliberalen unter Umständen eine zentrumsfreie Majorität zu gestalten, eine Möglichkeit, die jetzt fehlt. Die jetzige Wahlkreiseinteilung ist geradezu ein Zentrumsprivilegium. Daraus ergibt sich, wie lange sie bleiben wird. Unsere ungerecht gewordene Wahlkreiseinteilung wird bleiben, bis einmal die Regierung die Absicht hat, mit einer liberalen und industriellen Majorität zu regieren. Ob und warum dieser Fall wahrscheinlich ist, wird uns später beschäftigen. Wenn er eintritt, so ist es ein leichtes, auf Grund des vorhandenen Wahlgesetzes eine überaus heilsame Verschiebung der Volksvertretung nach links eintreten zu lassen. Eine gerechte Wahlkreiseinteilung könnte der Anfang zur besseren, glücklicheren Zeit in Deutschland sein.

Da nun natürlich Zentrum und Konservativen wissen, daß das reell durchgeführte Majoritätsprinzip ihre langsame aber sichere Versetzung in die völlige Minorität und in die Opposition bedeutet, so strengen sie alle Kräfte an, um Reichstagswahlrecht und Parlamentarismus zu verdächtigen. Am offensten sind hier natürlich die Konservativen. Männer wie Herr v. Kröcher und v. Oldenburg-Januschau sprechen ihre Abneigung gegen das geltende Reichstagswahlrecht rücksichtslos aus; viele andere aber stehen bereit, einen Entwurf zu Wahlrechtsverschlechterung zu unterstützen. Es kommt noch ein Kampf um das Wahlrecht, ein Kampf um die demokratische Grundlage des Deutschen Reiches. In diesem Kampf entscheidet sich die deutsche Zukunft. Je länger er aber verschoben werden kann, desto besser wird es sein. Jetzt hängt noch um die deutsche Demokratie der Schleier der falschen Internationalität, noch ist nicht volle Gewähr vorhanden, daß ein korrekt durchgeführtes Wahlrecht die Nation nicht in tiefes Verhängnis hineintreibt, aber die Wendung bereitet sich vor. Der Patriotismus der Masse wird und muß kommen, und wenn er kommt, dann kann einer vaterländischen Masse niemand das erste politische Recht des deutschen Staatsbürgers aus der Hand nehmen. Eine vaterländische Demokratie ist unbesiegbar. Sie ist die Trägerin der Volkszukunft.

VII. Demokratische Dezentralisation.

Selten arbeitet die Geschichte pädagogisch. Wenn sie das deutsche Volk aus der Dienstbotenhaftigkeit der Kleinstaaterei heraus zu freierer demokratischerer Gesinnung und Praxis bringen wollte, so durfte sie ihm nicht allein das Reichstagswahlrecht geben, sondern mußte Landtags- und Gemeindewahlrechte vorher gewähren, damit im kleineren Kreise an näherliegenden Fragen die erste Einübung in die neue Volkspolitik geschähe. In Württemberg hat sie am meisten in diesem Sinne gehandelt, aber auch da nicht völlig. Der Erfolg ist sichtlich ein guter. Der Bundesstaat, der in Landesvertretung und Gemeindewahl am freiheitlichsten ist, hat keine so scharfe soziale Zerrissenheit wie diejenigen Teile Deutschlands, wo unterhalb des Reichstagswahlrechtes in allen politischen Dingen das Klassenrecht gilt. Die Erziehung zur Achtung jedes Staatsbürgers ist in Württemberg und überhaupt in Süddeutschland weiter fortgeschritten als in Preußen. Auf diesem Gebiet muß offenbar der Norden vom Süden lernen.

Es lagern in Gemeinde, Provinz, Bundesstaat und Reich älteste, alte und neue Wahlformen, bunt übereinander und nebeneinander. Wir können nicht daran denken, hier eine Darstellung aller in Deutschland geltenden Vertretungssysteme zu geben. Nur einiges sei erwähnt. Die älteste vorhandene Form der Landesvertretung sind die für Mecklenburg-Schwerin und Mecklenburg-Strelitz gemeinsamen „Stände". Hier sind überhaupt nur vertreten der größere Grundbesitz und die Obrigkeiten von 48 Städten. An diesem landwirtschaftlich fruchtbaren, politisch ruhenden Teile unseres Vaterlandes ist die demokratische Strömung vorübergerauscht, ohne in der Landesvertretung Spuren zu hinterlassen. In allen übrigen Bundesstaaten ist ein Kompromiß mit dem System der Majorität zu erkennen. Die meisten Landesverfassungen enthalten vier Grundbestandteile.

a) Glieder des regierenden Hauses, mediatisierter Hochadel, Bischöfe, evangelische Prälaten, Universitätsvertreter, Bürgermeister, bevorzugte Städte,
b) Grundbesitz mit Bevorzugung des befestigten Großgrundbesitzes,
c) Höchstbesteuerte,
d) Steuerzahlende Staatsbürger mit verschiedenem Zensus.

Dazu kommen Ernennungen durch den Herrscher, Trennung von Stadt- und Landkreisen, Trennung von Oberhaus und Unterhaus, direkte oder indirekte, offene oder geheime Wahl. Für fast jede Möglichkeit, die sich aus diesen Elementen ergibt, findet sich ein Beispiel. Man kann wohl sagen, daß nicht zwei deutsche Landesverfassungen sich völlig gleichen. Besonders verwickelt und der Volksmasse ungünstig ist bekanntlich das preußische System. Das gemeinsame fast aller dieser Wahlrechte ist aber die Beibehaltung der alten agrarischen Ständevertretung unter Hinzufügung bürgerlicher Elemente. Abgesehen von einigen kleinsten Staaten, wie Waldeck und Lippe-Detmold, ist nirgends ein rein bürgerlich-liberaler Charakter. Man sieht, wie wenig stark in den Einzelstaaten die Jahre 1830 und 1848 gewirkt haben. Als Deutschland auf Grund des allgemeinen Reichstagswahlrechtes aufgebaut wurde, war es seinen Verfassungen nach noch im wesentlichen ein Gebiet von Agrarstaaten. Und diesen Charakter haben die Landesvertretungen beibehalten. Je mehr Deutschland industriell wird, desto mehr werden seine Einzelverfassungen rückständig, steif, zopfig. Man denke nur an das preußische Herrenhaus, die sächsische erste Kammer, die bayerische Kammer der Reichsräte, die württembergische Gruppe des ritterschaftlichen Adels usw. Was an Rückständigkeiten im Reichstag nicht möglich ist, wird in den Landtagen versucht. Ja, kühne konservative Umsturzpläne denken daran, den Reichstag aus Delegierten dieser Landtage zusammenzusetzen!

Und bunt wie die Landtagsvertretungen sind die Vertretungskörper der Städte.

Noch sind in Preußen die Städteordnungen alter und neuer Provinzen nicht in Harmonie, ebensowenig die Ordnung der Landgemeinden. Im übrigen Deutschland hat jedes Gebiet seine Gemeindeverfassung. Am freiheitlichsten sind Württemberg, Hessen und Baden. Überall liegen alte Kämpfe versteinert vor uns. Die Verschiedenheit ist an sich kein Unglück, aber daß in der Verschiedenheit so wenig modernes Empfinden waltet, das ist ein Unglück. Das neue industrielle Massenvolk wächst herauf, ohne im allgemeinen in Staat und Stadt und Dorf sich ausleben zu können. Es darf über Zölle, Handelsverträge, Anleihen des Reiches,

Heer, Flotte gleichberechtigt mit entscheiden, aber bei Landesanleihen, Schulfragen, Kirchenpolitik, Eisenbahnen, Brücken, Wegen, Armenpflege, Wohnungsfrage drückt man es in den Winkel. Hier entscheidet der, der etwas hat: Land oder Geld!

Man muß diesen Zustand im Auge behalten, wenn man die starke Zentralisationsneigung verstehen will, die sich häufig in sozialdemokratischer Literatur findet. Da man am wenigsten darauf rechnet, die Einzelgemeinden zu erobern (übrigens ein in manchen Ländern nicht unmöglicher Fall), so schiebt man soviel als möglich von der Gemeinde auf den Staat, vom Staat aufs Reich. So sehr die Sozialdemokratie den gegenwärtigen Staat bekämpft, so staatssozialistisch ist sie in einzelnen Anforderungen an die gegenwärtige Gesellschaft. Nicht immer ohne sachlichen Grund. Wir rechnen hierher beispielsweise die Übernahme von Schullasten, Armenlasten und Wegebaukosten auf den Staat, drei Punkte, die für die ärmeren Gegenden von direktestem Interesse sind. Oft besteht ja die Ausgabe der Gemeindekasse aus nichts anderem fast als diesen dreierlei Lasten. Um dieser Lasten willen müssen arme Gemeinden trotz der gewährten Staatszuschüsse Anleihen aufnehmen, an denen sie dann mit ihren geringen Kräften lange zu zahlen haben. Vom Standpunkt dieser Bedrängten, die von selbst weder neue Schulen noch neue Wege bauen würden, die nur durch Staatsmacht zu erhöhten Leistungen gedrängt werden, ist es natürlich richtig, Übernahme durch den Staat zu verlangen. Indem die soziale Demokratie diese vertritt, fordert sie: Ausgleich von oben her! Nur darf sie dabei nicht vergessen, den Gemeinden überhaupt selbständige Verfügungsrechte zu lassen. Und in Verfolgung dieses selben Ausgleichgedankens kommt die Sozialdemokratie dazu, die Deckung der Kosten der Invaliditäts- und Altersversicherung dem Reich zuzuschieben, überhaupt die Reichsfinanzverwaltung gegenüber allen tieferen Stellen zu stärken. Nicht im jetzigen Programm, aber vielfach im Gedankenkreis der Sozialdemokratie waltet eine Art Verachtung der Unterstufen der Verwaltung. Die Idee des Großbetriebes scheint auch hier zu siegen. Ganz wenig geistige Arbeit ist bis jetzt auf das Dezentralisationsproblem verwendet worden. Noch immer fehlen eingehendere sozialdemokratische Arbeiten über die Gemeindeverwaltung. Es liegt über unserem deutschen demokratischen Sozialismus bis jetzt ein französischer Hauch. Was dort das absolute Königtum geschaffen, Revolution und Napoleonismus gefördert haben, das soll auch nach Deutschland kommen: Zentralisation! Im Programm aber steht mit Recht: **Selbstverwaltung des Volkes im Reich, Staat, Provinz und Gemeinde.**

Eine zentralisierte Demokratie ist, um es offen zu sagen, eine große Täuschung. Da der demokratische Apparat der Majoritätsbildung nur langsam und schwer dazu kommt, große regierungsfähige Parlamentsparteien herzustellen, und da er, wenn sie einmal geschaffen sind, zähe an diesen mühsam erworbenen Körpern festhält, so hat der einzelne Mann im Volke von einer durchgeführten demokratischen Staatsverwaltung ungeheuer wenig, so lange alles von oben her gemacht wird. Er kann dann mit seinem Stimmzettel helfen, daß das bisherige Ministerium durch das Gegenministerium abgelöst wird. Er entscheidet zwischen zwei Cliquen. Das ist seine ganze Demokratie. Dahin führt der große Gedanke von souveränem Volke, wenn er nicht dezentralisiert gedacht wird. Nur bei lebendigem Eigenleben der politischen Unterteile des Staates wächst, lebt und bleibt demokratischer Sinn. Hier ist der Mann etwas wert, der nicht Agitator und Berufspolitiker sein kann. Von hier aus gewinnt er die Sachkenntnis und Selbständigkeit, die ihn auch seinen eigenen Parteigrößen gegenüber frei macht. In zentralisierter Demokratie kann nach Natur der Dinge die Masse nichts anderes sein als Stimmvieh. Was ist in dem Augenblick, wo es sich um Zehntausend von Stimmen handelt, die Idee eines einzelnen noch nicht politisch namhaft gewordenen Kopfes? Die großen Parteiformeln rasseln wie Trommelwirbel über die Köpfe und geschlossen wie bei der Parade marschiert man nach einer Parole. In einem beliebigen Namen sammelt sich alles, was man wünscht und hofft. Diesem einen Namen Tausende von Zetteln zu verschaffen, ist Ziel großer Anstrengungen und Opfer, und sind diese Opfer nicht vergeblich gewesen, so besteht die demokratische Souveränität von 200 000 Wählern darin, daß Herr Müller auf fünf Jahre nach Berlin geht. So ist die Wirklichkeit zentralisierter Demokratie und kann nicht anders sein, denn daß in sehr vielen wichtigen Dingen Zentralisation sein muß, ist klar. Auch Volksreferendum ändert wenig an diesem Zustande. Die Staatsleitung ist und bleibt Sache von wenigen, auch bei durchgeführtestem demokratischem Wahlsystem, deshalb liegt es im Interesse der vielen, daß nicht alle wichtigen Dinge an der Zentralstelle abgemacht werden.

Eins jedoch muß vermieden werden, daß man Dezentralisation und Partikularismus für ein und dasselbe hält. Die süddeutsche Demokratie ist wesentlich partikularistisch, denn sie fordert „Durchführung des bundesstaatlichen Prinzips", worin sie vom Zentrum unterstützt wird. Sie ist grundsätzlich gegen großstaatliche Zentralisation, denn „sie erstrebt einen auf Freiheit gegründeten Bundesstaat sämtlicher deutschen Stämme", kurz, sie ist eine von den Parteien der durch 1866 gekränkten Stammesinteressen, wie es die Welfen auch sind. Weil ihr Boden süddeutsch ist, so ist eben ihr Partikularismus demokratisch, der der Welfen im allgemeinen agrarisch-aristokratisch. In Zeiten von Reichsverdrossenheit steigt dieser Partikularismus aufwärts, aber politischer Wert kann ihm trotzdem nicht zugesprochen werden.

Die Bedeutung der Einzelstaaten ist in erster Linie eine geschichtliche. Sie waren das politische Kleid der Vergangenheit. Heute noch können sie als Verhinderung von Reaktion in Betracht kommen, wenn in Berlin reaktionäres Preußentum den Reichsgeist vergewaltigen will, aber niemand wird leugnen können, daß sie einen ehrenvollen Rückzug in das Gebiet stiller Verwaltungskörper antreten. Wir müssen später, wenn wir vom Kaisertum reden, diesen Punkt noch einmal berühren. Als Verwaltungskörper können sie Heimaten dezentralisierter Selbstverwaltungen sein und sind es besonders in Süddeutschland wirklich. Immer wird man bei deutschen Dezentralisationsplänen auf diese geschichtlichen Körper zurückkommen, aber die Frage der Dezentralisation ist mit Erwähnung der Rechte und Reservatrechte der Einzelstaaten keineswegs erledigt.

Es ist nötig, daß eine demokratische Bewegung Grundsätze über die Tätigkeitsweise der Dezentralisation gewinnt. Sie wird davon ausgehen müssen, daß man jetzt manche Fortschritte dadurch hemmt, daß man Landesgebiete verschiedenster Art gleichzeitig mit denselben Paragraphen bedienen will. Um bei der Gewerbegesetzgebung anzufangen, so ist es ein großer Vorteil, daß sie beim Reichstag und nicht bei den Landtagen liegt. Sie muß in demokratisch entstandenen Körperschaften verhandelt werden, wenn überhaupt Arbeiterschutz, Arbeitsinspektion, Arbeitervertretungsrecht, Arbeiterversicherung durchgesetzt werden soll. Das Arbeitsvolk kann sein Lebensschicksal keinem Klassenhaus anvertrauen wollen. Auch ist es nötig, daß die allgemeinen Grundsätze zentralistisch behandelt werden, aber die Ausführungsverordnungen könnten sehr zum Vorteil der Sache in verschiedenen Gebieten getrennt behandelt werden, sobald diese Gebiete geeignete beschlußfähige Körper besitzen. Daß sich die Dezentralisation in Gewerbeangelegenheiten an vorhandene Provinzgrenzen zu halten habe, ist nicht nötig. Wie störend läuft die Grenze von Rheinland und Westfalen durch das Industriegebiet an der Ruhr! Was bedeutet für das Gewerbe die Landesgrenze zwischen Sachsen, Gera, Greiz, Hof? Sind gewerblich Frankfurt und Offenbach, Mannheim und Ludwigshafen je zwei Orte? Man muß für Gewerbeordnungen **Gewerbeprovinzen** machen und muß ihnen eigene lebensfähige Verfassung geben. Jedes Gewerbegebiet kann dann seiner Eigenart nach den Rahmen der Reichsgesetze ausfüllen. Wir sind überzeugt, daß die westfälische Kohlenindustrie ihren Arbeiter mehr bieten kann als die schlesische, die niederrheinische Textilindustrie mehr als die sächsische. Nur bei Dezentralisation lassen sich Mustergebiete schaffen, von denen dann die übrigen lernen können. In der Mitwirkung an solchen provinziellen Gewerbeparlamenten werden Unternehmer und Arbeiter ganz anders, als es im Reichstag geschehen kann, sich über die gemeinsame Grundlage der Lebenserhaltung ihrer besonderen Industrie verständigen können. Natürlich muß die Wahl zu diesen Gewerbeparlamenten für beide Teile frei sein wie beim Gewerbegericht.

Ein weiteres Gebiet für Dezentralisation ist das E r z i e h u n g s - w e s e n. Es ist nicht zufällig, daß Preußen seine vor 50 Jahren in der Verfassung versprochene Schulgesetzgebung immer noch nicht bekommen hat. Für ein Land, das von Saarbrücken bis Memel reicht, lassen sich die Schulverhältnisse nicht einheitlich regeln. Schon allein die Frage der konfessionellen oder nichtkonfessionellen Schule liegt am Rhein und an der Elbe ganz verschieden. Wozu aber muß denn in Schulsachen Uniform getragen werden? Gewisse Minimalforderungen materieller und geistiger Art muß der Staat (besser das Reich als die Einzelstaaten) stellen. Was darüber hinaus ist, ist landschaftlicher Natur. Die Ausstattung und Leitung der Einzelschule ist aber eine lokale Angelegenheit. Jetzt fehlt in Schulsachen die Zwischenstelle zwischen Staat und Schulgemeinde, die mit der Fähigkeit rechtskräftiger Verordnungen ausgestattete selbständige, von unten herauf wachsende, demokratisch entstandene Provinzialschulverwaltung. Daß die Provinzialschulkollegien diesen Anforderungen nicht entsprechen, ist bekannt.

Fast noch wichtiger als dezentralisierte Körper für Gewerberecht und Schulwesen ist aber die Herstellung von provinziellen demokratischen Verwaltungskörpern für **Ansiedelungswesen.** Bis heute geschieht für das Ansiedelungswesen, abgesehen von der Güterparzellierungskommission im preußischen Osten, gar nichts. Alle alten Behörden versagen gegenüber dieser großen neuen Aufgabe. Man denke sich folgendes: in 10 Jahren wächst unser Volk um 9 Millionen Menschen. Die Ansiedelung dieser 9 Millionen überläßt man dem Zufall! Man läßt Riesenstädte sich weiter und weiter ansammeln, Häusermeere, Steinfluten, Ameisenhaufen von Millionen, wo Menschen wie Vögel in Käfigen nebeneinander, übereinander sitzen, wo hunderttausend Kinder keine anderen Spielplätze haben als Straßen und Promenaden, wo der einzelne nichts ist, ein verlorenes Sandkorn, Spreu im Winde, wo unter einer glänzenden Oberschicht eine dichte, schwarze Menschenmasse lagert, die immer nur gezogen und geschoben wird. Man läßt Plätze entstehen, in denen der gesunde Trieb des Volkes zum Familienleben durch die Macht der Verhältnisse vielfach erdrückt wird, Orte der Unfruchtbarkeit, wie Zola so ergreifend Paris geschildert hat. Rings im weiten Bogen um Berlin herum liegt Land für Menschen, alles aber strömt zum Zentrum, gelockt vom Licht, vom Geld, von der Hoffnung auf Arbeit. Man sehe das Wachstum unserer Großstädte:

	1880	1900
Berlin	1 125 000	1 900 000
Hamburg	410 000	705 000
Breslau	275 000	425 000
München	230 000	500 000
Dresden	220 000	395 000
Elberfeld-Barmen.	190 000	300 000
Leipzig	150 000	455 000

Im Jahre 1900 wohnten 21,9 % unserer Bevölkerung in Städten mit über 50 000 Einwohnern. Die Einwohnerzahl der Orte unter 10 000 Einwohnern steigt nur um weniges; alles, was als Überschuß, als Volkszuwachs geboren wird, drängt nach den kreisförmig sich erweiternden Riesenlagern der Zivilisationsmenschheit. Natürlich liebt die Demokratie diese Orte, denn hier hat sie ihre großen Zahlen, ihre durchschlagendsten Wahlerfolge, hier gibt es Masse, die nur einmal eine friedliche Parade abzuhalten braucht, um in sich das Gefühl einer wachsenden Macht zu wecken. Aber auch die Demokratie muß sich sagen, daß eine Selbständigkeit der Einzelpersonen bei Dezentralisation der Menschen vielmehr gepflegt werden kann, als in der überwältigenden Anhäufung der Menge. Welche Talente für die Sozialdemokratie liefert denn Berlin im Vergleich mit den Provinzen? Ist es Berlin, wo die neuen Gedanken zuerst Fuß fassen? Wie gering ist hier der Prozentsatz derer, die an der Stadtverwaltung beteiligt werden können, selbst wenn kein Klassenwahlrecht hindert! Massenquartiere verschlingen die Individualitäten, und in diesem Verschlingen liegt eine Gefahr für die Volksfreiheit überhaupt. Nun ist ja nicht zu erwarten, daß man Stadtbewohner in größerer Zahl wieder aufs Land verpflanzen kann; aber möglich ist, die Verteilung der Industrie und damit der Bevölkerung über das ganze Land systematisch zu regeln.

Eine solche Regelung muß selbstverständlich einen freien Charakter tragen; zwangsweise Kolonisierung nach Art Friedrich Wilhelms I. ist heute ausgeschlossen. Man kann den Strom der Bevölkerung nur lenken, wenn man ihm bequeme Laufgräben öffnet. Auf einer Versammlung für Innere Mission in Frankfurt a. M. haben vor einigen Jahren dortige Herren, die jetzt zum Verein Reichswohnungsgesetz gehören (Latscha und Teudt) einen weitgehenden Plan entwickelt, man soll zwischen Großstädten Industriestraßen anlegen, ihnen alle modernen Verkehrsvorteile zuführen und durch bodenreformatorische Behandlung des Grund und Bodens das gewaltsame Steigen der Wohnungspreise verhindern. Der Mittellandkanal würde eine solche Industriestraße werden können, und eine wirtschaftspolitisch weitdenkende, demokratische Volksvertretung würde sicher bereit sein, nicht nur den Kanal zu bewilligen, sondern auch den Ankauf breiter

Terrains an seinen Ufern und die Anlage einer Verkehrsbahn direkt neben dem Kanal. Man sollte einmal sehen, wie schnell sich einige von unseren neuen Volksmillionen an diesen Rändern festsetzen würden! Eine ähnliche Straße, etwa von Berlin über Landsberg nach Bromberg hin, müßte den Osten durchziehen. Jetzt leisten wir uns den Luxus eines dünn bevölkerten Ostens und eines mit Menschen überhäuften Westens. Der Osten stößt alle seine überzähligen Kinder nach dem Westen, und wenn es im Westen geringen Verdienst gibt, stößt er sie übers Meer. Hier gibt es ein Ansiedelungsproblem von gewaltiger Größe, ein Umwandeln des Rittergutslandes in Bauern- und Industriegebiet. Das Land der Masse!

Da Deutschland einmal durch sein Volkswachstum auf Industrialismus angelegt ist, muß es mit diesem seinem Schicksal entschlossen Ernst machen. Erst ein dezentralisierter Industrialismus bietet einer hygienisch und moralisch gesunden Volksentwickelung die nötigen Garantien. Da wir von dem Rauchen der Schlote leben müssen, da unsere Landwirtschaft nur mit der Industrie lebensfähig bleiben und verdienen kann, da wir kein Nebeneinander von gehäuften Menschenkasernen und menschenleeren Flächen, wie es sich in England findet, bei uns wollen können, so entsteht eine neue politische Aufgabe, für die die Organe erst gebildet werden müssen. Die Reichsgesetzgebung muß die neuen Grundlagen legen; aber dezentralisierte, in sich selbständige, nicht bureaukratische Verwaltungskörper müssen die Ansiedelungsaufgabe in den verschiedenen Landesteilen übernehmen. Auch hierbei dürfen geschichtliche Landes- und Provinzialgrenzen nicht maßgebend sein. Auch diese Aufgabe drängt zu einer Dezentralisation nach Wirtschaftsgebieten.

Will die Demokratie in Deutschland positive Politik machen, so wird sie gar nicht anders können, als sich schon jetzt vor die Frage stellen: welche innerpolitischen Veränderungen fordert der Industrialismus? Diese Frage kann überhaupt nur von der Vertretung der industriellen Masse mit Erfolg aufgeworfen werden, und sie kann nur mit ihr gelöst werden. Jetzt wächst unser Industrialismus und sprengt im Wachsen die Nähte seines alten politischen Kleides, aber er wächst, ohne für ein neues politisches Gewand zu sorgen. Hier zeigte die Demokratie, was sie kann, sie machte das Programm der neuen Ansiedelung, das Programm der politischen und wirtschaftlichen Dezentralisation!

IX. Die Wirtschaftspolitik der Massen.

Selbstverständlich ist die Dezentralisation nur ein Teil der auf Industriesteigerung hinzielenden Politik der Masse. Die allgemeinsten Grundsätze dieser Industriepolitik der Masse sind bereits ausgesprochen worden, als wir von Großbetrieb und Persönlichkeit redeten. Hier gilt es, dem Gedanken, worin das sachliche Programm der neudeutschen Demokratie zu bestehen hat, noch etwas weiter nachzugehen, denn die Menschen sind nur dann für gewisse politische Formen zu gewinnen, wenn sie diese Formen als Hilfsmittel ihres wirtschaftlichen und sittlichen Aufsteigens ansehen können. Was also ist das wirtschaftspolitische Ziel, dem wir zustreben, nicht das „Endziel", denn das kennt kein Mensch, aber das Ziel der nächsten Periode?

Beginnen wir nochmals mit dem Bevölkerungswachstum! Wir sagten, daß vermutlich etwa um das Jahr 1925 Deutschland 80 Millionen Einwohner haben wird. Das heißt mit anderen Worten: über 60 Millionen werden nicht-landwirtschaftlich beschäftigt sein. Die überwiegende Mehrzahl des deutschen Volkes lebt dann, wenn sie nicht verhungern will, von der Industrie. **Wir brauchen also eine Fortsetzung des industriellen Aufschwunges in größerem Maßstabe. Diesem Aufschwung hat die ganze politische und sozialpolitische Arbeit zu dienen.**

Aus diesem Vordersatz ergeben sich folgende Zielpunkte:

1. eine Erziehungspolitik, die die Fähigkeit des Volkes in allen seinen Teilen steigert,
2. eine Betriebsverfassung, die dem Ziel der Erlangung höchstmöglicher Leistungen angepaßt ist,
3. eine Verkehrspolitik, die uns ermöglicht, das Quantum unserer Verbrauchsgüter und unserer Produktion zu vermehren,
4. eine Agrarpolitik, die dem Industrialismus angepaßt ist,
5. eine Weltpolitik, die dem gewerblichen Fortschritt und Außenhandel dient,

6. eine **Volksorganisation**, die Gesundheit, Sittlichkeit und Arbeitskraft der Masse steigert.

Diese sechs Punkte hängen unter sich zusammen. Ihre weitere Ausführung nach der wirtschaftlichen Seite hin behält sich der Verfasser für eine Neubearbeitung seiner „Neudeutschen Wirtschaftspolitik" vor. Politisch ergibt sich aus ihrer Gesamterfassung etwa folgendes **Programm**: Die Demokratie tritt ein:

für Loslösung der Schulverwaltung von der Kirche, für Herstellung übersehbarer Klassen auch in der Volksschule, für Freiheit der Lehrmittel und Lernmittel und für technische Fortbildungsmöglichkeiten auf allen Gebieten;

für freien Zusammenschluß der Berufsgenossen in allen Arbeitszweigen, insbesondere auch für die Verbände aller Arten von Arbeitern, und für ein wirksames Gesetz zum Schutz der Koalitionsfreiheit;

für Mitwirkung einer geordneten Vertretung der Angestellten und Arbeiter an den Aufgaben der Betriebsleitung;

für Ausbau des Verkehrswesens, Reichseisenbahn, einheitliches deutsch-österreichisches Kanalsystem, Tarife, die den Veredelungsverkehr begünstigen;

für Handelsverträge, Beseitigung der Zölle auf Nahrungsmittel, Rohstoffe und Halbfabrikate, Beseitigung von Finanzzöllen, die, wie der Petroleumzoll, technisch hindernd wirken;

für eine Steuerpolitik, die die direkten Steuerformen bevorzugt und Nahrungsbelastung ablehnt;

für landwirtschaftliche Schulen, Verkehrsanschluß für Dorfgemeinden, Erleichterung der Hypothekarentschuldung, ländliches Genossenschaftswesen;

für Ausdehnung des Konsularsystems in kaufmännischer Richtung, für Schutz aller deutschen Personen und Rechtsansprüche im Ausland;

für Wohnungsreform, Ausdehnung von Arbeiterschutz und Versicherungswesen, für Konsumvereine und parteilose Arbeitsnachweise im ganzen Reichsgebiet.

Diese Zusammenstellung von Programmforderungen leidet wie jede andere ähnliche Aufzählung daran, daß das einzelne in ihr als willkürlich erscheinen mag; sie hat aber natürlich, wie alle Programme, nur den Zweck, die Gesamtrichtung der Arbeit zu veranschaulichen. Eine Politik, die nicht mehr daran glaubt, daß es einen einmaligen und plötzlichen Umschwung aller Machtverhältnisse und Einrichtungen geben wird, kann gar nicht anders, als auf vielen Wegen gleichzeitig vorzugehen, wobei nur das eine nötig ist, daß in der Vielheit der Mittel die Einheit der Gesamtrichtung beständig im Auge und im Bewußtsein bleibt.

Die schwerste Frage aber bei dem allen bleibt, ob die Masse selbst, die Millionen der abhängigen Leute, für ein Programm dieser Art einzutreten bereit sein werden. Ohne diese Masse ist im heutigen Deutschland, wie wir wissen, eine industrielle fortschrittliche Politik überhaupt nicht zu machen, und in Zukunft wird das noch viel weniger möglich sein als jetzt. Wird die Masse, wenn sie sieht, daß der radikale Weg der Revolution ungangbar ist, sich einem derartigen „Revisionismus" auf Grund vorhandener Gesellschaftszustände anbequemen? Wenn sie es nicht tut, siegt dauernd die reaktionäre Gegenseite.

Die Entscheidung liegt darin, ob der Masse innerhalb dieses Programms eine Entfaltung ihrer eigenen Kräfte gewährleistet erscheint. Mit anderen Worten: Die Demokratisierung des Wirtschaftslebens muß ernsthafter Hauptbestandteil des industriellen Gesamtprogramms sein. Fällt dieser Bestandteil weg, oder wird er als nebensächlich behandelt, so ist jede Hoffnung vergeblich, die große Elastizität der Millionenbewegung als positive Kraft für den Industrialismus einzusetzen.

Worin also besteht die Demokratisierung des Wirtschaftslebens?

Wir knüpfen an das an, was wir früher über den Unterschied von Liberalismus und Sozialismus gesagt haben. Sozialismus ist die Übertragung der liberalen Prinzipien auf den Großbetrieb. Das Ziel des Sozialisten ist dem Großbetrieb gegenüber: wir wollen nicht bloß Untertanen sein, wir wollen mitbestimmen! Daß dieses Mitbestimmen nicht der Ruin der Industrie zu sein braucht, sondern ihre stärkste Förderung werden kann, ist schon gesagt. **Der Industrialismus muß vom Willen des ganzen Industrievolkes getragen werden.** Dieser Gesamtwille muß hervorgerufen werden durch Mitbeteiligung am Betriebssystem und am Gewinn. Die Arbeiterschaft muß „Sozius" des Unternehmertums werden. So unglaubhaft das für viele Ohren klingen mag, wer kann sich in einem Volke von 80 Millionen (1925), in dem gegen 50 Millionen vom Lohne leben werden, auf anderer Basis gesunde Zustände vorstellen? Eine Arbeiterschaft, die die Masse des Volkes ausmacht, besteht entweder aus Sklaven oder aus Mitbürgern. Sind sie Sklaven, so ist ihr Werk Sklavenwerk. Mit einer solchen Unterschicht erreichen wir unsere geschichtliche Größe nicht. Sind sie Mitbürger, nicht nur unseres politischen Staates, sondern auch unseres Wirtschaftsstaates, dann gehören ihre Seelen und Hände dem Körper, dessen Teile wir alle sind. Sie zu Mitbürgern auch des Wirtschaftsstaates zu machen, ist die normale Fortsetzung jenes Schrittes, den Bismarck tat, als er das Deutsche Reich auf Monarchie und allgemeines Wahlrecht gründete.

Der Lebensspielraum des einzelnen Mannes in der Masse ist gering. Er lebt von seinem Lohn. Die Erweiterung seines Lebensspielraumes kann nur darin bestehen, daß er seine Einnahmen erhöht oder seine Ausgaben vermindert. Daraus ergeben sich die zwei Arten seiner wirtschaftlichen Organisationen: Gewerkschaft und Genossenschaft. Für diese zwei Formen seines Lebens will und muß er Freiheit haben. Um einen geringeren Preis wird er nie für Revisionismus zu haben sein. Gewerkschaft und Genossenschaft aber sind gleichzeitig die Organisationsformen der Neuzeit überhaupt. In allen Berufen setzen sie sich durch. Die großen Unternehmer organisieren sich, die Beamten, die Landleute, sie alle empfinden, daß die alten Ortsgemeinden in der Zeit des Verkehrs nicht mehr die einzigen Formen der Volksorganisation bleiben können. Es entstehen neue Organe am Volkskörper. Ein Vorgang, der so gewaltig von selbst sich einstellt, ist nicht ungesund, mögen auch noch so viele alte Gestaltungen und Prinzipien durch ihn zerbrochen werden.

In den Gewerkschaften und Genossenschaften der Arbeiter wird sich die Masse ihres Anteils am Wirtschaftsleben im ganzen bewußt. Was können wir sein, wenn wir zusammenhalten? Was sind wir? Hier gibt es weniger leicht Selbsttäuschungen, als im Gebiete der hohen Politik und, wo sich Täuschungen einstellen, da werden sie mit Niederlagen bezahlt. Hier zeigt es sich, wieviel das Solidaritätsgefühl der Arbeiter wert ist und wann und wo es versagt. Hier ist der Arbeiter als Gemeinschaft das im großen, was er sonst nur im allerkleinsten ist: Verkäufer von Arbeit und Käufer von Waren. Hier wird er sich seiner finanziellen Kräfte bewußt. Die Masse fängt erst dann an, sich selbst zu begreifen, wenn sie anfängt, sich zu organisieren.

Wir haben schon einmal von den **Gewerkschaften** der Arbeiter gesprochen, als wir von den Trägern der Demokratie redeten. Damals kam es uns darauf an, die Ziffern der Mitglieder als Grundlage für ein Verständnis der politischen Kräfte des Proletariats zu benutzen. Jetzt blicken wir in den wirtschaftlichen Zusammenhang dieser Kräfte tiefer hinein. Die letzte Aufstellung des Korrespondenzblattes der Generalkommission der Gewerkschaften Deutschlands gibt folgende Zahlen von Mitgliedern:

	1901	1902	1903
Zentralisierte Gewerkschaften	677 500	733 200	887 700
Lokale Gewerkschaften .	9 400	10 100	17 600
Hirsch-Dunckersche Gewerkvereine	96 800	102 850	110 200
Christliche Gewerkschaften	84 700	84 650	91 400
Unabhängige (christl.?) Gewerkschaften	90 400	105 200	101 200
Unabhängige Berufsvereine .	49 700	56 600	68 700
	1 008 500	1 092 600	1 276 800

Nicht das gehört hierher, daß diese Verbände unter sich leider oft uneinig und keineswegs gleichwertig in ihren Beiträgen und Leistungen sind; was wir hier zeigen wollen ist: $1^1/_4$ Million deutscher Arbeiter schafft sich durch regelmäßige Opfer eigene Organisationen. Diese Million ist noch immer kaum mehr als $^1/_6$ derer, die in Betracht kommen könnten, aber schon ihr Zusammenschluß schafft gewisse Errungenschaften, die den Lohnarbeiter aus der Verzweiflung an der Möglichkeit des Aufstieges innerhalb der heutigen Gesellschaft herauszuheben geeignet sind und ihm Aussichten für die Zukunft öffnen. Um den Umfang der Tätigkeit der Gewerkschaften zu begreifen, muß man ihre Kassenberichte studieren. Es verausgabten die zentralisierten Gewerkschaften, der kräftigste Zweig der genannten Vereinigungen, für

	1901	1902	1903
Rechtsschutz	89 705 Mk.	93 485 Mk.	150 721 Mk.
Unterstützung von:			
Gemaßregelten	198 173	250 661	250 310
Reisenden	607 127	709 778	613 870
Arbeitslosen	1 258 197	1 593 022	1 270 055
Kranken	772 587	793 878	944 059
Invaliden	130 941	154 598	189 442
Hinterlassenen, Witwen	194 668	250 129	301 961
Verbandsorgane, Blätter .	782 737	798 480	884 662
Streikunterstützungen	1 878 782 „	1 930 329 „	4 529 672 „
	5 892 927 Mk.	6 574 160 Mk.	9 134 750 Mk.

Die Kassenbestände dieser Verbände am Schluß von 1901 ergeben 8 798 000 Mk., am Schluß von 1902 10 253 500 Mk., am Schluß von 1903 aber 12 973 700 Mk., Summen, die klein sind im Vergleich mit der Gesamtheit des Wirtschaftslebens, aber groß als Ergebnisse einer Selbstbesteuerung für soziale Hebung. Daß unter ihnen die Streikausgaben stehen, ist der für bürgerliche Kreise bedenklichste Posten. Aber glaubt man, daß es ein Industrievolk ohne Lohnkämpfe geben könne? Ob der einzelne Streik Zweck und Sinn hat, ist in jedem einzelnen Fall zu prüfen; das freie Recht des Streiks aber muß zu den ersten Grundsätzen der Demokratie gehören. Als der Liberalismus in die Höhe kam, sagte er zum Arbeiter: du hast den freien Arbeitsvertrag! Dieser freie Vertrag war Anfang und Ausgang der liberalen Arbeiterpolitik. Als freier Einzelvertrag aber reicht er nicht aus. Was ist der einzelne Mensch, dessen Kinder morgen essen wollen? Der Vertrag wird zur Gesellschaftsleistung. Nichts aber hat dem Liberalismus mehr geschadet, als daß er gerade diesen Dingen oft kleinlich und kurzsichtig gegenübergestanden hat. Der Arbeiter muß wissen, daß jeder Liberale ohne Ausnahme, auch der liberale Unternehmer, ihm die vollste Freiheit, sich so gut wie möglich für den Kampf ums Dasein zu rüsten, nicht vorenthalten will. Nur auf dieser Grundlage kann es eine demokratische Linke geben.

Und ganz ebenso verhält es sich mit den **Genossenschaften.** Sie sind in noch viel höherem Grade als die Gewerkschaften erst im Werden. Ihr Gedanke ist, daß die Menge sich als Konsument zusammenfaßt. Diese Menge der kleinen Leute ist im Grunde der größte Käufer! Jeder einzelne kauft nur relativ wenig, aber da es Millionen sind, die wenig kaufen, ist die Masse des Gekauften sehr groß. Und zwar handelt es sich meist um gleichartige Dinge, um „Massenartikel". Während heute 10 000 kleine Käufer einzeln mit den Kohlenlieferanten verhandeln, sollen sie einen gemeinsamen Einkauf machen und dann die Ware unter sich verteilen. Ein direkter Vorteil wird sich dabei freilich nur dann einstellen, wenn die Geschäftsführung der Genossenschaft mindestens auf der Höhe der Geschäfte steht, mit denen Konkurrenz vorhanden ist. Das ist es gerade, was auf der ganzen bisherigen Geschichte der Genossenschaften lastet, daß sie oft mehr guten Willen, als gelernte Tüchtigkeit besaßen. Erst neuerdings kommt bestimmtere Methode in den Vertrieb. Wir entnehmen dem Jahrbuch des Zentralverbandes deutscher Konsumvereine (1903) folgende Gesamtübersicht über das Genossenschaftswesen: Es bestanden am 31. März 1903 im ganzen 22 512 Genossenschaften, von denen 13 481 Kreditgenossenschaften waren, 215 gewerbliche und 1673 landwirtschaftliche Rohstoffgenossenschaften, 91 gewerbliche und 663 landwirtschaftliche Werkgenossenschaften, 94 gewerbliche und 244 landwirtschaftliche Absatzgenossenschaften, 335 gewerbliche und 2968 landwirtschaftliche Produktionsgenossenschaften, 442 Versicherungs- und sonstige Genossenschaften, 1847 Konsumvereine und 498 Baugenossenschaften. Auf kaum einem Gebiete ist unsere Zeit so fruchtbar als auf diesem. Vor allem auf dem Lande steigt die Gemeinschaftsform des Erwerbes. Was sie für Bauern wert sein kann, zeigt in vorbildlicher Weise Dänemark. Der Arbeiter aber fängt erst an, diese in England längst mit Erfolg betriebene Art der sozialen Selbsthilfe in Deutschland auszubauen. Der Mittelpunkt solcher Arbeiterbestrebungen ist eben der Zentralverband, dessen Jahrbuch wir vor uns haben. Er hat 481 000 Mitglieder in etwa 600 Vereinen mit 1261 Verkaufsstellen von gangbaren Massenartikeln. Der Verkaufserlös eines Jahres beträgt 126 Millionen Mark. Der Gesamtbruttogewinn wird auf 23 Millionen Mark angegeben. Hinter diesen Vereinen steht die Großeinkaufsgesellschaft in Hamburg, bei der auch Vereine kaufen, die nicht zum Verbande gehören. Das ist die Stelle, wo der Gedanke der kaufenden Masse am reinsten gedacht wird.

Die Vorteile, die diese Vereine dem Arbeiter und allen kleinen Leuten bieten, sind keineswegs nur materieller Art. An vielen Orten bekommt der Geschäftsverkehr der ärmeren Volksklasse erst durch diese Vereine den Charakter der Solidarität, indem das schädliche Borgsystem verschwindet. Was aber mehr ist: die Masse bekommt, wenngleich in indirekter Weise, etwas, was sie selber besitzt. Man denke sich folgendes: Die Arbeitermenge in den großen Städten und Industriezentren hat weder Kredit noch Raum genug, um Kohlen, Holz, Kartoffeln, Mehl, Wurst in größeren Quantitäten lagern zu können. Alles wird in kleinen und kleinsten Portionen teuerer und schlechter gekauft, als es an sich nötig wäre. Es gibt Bäcker, die zurückgesetzte Backware, Fleischer, die zurückgesetztes Fleisch für etwas erniedrigten Preis an Familien absetzen, die für dasselbe Geld bei einheitlicher Lieferung beste Qualitäten haben könnten. Das sind Familien, deren gesegnete Kinderzahl den Staat erhält. Wenn das Proletariat eigene Lagerhäuser haben könnte, würde es wenigstens für sein Geld absolut reell bedient werden. Der Massenbedarf der Arbeiter ist, ein Unterschied von dem Luxusbedarf der höheren Stände, so gleichartig, daß eine relativ geringe Zahl unzweifelhaft guter Materialsorten dem genügt, was von einem sozialistischen Lagerhaus erwartet werden kann. Eine Arbeiterschaft, die sich Lagerhäuser hält, ist aber bei jedem Wirtschaftskonflikt, ganz abgesehen von den schon erwähnten Hilfszahlungen, in einer ganz anderen Lage, als ein streikendes Arbeiterheer, das unter Sorgen und Betteln beim einzelnen Krämer borgen muß. Und im Falle kriegerischer Verwickelungen der Gesamtnation steht das ärmere Volk um vieles gesicherter da, wenn nicht sofort die Spekulation die Kriegslage benutzen kann, um dem durch den Krieg in Arbeitslosigkeit versetzten Mann den allerletzten Groschen auszupressen.

Denkt man sich ein Netz von Lagerhäusern und Konsumvereinen durchs ganze Land, so beginnt der erfolgreiche Kampf mit dem Syndikat. Der Massenabnehmer ist aufgestanden und fängt an zu handeln. Was wir jetzt „Handel" nennen, ist von seiten des kaufenden Publikums in Wirklichkeit kein Handel, denn der einzelne ist dem Preisbildungsverfahren gegenüber völlig wehrlos. Er hat nur die Möglichkeit, schlechter oder gar nicht zu kaufen, wenn ihm die Preise zu teuer werden. Eine Zentralstelle für Massenkonsum würde von selbst dazu kommen, eine Anzahl Dinge außerhalb des Syndikats selbst herstellen zu lassen und würde allein dadurch dem Syndikat gegenüber einen gewissen Druck in der Hand haben. Eine Vertretung des Massenkonsums müßte bei der Schaffung der Handelsverträge gefragt werden. Wer fragt heute bei den Zollfestsetzungen nach Konsumenten? Und mit Konsumverbilligung oder, was dasselbe ist, Verbesserung würde man der großen Klasse der ungelernten, unqualifizierten, unorganisierbaren Arbeiter, den Tagearbeitern, Hausindustriellen, Kleinmeistern einen reellen Dienst tun, den Hunderttausenden, denen keine Gewerkschaft etwas hilft, die unterhalb der eigentlichen Arbeiterbewegung stehen und doch keine andere Hilfe und Hoffnung haben, als eben diese Bewegung. Bis zu ihnen reichen die Versicherungsgesetze nur teilweise, da sie in unregelmäßiger Arbeit stehen; Arbeiterschutz erreicht sie nur wenig, sobald sie nicht in geschlossenen Räumen oder auf sogenannte eigene Rechnung arbeiten. Was soll eine soziale Bewegung, die auf diese Leute aus sittlichen und politischen Gründen nie verzichten darf, die ihnen aber nicht binnen heute und 30 Jahren den Himmel auf Erden versprechen kann, was soll sie ihnen bieten, wenn sie nicht mit gewaltiger Energie an die Regelung der Volkskonsumartikel herangeht?

Ein Konsumartikel besonderer Art ist die Wohnung. Gerade in den Industrieplätzen und Großstädten ist **die Wohnungsfrage eine elementare Lebensfrage der Masse.** Was die Gewerkschaft erreicht, frißt die steigende Miete wieder hinweg! Wenn ein gewöhnlicher Arbeiter, etwa an der Staatsbahn, täglich 3 Mk. verdient, so muß er 120 Tage arbeiten, um in den Großstädten für seine Familie eine einfache Zweizimmerwohnung zu bezahlen. Mehr als ein Viertel der Arbeitskraft des Proletariats wird im ganzen für Miete ausgegeben. Indem Miete bezahlt wird, bezahlt der Mieter teils geleistete Arbeit (Bau, Ausstattung Rohmaterial usw.), teils aber den Markt- und Spekulationswert des Platzes, auf dem er sitzt. Deshalb, weil im Laufe des letzten halben Jahrhunderts unter dem Einfluß der Bevölkerungszunahme die Bodenwerte in Deutschland so fabelhaft gestiegen sind, ist die ganze nicht bodenbesitzende Bevölkerung, sind Millionen von Familienvätern zu Frondienst für eine Kapitalmacht gezwungen, die nichts tat, als daß sie eben Grund und Boden hatte, als die Steigerung anfing. Oft sind es nicht die heutigen Hausbesitzer oder Grundstücksinhaber, die den großen Verdienst haben. Viele von ihnen sind nichts anderes als Zolleinnehmer für ihre Gläubiger. Niemals aber in aller Geschichte ist das Monopol des Bodenbesitzes greulicher mißbraucht worden als in dem Zeitalter, in dem wir leben. Adolf Damaschke, Vorsitzender des Bundes deutscher Bodenreformer, hat in seiner sehr lesenswerten Schrift „Vom Gemeindesozialismus" verschiedene höchst merkwürdige Fälle von Wertsteigerungen zusammengestellt, von denen hier nur zwei herausgegriffen werden können. Das „Rotherstift" am Halleschen Tor in Berlin kostete bei seiner Einweihung im Jahre 1842 im ganzen etwas weniger als 54 000 Mk., im Jahre 1895 aber wurde es für 1 975 000 Mk. auf Abbruch verkauft! Als 1871 die Kirche in Friedenau gebaut wurde, kostete die Quadratrute mit allen Nebenausgaben 19,50 Mk., heute kostet sie 700 Mk.! Was von diesen zwei Baustellen gilt, gilt mit geringen Veränderungen vom Großstadtboden im allgemeinen. Mit Hilfe der Gesetzgebung wird die Volksmasse in einer, alles gesunde Gefühl tief aufwühlenden Weise zur Zinszahlung für Kapitalien herangezogen, die sie selbst erst geschaffen hat. Denn wer machte denn den Boden in Berlin wertvoll, wenn nicht die Mütter aller dieser Menschen, die jetzt massenhaft hier wohnen? Es ist falsch, wenn man die Bodenreformfrage als „die soziale Frage hinstellt, aber unter allen Konsumfragen gibt es keine wichtigere, folgenschwerere als diese. Sind keine „Terraingesellschaften des Proletariats" denkbar? Was an Wohnungsgenossenschaften, Bau- und Sparvereinen usw. vorhanden ist, ist vorzüglich gedacht, aber noch fehlt die Übernahme dieses Problems in den Geist der Masse. Aus den kleinen Anfängen der Mietervereine müssen sich Verbindungen ergeben, die den Hausbesitzervereinen gegenüber verhandlungsfähige Mächte werden, die durch stellenweisen Genossenschaftsbau den Preis regulieren, und die in den Stadtvertretungen den Bann einer eingewurzelten städtischen Grundrentenpolitik durchbrechen. Nächst dem Lohn ist die Wohnung das wichtigste im Arbeiterleben, und vom Standpunkt des Volkswachstums und der Volkssittlichkeit aus gibt es nichts Höheres, als einen großangelegten, frohen, zähen Volkskampf um Luft und Licht und billige Miete.

Und wie steht es mit den S p a r g e l d e r n d e s P r o l e t a r i a t s? Von den 6½ Milliarden Mark, die in den preußischen Sparkassen liegen, kommen höchst wahrscheinlich wenigstens 3 Milliarden aus Lohnarbeit her. Dieses Arbeitergeld arbeitet zu fremden Gunsten. Sobald das Proletariat sich selbst als Finanzkraft zu begreifen anfinge, würden ihm Mittel nicht fehlen können, denn es ist ja die Masse. Aber vorläufig würden selbst sehr überzeugte Genossen ihr Spargeld und das Spargeld ihrer Töchter lieber in königlich preußischen Kassen sehen, als in einer sozialdemokratischen Vereinsbank. Erst muß im Handel mit Lebensbedürfnissen der Erweis für sichere, fortschreitende Geschäftsführung gebracht werden, ehe man an Organisierung des Sparbetriebes im großen gehen kann. Wenn vorläufig Konfirmandensparkassen, Ausstattungskassen, Begräbniskassen, Weihnachtskassen u. dgl. im kleinen den Gedanken wecken, daß in der Lohnarbeiterschicht Geldkräfte liegen, so kann das nur gut sein. Die Zeit, wo man dachte, daß die Arbeiter desto kräftiger wären, je mittelloser und verzweifelter sie sind, ist längst vorüber. Ebenso ist die Täuschung vorüber, als könnten Arbeitergroschen in kürzerer Frist den Kapitalismus als System entthronen. Was übrig bleibt, ist die wohlgegründete Hoffnung, durch Ausnutzung aller vorhandenen politischen, materiellen und moralischen Mittel in dieser Gesellschaft, die nun einmal da ist, vorwärts zu kommen.

Wenn sich die Demokratie mit allem Bewußtsein auf das Gebiet dieser praktischen Arbeit wirft, wird sie sich allerdings Gegner wecken, die ihr gelegentlich im politischen Kampfe sehr unbequem sein können. Der Kleinhandel, das Kleinhandwerk, die sogenannte Mittelstandspolitik kämpft gegen die Konsum- und, soweit Hausbesitzervereine in Frage kommen, gegen die Bodenreformpläne. Niemand wird es ihnen verübeln, wenn sie sich ihrer Haut wehren. Auch sie wollen leben, und kämpfen um ein mühsames Brot. Aber das ist nun einmal im Wirtschaftsgetriebe so, daß des einen Vorteil des anderen Nachteil ist. Die Kleinhändler ergreifen ihrerseits dasselbe Organisationsprinzip, das die Arbeiter erfassen, ja sie ergreifen es vor ihnen. Sie organisieren sich selbst, und indem sie das tun, verlieren sie das Recht, über die Organisation ihrer Kunden zu schelten. Ist es nicht ein wunderlicher Spaß, wenn ein bereits bestehender Hausbesitzerverein sich darüber aufregt, daß ein Mieterverein entsteht? Überall schafft, webt, wirkt dasselbe Prinzip: der einzelne schließt sich zum Ganzen. Nach einer Periode der Auflösung alter Zünfte und Wirtschaftskorporationen entstehen neue Bildungen auf freier, demokratischer Grundlage. So kommt auf leisen Sohlen Sozialismus! Man vergesse dabei nicht, daß die Mittelstandsbevölkerung auch ihrerseits ausgedehnte Konsuminteressen hat. Es waren im großen Breslauer Konsumverein im Jahre 1897 nicht weniger als 29 937 (= 52 %) selbständige Gewerbetreibende, Kaufleute, Händler, Rentiers, darunter allein 9334 selbständige Handwerker, 7138 selbständige Kaufleute, 7924 Ärzte, Apotheker, Lehrer, Künstler, Schriftsteller, Staats- und Gemeindebeamte. Bei der Lübecker

Genossenschaftsbäckerei waren 21 % selbständige Gewerbetreibende. Man sieht aus diesen Zahlen, wie wenig das Geschrei ihrer Führer diese Kreise hindert, praktischen Nutzen zu suchen, wo er zu finden ist. Und selbst die konservativen Parteien können nicht anders als auch genossenschaftlich arbeiten. Wir denken an den Bund der Landwirte. Hörte man nicht, wie die Zigarrenhändler über den Vertrieb von Vater-Plötz-Zigarren klagten? Sind landwirtschaftliche Einkaufsgenossenschaften nicht ebenso gefährlich wie Arbeiterkonsumvereine? Schließlich aber steht es doch so: entweder siegt der private Großbetrieb oder der Konsumbetrieb. Der erstere ist bis heute ungeheuer viel stärker. Mit ihm hat es heute der Kleinbetrieb zu tun. Hier liegt gegenwärtig sein eigentlicher Konkurrent. Es ist daher nicht unmöglich, daß er sich im Kampf zwischen Großhandel und Konsumverein dem letzteren nähert, Prozente gibt wie dieser, Ware mit und durch ihn bezieht, und sich sachte eingliedert in ein neues Wirtschaftsgebilde, dessen natürliches Glied er wird. Stets braucht ein wachsendes Genossenschaftswesen neue kaufmännische Kräfte, die es sich nicht selbst bilden kann. Es wird sie in relativer Selbständigkeit dem bisherigen Handelsgewerbe entnehmen müssen.

Je stärker die wirtschaftliche Macht des neuen Massenstandes sich darstellt, desto weniger wird es denkbar sein, daß man ihn mit bloßen Polizeigesetzen bekämpft. Das ganze Volk muß sehen: hier steigt ein neues volkswirtschaftliches Gebilde in die Höhe, das an sich eine neue Tatsache des Volkslebens ist, mit der man rechnen muß. Wenn dieser Eindruck allgemeiner wird, dann endlich, endlich hört der tägliche Kleinkampf um die Freiheit der Bewegung auf. Die neue Masse bekommt Ellenbogenraum. Was sie durch bloße parlamentarische Proteste nicht erreichen kann, erlangt sie durch gesammelte Anspannung ihrer schlummernden Wirtschaftskraft. Man gibt den Versuch auf, sie mit Wollfäden zu binden. Der Körper erstarkt. Aus sozialen Fortschritten wächst größere politische Freiheit. Die Demokratie wird in dem Maße etwas Wirkliches und Lebendiges, als sie den Boden materieller Mittel unter ihren eigenen Füßen hat.

Wir wissen recht gut, daß diese Gesamtauffassung von der Wirtschaftspolitik der Masse bei den bürgerlich liberalen Elementen und auch bei einem Teil der Sozialdemokraten vorläufig wenig Gegenliebe findet. Die alten liberalen Ideale vom freien und selbständigen Einzelgeschäft sind es auf der einen, und die Träume von der baldigen Überwindung des gesamten Kapitalismus sind es auf der anderen Seite, die sich einem praktischen organisierten Vorgehen der Masse widersetzen. Beiden Seiten aber muß gesagt werden: ihr unterschätzt die Macht der in Kartellen verbundenen Großindustrie. Diese Macht bricht die alten Ideale der Einzelselbständigkeit im Geschäftsleben mit jedem Tage mehr. Schon umschlingt die Organisation des Kohlenkartells fast das ganze deutsche Erwerbsleben. Dem gegenüber von baldiger Übernahme des gesamten Wirtschaftslebens durch das Proletariat zu deklamieren, ist Unsinn, aber dem gegenüber das alte Lied vom wirtschaftlichen Einzelmenschen zu singen, ist auch vergeblich. Gegen Riesenorganisationen helfen nur Organisationen. Das ist für den Liberalismus etwas relativ Neues. Nicht als ob der Liberalismus je gegen Gewerkschaften und Genossenschaften gewesen wäre! Im Gegenteil, er hat sie auf seine Weise gefördert, aber er setzte sie zu wenig in die Mitte seines wirtschaftlichen Gesamtprogramms, weil er zu oft an einen Liberalismus ohne Arbeiter dachte. Ein solcher aber lohnt die politische Mühe nicht, die man auf ihn verwendet. Entweder wir bekommen einen Liberalismus der Masse oder — wir fügen uns unter die Herrschaft der Aristokratien, und zwar in der Politik unter die Herrschaft der klerikalen Aristokratie. Schwarz oder rot, das ist die Frage.

2. Abschnitt.

Die drei Aristokratien.

I. Die Notwendigkeit aristokratischer Elemente.

Ganz von selbst bilden sich in der Demokratie aristokratische Elemente. Indem die Demokratie nach Souveränität des Volkes sucht, muß sie eine Vorherrschaft der Majorität erstreben, und indem sie in den Prozeß der Majoritätsbildung eintritt, ist sie genötigt, sich selbst Beamte und Führer zu geben, deren Einfluß weit über den eines Durchschnittsbürgers hinausreicht. Je älter eine demokratische Bewegung wird, desto gefestigter wird das Ansehen ihrer eigenen Aristokratie. Die Führer der Sozialdemokratie, Bebel, Auer, von Vollmar, sind in ihrer Art Volksherzöge, Einzelpersonen, deren Personalbedeutung so groß ist, daß die Streite um Theorie und Taktik schließlich in den Gehirnen dieser Männer entschieden werden. Natürlich sind sie gebunden durch die hinter ihnen stehenden Massen, aber gebunden durch seine Umgebung ist schließlich jeder privilegierte Herrscher auch. Große Wendungen in der demokratischen Gesamtbewegung können mit sehr individuellen Vorkommnissen beginnen. Bebels Auftreten auf dem Dresdener Parteitag zeigt ihn in seiner ganzen persönlichen Eigenart. Sein Zorn gibt der Partei zu tun. Die Theorie zwar läßt die Führer der Demokratie nur als Produkte der von ihnen vertretenen sozialen Schicht erscheinen, als gewissermaßen unpersönliche Ideenvertretungen ohne Fleisch und Blut. Aber diese Theorie ist nur bis zu einer gewissen Grenze richtig. Auch im Ideenvertreter wächst mit der in seiner Hand befindlichen Macht der Wille zur Macht. Er glaubt an die

Zusammengehörigkeit seiner Idee und seiner Person, und um der Idee willen will er sich durchsetzen. Er will herrschen und, wie die Dinge liegen, er muß herrschen wollen. Sobald er sich aber dieses Willens klar geworden ist, hat er sich selbst aus der Masse herausgehoben und hat praktisch die Naturnotwendigkeit einer gewissen Aristokratie zugestanden.

Es ist mir öfter vorgekommen, daß sich einfache sozialdemokratische Arbeiter im Privatgespräch beklagt haben, daß der geringe Mann bei der Parteileitung nichts gilt. Meist waren das Fälle, wo ein Parteigenosse versucht hatte, irgend eine Sache bei der Leitung zu erreichen, und abgewiesen war. Der Betreffende war gegenüber der gefestigten Macht und Intelligenz der Zentralstelle zu schwach. Er hatte sich „Demokratie" anders vorgestellt. Ich kann in so einem Fall nichts anderes sagen, als daß die Ausbildung von Autoritäten im System selber liegt und von niemand geändert werden kann. Und die Auseinandersetzungen innerhalb der Sozialdemokratie, die sich an Göhres Fall in Sachsen knüpften, zeigten denselben Konflikt zwischen Disziplin und Independentismus, von dem kein demokratischer Körper je ganz frei sein wird. Es gibt keine Art von gesammelter Massenwirkung ohne eine Art von Aristokratie. Diese Aristokratie kann durch Generalversammlungen und öffentliche Angriffe kontrolliert und beengt werden, aber sie ist da.

In fast keiner Tätigkeit ist der Personenverbrauch größer als bei demokratischer Agitation. Wer etwas Gelegenheit hat, in verschiedenen Teilen des Vaterlandes die Agitationskräfte der Sozialdemokratie durch Versammlungsarbeit kennen zu lernen, weiß, wie viele Köpfe auftauchen und wieder versinken. Oft hilft beim Sinken die Polizei und das Gefängnis mit, aber auch ohne diese künstliche Beihilfe arbeitet das Darwinsche Gesetz der Auslese der Stärksten mit unerbittlicher Schärfe. Wenige nur kommen oben an. Im Anfang der Bewegung konnten ein Sattlergehilfe wie Ignaz Auer und ein Kleinunternehmer wie August Bebel im Anschluß an Literaten sich zur sozialdemokratischen Aristokratie emporarbeiten, und es ist bewundernswert, was diese Männer gearbeitet haben. Später wurde es Leuten, die nicht durch ihre Erziehung oder Mittel einen gewissen Vorsprung hatten, immer schwerer, in der Sozialdemokratie an maßgebende Stellung zu gelangen. Was von der jüngeren Generation erhöhte Bedeutung hat, gehört in der politischen Demokratie fast ganz dem Gebiet der „Akademiker" an. Dagegen sträubt sich begreiflicherweise das Massengefühl, aber in jedem einzelnen Falle sind dieselben Leute, die den Akademiker mit Mißtrauen ansehen, doch genötigt ihre Literaten zu Rate zu ziehen. Neben den Akademikern können in der Sozialdemokratie nur diejenigen Arbeiter etwas bedeuten, die als Beamte der Gewerkschaften zu gefestigtem Ansehen steigen. Überall, überall in der Welt wächst ein Mandarinentum, selbst da, wo man es grundsätzlich bekämpft.

Auch in anderer Hinsicht liefert die bisherige Entwickelung der sozialen Bewegung den Beweis, daß das Proletariat keine gleichartige, undifferenzierte Masse ist. Die bisherigen Erfolge des Sozialismus sind, wie bereits einmal erwähnt, der obersten Arbeiterschicht in viel höherem Maße zugute gekommen, als den tiefer liegenden Gruppen. Voraussichtlich wird das nicht nur so bleiben, sondern die weiteren Erfolge werden noch mehr Erfolge der qualifizierten organisierbaren Arbeiter sein. Der voraussichtlich nächste größere Schritt in der Volksentwickelung wird die faktische Freiheit der Koalition von Gesetzes- und Verwaltungsdruck sein. Wem nützt das? Dem, der sich koalieren kann! Man denke an arme Hausweber, wie sie noch heute im Erzgebirge und anderswo sich finden, die selbst bei gutem allgemeinem Geschäftsgang froh sind, wenn sie überhaupt Arbeit haben und etwas verdienen, man denke an die älteste Garde des Sozialismus, deren glühend sehnende Augen schon 1867 von Bebel Hilfe hofften — was ist ihnen bisher geworden? Der Buchdrucker, der Bildhauer, der Metallarbeiter, der Porzellanarbeiter usw. hat etwas erreicht. Selbst in der Masse der Demokratie gibt es *eine* oberste Rinde, auf die die Sonne zuerst scheint. Dies alles ist vom Standpunkt der Moral aus bedauerlich, denn die Moral fordert, daß dem Elendesten am ersten und kräftigsten geholfen werde, aber alle moralischen Wünsche, die wir haben, können leider nicht hindern, daß selbst im Gebiet der zum Lebenskampf vereinigten Masse das Wort sich Geltung erzwingt: wer da hat, dem wird gegeben! Jede Demokratie hat Aristokratie in sich.

Keine Demokratie kann aber auch sonst ohne Aristokratie leben, in doppeltem Sinne: sie muß ihr Gegenpart sein und muß dabei von ihrem geistigen, rechtlichen, materiellen Besitz mit zehren. Selbst wenn heute alle alten Aristokratien gebrochen sein würden, so würde aus der demokratischen Masse heraus sofort ein Teil als neue getrennte Aristokratie sich formieren. Im Heerzug der Völker sind stets einige Geschwader an der Spitze. Man kämpft um den ersten Platz. Auch Demokraten wollen nach vorn kommen. Die Geschichte des bürgerlichen Liberalismus ist ein einziges fortlaufendes Beispiel dieses Strebens nach oben. Wer ganz oben ist, wird satt und matt. Die besten Kämpfer sind die, die der Oberstufe am nächsten sind, ohne zu ihr zu gehören. Im Kampf ums Dasein wird deshalb die demokratische Masse desto weiter voran kommen, je fester, besser, härter ihre eigene Aristokratie ist, ihre tragfähige, politisch lernfähige, für verwickeltere Staatsprobleme empfängliche Oberschicht. Diese Oberschicht übernimmt, getragen von der weiten, großen, dunklen Masse, die unter ihr ist, den Kampf gegen die alten Aristokratien. Um gegen Gerüstete zu kämpfen, muß man selber gerüstet sein. Und um kämpfen zu können, braucht sogar die Demokratie noch mehr Überläufer, Hilfsmittel, Zustrom aus den alten Aristokratien, als sie bis heute hat.

Es ist unmöglich, daß die neu entstehende industrielle Masse sich eine eigene ganz neue Welt schafft. Sie muß in die Welt eintreten, in die sie hineingeboren wird, und muß von ihren Schätzen und Künsten möglichst viel für sich zu gewinnen trachten. Sie kann kein neues Wissen und Denken aus der Erde stampfen. Auch der große Denker, dessen Kopf die Stuben der Sozialdemokraten ziert, war Glied der geistigen Aristokratie des Bürgertums. Er selbst kannte seinen Ursprung von Hegel und Feuerbach, seine Bereicherung durch St. Simon (der zwar Sozialist, aber kein Proletarier war) und Ricardo am besten. Was er dachte, war das Denken des geistig hochstehenden radikalen Bürgertums der vierziger Jahre, angewendet auf den Gedanken der proletarischen Revolution. Er war aristokratischer Überläufer, Aristokrat, ja fast Autokrat in der Beherrschung seines Denkgebietes. Was von Marx gilt, gilt von Engels. Daß Lassalle auch als Person starke, aristokratische Züge hatte, braucht nicht bewiesen zu werden, und wenn er „ausgerüstet mit der ganzen Bildung des Jahrhunderts" unter die Arbeiter trat, so war es eben die Bildung der alten Herrenschicht, die er mitbrachte, um mit ihr Arbeiterpolitik zu denken.

Und noch heute lebt die ganze **Arbeiterbewegung von der Geistesarbeit** unserer unproletarischen Historiker, Nationalökonomen, Juristen usw. Es ist unmöglich, daß eine proletarische Massenpartei im ersten Menschenalter ihres Bestehens das hervorbringt, was nur bei langer Dauer ihrer Herrschaft eine Volksschicht zutage fördert, eine eigene Lebensauffassung, die alle Wissensgebiete durchdringt. **Im allgemeinen kann man sagen, daß die soziale Demokratie von der Wissenschaft des liberalen Bürgertums lebt, aus der sie kritisch und polemisch das aussondert, was sie für ihre praktischen Zwecke brauchen kann.** Etwas zurückgehalten wird diese naturgemäße Beziehung zur heutigen Wissenschaft dadurch, daß der Gedankenschatz von Marx als speziell „proletarische Denkweise" dogmatisiert und auf kurze Lehrformeln gebracht worden ist. Jeder Denkfortschritt in der Sozialdemokratie muß deshalb entweder in marxistische Sprechweise eingehüllt oder mühsam den „Marxisten" abgerungen werden. Wenn man von Vollmar reden hört, so hat man den Eindruck, daß er marxistisch redet, um von Marxisten verstanden zu werden, daß er aber bei sich selbst moderner denkt. Dasselbe gilt von Auer, David, Heine, ja vielleicht auch von Franz Mehring. Sie müssen ihre Gedanken einem Hörer- und Leserkreis vermitteln, der noch in Formen der vorigen Periode gebunden ist. Denn selbst ein so großer geistiger Formenbildner wie Marx hat seine Zeit. Wie das Bürgertum aus der philosophischen Denkperiode herausgetreten ist, um historisch, naturwissenschaftlich, praktisch zu denken, so wird auch die Arbeiterliteratur, die am längsten mit Hegels Geiste Fühlung hatte, von selbst aus den Resten der Philosophenzeit herausgleiten und wird den Geist verstehen lernen, der in der Oberschicht im Zeitalter Bismarcks entstanden ist. Auer sagte seinerzeit auf dem Hannoverschen Parteitag:

> Der Marxist, wie es hier und da verlangt wird, daß man es sein soll, kann ich nicht sein, weil ich mit meinen geistigen Fähigkeiten nicht imstande bin, in alledem, was unter dem Sammelnamen Marxismus rubriziert wird, mich zurechtzufinden. Ich komme mit der dialektischen Methode, und wie alle diese Dinge heißen, in all diesen Sachen nicht weiter: Da ist schwarz weiß und weiß schwarz, und in der höheren Einheit entwickelt sich dann ein graues Gemisch, bei dem einem die Augen übergehen. Dem vermag ich nicht zu folgen, und weil ich keine p h i l o s o p h i s c h e A d e r habe, weil

mir für diese Dinge die notwendige Vorbildung fehlt, darum kann ich nicht sagen, ich sei ein bewußter Marxist; das kann ich nicht und das bin ich auch nicht. Aber was ich bin: ich bin ein begeisterter Anhänger der Marx-Engelsschen Lehre, soweit ich sie in meinen Verstand aufzunehmen vermocht habe.

Diese schönen, ehrlichen Worte sind mehr als ein bloßes Privatbekenntnis. So wenig sich der gebildete Bürger heute noch in die Dialektik Hegels hineinfindet, so wenig denkt selbst der höchstgebildete Arbeiter, wenn er selber denkt, in Marxschen Formen. Was an Sache und Wahrheit in Marx ist, muß, soll und wird erhalten bleiben, aber der Traum von einer dem Proletariat eigenen, ganz besonderen, von allem übrigen Denken verschiedenen sozialistischen Denkmethode muß ausgeträumt sein. Marx war ein deutscher Klassiker, der das für einen Wissenschaftler seltene, ja einzige Glück erlebte, von Millionen arbeitender Männer als Lichtträger anerkannt zu werden. Aber er, wie jeder Klassiker, hat seine Zeit, die ihn ohne Kommentare versteht. Wenn heute die Demokratie „mit der Wissenschaft" gehen will, muß sie von den Schätzen der geistigen Aristokratie zehren, die jetzt lebt. Sie muß den geistigen Führern des deutschen Volkes nicht ohne Kritik entgegenkommen, aber mit dem Vertrauen, daß es bei ihnen reinen, sachlichen Wahrheitssinn gibt, geschichtlichen Tatsachensinn, der höher ist als alle Spekulation.

Und wie steht es mit dem materiellen Luxus der bestehenden Aristokratien? Das erste Empfinden des sozialistischen Proletariers gegenüber allem Luxus, den er nicht hat, kennt und gar nicht einmal für sich und seine Kinder wünschen möchte, ist naturgemäß Ablehnung und Feindschaft, sobald überhaupt die Kritik erwacht ist. Man kann auf diesem Gebiet folgende Entwickelungsstufen bemerken:

1. Stufe: der unaufgeweckte, patriarchalisch erzogene Proletarier hält es für einen gottgegebenen Zustand, daß er in ärmlicher Hütte Kartoffeln und Hering ißt, während die gnädige Herrschaft im Schloß Braten und Wein verzehrt. So denken noch heute große Zahlen von Landarbeitern.

2. Stufe: der zur Kritik erwachte Proletarier sieht den grellen Unterschied der Lebenshaltung und wird durch den Kontrast so aufgeregt, daß er die ganze Gesellschaft von „Mastbürgern" vernichten möchte.

3. Stufe: der aufwärts steigende Proletarier merkt, wie er sich selbst

an neue Bedürfnisse gewöhnt, wie er etliches von dem, was die Oberschicht früher allein genoß, nun auch genießen kann, und verwandelt seinen rein abweisenden Gegensatz gegen den Luxus in den Wunsch steigender Demokratisierung der edleren Lebensgüter.

Damit ist natürlich nicht Monte Carlo oder der „Klub der Harmlosen" gerechtfertigt, aber die große volkswirtschaftliche Bedeutung von aristokratischen Errungenschaften wird richtiger gewürdigt als vorher. Wenn es keine Lebensfortschritte der Aristokratie gäbe, würde es auch keine Lebensfortschritte der Masse geben können. An der Aristokratie sieht die Masse, was sie erstreben kann. Dieser Satz gilt von Erziehung, Lebenssitte, Hauseinrichtung, Kleidung, Nahrung, von jeder Verfeinerung und Kunst, von Selbstbewußtsein, Weltanschauung. Wenn darum die Demokratie gegen die Aristokratie kämpft, so bekämpft sie nicht den Fortschritt, sondern sie kämpft um ihren Anteil am Fortschritt. Diese Haltung ist nicht immer ganz leicht. Es ist für die Masse schwer zu sehen, wie jede neue Erfindung zehnfach mehr der besser gestellten Oberschicht zugute kommt als ihr. Die Eisenbahn, die den Arbeiter dritter oder vierter Klasse selten und kurze Strecken trägt, führt die Aristokratie in bequemen Durchgangswagen durch die halbe Welt. Wenn der Proletarier einmal von Berlin in den Spreewald fährt, fährt die Oberschicht nach Pontresina oder Neapel. Wenn der Arbeiter amerikanische Wurst hat, hat der Rentier Renntierbraten. Oft scheint es, als würde durch alle technischen Fortschritte die Kluft nur größer, die das Oben von Unten trennt. Und doch gibt es keinen anderen Weg für die Masse, um vorwärts zu kommen, als den: die moderne Gesamtentwickelung zu fördern, um in ihr gewinnen zu können. Marx hat diesen Gedanken im Prinzip richtig aufgestellt: der Kapitalismus muß befördert werden, damit er beerbt werden kann. Er beschreibt im kommunistischen Manifest die Entwickelung der kapitalistischen Gesellschaft als der Gewinnerin immer neuer Lebensgüter und stellt dem Proletariat die Aufgabe, in diese aristokratische Güterfülle geschichtlich hineinzuwachsen. Diesen Grundgedanken gilt es in die Praxis umzusetzen, wirtschaftlich und politisch.

Politisch sind natürlich die alten Aristokratien einer neuen Demokratie weit voraus. Vor Jahren hörte ich einmal von einem Sozialdemokraten das Wort: „Die bürgerliche Gesellschaft ist noch nicht so verfault, wie wir ihr vorreden müssen." Damals las man noch mehr als heute im landläufigen sozialdemokratischen Leitartikel, daß diese ganze herrschende Gesellschaft so morsch, gedankenlos, korrumpiert, verfault sei, daß es eigentlich nur weniger proletarischer Fußtritte bedürfe, um sie ins Nichts hineinzubefördern. Daß eine solche Darstellung augenblickliche Vorteile haben und daß sie mit grellen Einzelbeispielen belegt werden konnte, soll gar nicht geleugnet werden. Aber die Kehrseite dieser Sache ist, daß sich im Proletariat eine ganz falsche Meinung über das Maß politischer und wirtschaftlicher Kraft einstellte, das bei ihm selbst und bei seinen Gegnern vorhanden ist. Im allgemeinen unterschätzt noch heute der Sozialdemokrat die Macht der bestehenden Aristokratien. Trotz vielfacher Erfahrung seines bisherigen geringen politischen Einflusses läßt er sich durch Agitationsbegeisterung und gute Wünsche den nüchternen praktischen Blick trüben.

Es gibt aber bis jetzt keinen einzigen politischen Nachteil, den die soziale Demokratie ohne aristokratische Hilfe verhindern, und keinen politischen Fortschritt, den sie ohne solche erreichen könnte. Was hat beispielsweise der gut organisierten sächsischen Sozialdemokratie ihr flammender Protest gegen die Wahlrechtsverschlechterung genützt? Oder ist etwa das Zuchthausgesetz an der Opposition der Sozialdemokratie gestorben? Wenn wirklich alles, was nicht sozialdemokratisch ist, eine einzige reaktionäre Masse werden, sein und bleiben sollte, dann würde die Überschrift über alle Arbeiterhoffnung der Überschrift gleichen müssen, die Dante über seine Hölle setzt: laßt alle Hoffnung fahren! Die eine, ungeteilte, reaktionäre Masse existiert aber nur scheinbar. Es gibt nicht eine, sondern mehrere Aristokratien, und die Gegensätze, die zwischen diesen Aristokratien sind, ermöglichen es der Demokratie, vorwärts zu kommen. Diese Gegensätze zu studieren und zu verwerten, ist die gegenwärtig nötige Politik der Arbeiterklasse und aller derer, die an liberalen Fortschritt glauben.

Indem die Demokratie das Wesen der aristokratischen Politik studiert, lernt sie überhaupt erst Politik. Auf aristokratischer Seite gibt es politische Erbweisheit. Dort hat man seit langer Zeit sich an der Staatsleitung beteiligt. Der Trieb zur Macht, der politische Grundtrieb, ist dort ganz anders ausgebildet, als in den Millionen abhängiger Leute, die sich in der Demokratie zusammenfinden. Will die Masse etwas bedeuten, so muß sie den Weg, die Taktik, die Methode der alten politischen Kräfte sich aneignen, muß sich als werdende Macht zwischen vorhandenen Mächten begreifen und die Politik als die Kunst des Möglichen erfassen.

Die englische Arbeiterschaft hat es mit zwei vorhandenen Aristokratien zu tun, zwischen denen sie entscheidet. Natürlich verkauft sie ihre Entscheidung für politische und soziale Zugeständnisse. In Deutschland liegt die Sache verwickelter, da wir drei Aristokratien haben, die agrarische, industrielle und klerikale. Durch das Vorhandensein dieser drei Aristokratien bestimmt sich die politisch-staatsrechtliche Lage Deutschlands überhaupt. Von ihnen werden wir darum eingehend reden müssen.

II. Die agrarische Aristokratie.

In fast allen ackerbauenden Ländern ist die älteste Herrschaftsklasse die Klasse der Bodenherren. Die politische Macht dieser Herrenklasse kann bei dem älteren naturalwirtschaftlichen Betriebe überhaupt nicht überwunden werden, wo sie sich einmal festgesetzt hat. Ihre althergebrachten Voraussetzungen sind, daß örtliche Distrikte von erblichen Grundherren patriarchalisch geleitet sind und daß diese Grundherren als Gesamtheit die Staatsleitung entweder direkt besorgen oder durch Fürsten ihresgleichen besorgen lassen. Die Stellung der agrarischen Unterschicht kann dabei sehr verschieden in der Rechtsform sein: Sklaverei, Leibeigenschaft, Hörigkeit, Fronpflichtigkeit, Zinspflichtigkeit, Gesindeordnung, Tagelöhnerwesen, Wanderarbeiter. Diese Unterschicht kann schollenklebend oder fluktuierend, auf unfreies Verhältnis oder auf scheinbar freien Kontrakt angewiesen sein: stets ist sie politisch einflußlos, solange es keine über und außer ihr liegende Gegenmacht gegen die Bodenherren gibt. Die Bodenherren sind innerhalb ihres Gebietes souverän, Landesherren, Landesväter, Besitzer alles dessen, was liegt, steht, lebt, schafft. Ihr Regiment ist ein privatrechtliches Geschäft, in das ihnen niemand, auch der Fürst nicht, hineinzureden hat. Der Fürst verwaltet die äußere Politik und was zu ihr gehört und hat die Justiz der Herrscherschicht in seiner Hand, wenn er sie hat. Er ist aber im Grunde nur ein Genosse des Bodenadels, ein Großgrundbesitzer wie sie, ein Oberlehnsherr, der seinem Verwaltungsgebiet auch im Grunde privatrechtlich gegenübersteht. Die Staatsgrundlage ist der Stand der Landherren. Die „Stände" sind die Vertretung des Gemeinwesens.

Die Heimat dieser altkonservativen Staatsauffassung ist und bleibt die versinkende naturalwirtschaftliche Welt. Wo konservativer Geist echt und kräftig hervortritt, ist er voll Gegensatz gegen den geldwirtschaftlichen Kapitalismus. Alles, was mit diesem Kapitalismus zusammenhängt: Geschäft, Verkehr, Großstadt, Industrialismus, Export, ist unkonservativ. Der Konservative ist niemals Kosmopolit, nur aus Taktik Weltpolitiker, im Agrarstaat Staatspolitiker, unter allen Umständen Herr im lokalen Gebiet. In ihm ruht das Beharrungsvermögen des älteren Volkszustandes gegenüber dem modernen Kulturzustand. Er lebt mit und von dem Acker, über einfachem Landvolk, im Wald, mit Hund und Pferd, fern von Mechanik, Technik usw. Sein Wesen behält darum, solange er seiner Naturgrundlage treu bleibt, etwas Naturwüchsiges, praktisch Gesundes, etwas von der Eiche, die noch nicht zu Brettern zerschnitten ist. Es gibt unter den Konservativen zahlreiche Einzelpersonen, an deren persönlicher Selbstzuversicht auch ein radikaler Demokrat ein ästhetisches Vergnügen haben muß. Mehr als in den zwei später zu behandelnden Aristokratien leben in dieser Aristokratie ausgeprägte aristokratische Gestalten, Charaktere, entschiedene und entschlossene Einzelwesen. Je mehr jemand konservativ geboren ist, desto weniger wird er vom bloßen persönlichen Eigennutzen geleitet, denn in seiner Klasse hat er Klassensozialismus, Grundsätze, unübersteigbare, praktische Normen. In ihm wirkt die aristokratische Erziehung von Jahrhunderten, das Blut von Urahnen, die auch schon über der Masse lebten. Er versteht es, sich für den Staat hinzugeben, da er ja weiß, daß der Staat seiner Klasse gehört oder wenigstens gehörte. Sein Egoismus ist stark und diszipliniert als politisches Machtstreben seiner Schicht.

Dieser Konservative ist als Klasse von brutaler Rücksichtslosigkeit, wenn er Macht erhalten will. Niemand ist ferner von allgemeinen humanen Schwachheiten als er. Nachdem er sich im Westen Deutschlands nicht mehr im alten Umfange hatte halten können, und nachdem ihm die modernen Staatsfürsten und Staatsjuristen ein Stück seiner altgewohnten Agrarsouveränität nach dem anderen genommen hatten, verstand er es doch, sich in dem rechtselbischen Deutschland durch die Roheit des Bauernlegens eine solche Grundlage der Macht zu geben, daß er von diesen okkupierten Gebieten aus noch heute die erste politische Klasse im neuen Deutschen Reich ist. Wir können hier natürlich die Geschichte des Bauernlegens nicht erzählen. Es sei aber auf ein kurzes Wort von Ernst Moritz Arndt hingewiesen, das dieses Rügener Kind (1840) schrieb:

> Der Mensch, welcher weiß, was die Herrlichkeit eines Staates ist, fährt mit einem unbehaglichen Gefühle durch die schimmernden adeligen Herrensitze hin, die aus zerstörten Bauerndörfern aufgeführt sind, und auf welchen Haufen wandernder Tagelöhner und Lohnknechte in kümmerlichen Katen zusammengepreßt wohnen. O schönes Land meiner Heimat, wer wird die zerstörten Bauern in dir wieder schaffen, woher soll dir der Wiederhersteller kommen?

Überall, wo es heute konservative Herrschaft gibt, ist sie auf Kosten von Bauern gefestigt worden. Die Preußenkönige mußten als Militärkönige die Bauern gegen den Adel schützen. Der ostdeutsche Adel ist eine Erobererkaste, die sich eine slavische Fläche germanisiert hat, damit sie ihr diene. Im Eroberer aber steckte politischer Lebenssaft, sowohl im Angelsachsen, der übers Wasser ging, wie im Deutschritter, der Ostpreußen unterwarf. Diese politische Rasse ist es, die heute der grimmigste, entschlossenste Feind der deutschen Demokratie ist, nicht weil es ihr Spaß macht, sondern weil sie muß. In der Demokratie erhebt sich der Industrialismus zur politischen Massenerscheinung, im Sozialismus kommen Maschine und Volksrechte; die neue Zeit will über die alte Agrarwelt triumphieren, noch aber ist die konservative Welt fest genug, um den Millionen von Belagerern ihre Wälle nicht preiszugeben.

„Großgrundbesitz" ist eine etwas schwankende Begriffsbestimmung. Immerhin geben die folgenden Ziffern einen gewissen Anhalt. Von 100 ha der landwirtschaftlichen Gesamtfläche kommen auf Güter mit mehr als 100 ha

in Mecklenburg-Strelitz	61 ha	(1 kon.	— nichtkons. Reichstagsabg.)	
Mecklenburg-Schwerin	60	(3	3	)
Pommern .	55	(11	3	)
Posen	52	(2	13	)
Westpreußen	44	(7	6	)
Ostpreußen	39	(12	5	)
Brandenburg	35	(12	8	)
Schlesien	34	(9	26	)

Das sind die konservativen Gebiete Deutschlands. Im preußischen Landtag sind sie fast tadellos konservativ. Was es im Reichstag sonst an konservativen Wählern und Abgeordneten gibt, ist inselartig zerstreut und nicht kernhaft konservativ. Wir kommen auf die konservativen Nebengebiete (Sachsen, Minden-Ravensberg, Franken usw.) später zu sprechen. Die bedeutenden nichtkonservativen Zahlen in Posen und Schlesien erklären sich durch Polen und Zentrumsgebiete. Sonst sind es meist die Städte, die den Konservativen nicht gehorchen. Wo Stadtwesen sich entwickelt, bricht gerade in ihren eigenen Gebieten ihre Macht. Es ist leichter, Dresden konservativ zu machen als Königsberg, Danzig, Stettin, Breslau. In den Ostprovinzen liegt der Charakter der Konservativen klar zutage, in den Inselgebieten ist er verschleiert.

Was der Kern des Konservatismus heute ist, läßt sich viel leichter praktisch sagen als theoretisch, es ist praktisch der **Selbsterhaltungstrieb des preußischen Großgrundbesitzertums.** Die alte Herrenschicht von etwa 24 000 Köpfen ist in Verteidigungszustand geraten und benutzt nun alle möglichen Mittel, um sich in einem demokratisch werdenden Zeitalter über Wasser zu halten. In dem Bestreben, sich Hilfskräfte heranzuziehen, wird sie bauernfreundlich und handwerkerfreundlich, ja zu Zeiten sogar arbeiterfreundlich. Aus demselben Grunde macht sie Bündnisse mit dem industriellen Kapitalismus und mit dem Zentrum. Sie versteht die Kunst des Angliederns von Mitinteressenten besser als irgend eine sonstige politische Gruppe. Es ist ja doch überhaupt ein merkwürdiger Anblick, wenn der gnädige Herr die Tagelöhner seiner Standesgenossen bitten muß, ihn zu wählen, oder wenn er vor den Resten des von seinen Vorfahren ruinierten Bauernstandes die Zusammengehörigkeit von Adel und Bauerntum beteuern muß, oder wenn er den Schuhmachern und

Schneidern des nächsten kleinstädtischen Nestes seine tiefe Überzeugung von der Heilsamkeit der Zwangsinnung auseinandersetzt. Es könnte vom rein ästhetischen Standpunkt aus tragisch genannt werden, daß die neue Zeit vom alten selbstherrlichen Adel solches fordert! Wir verstehen es, wenn Konservative das allgemeine Wahlrecht nicht gut vertragen. Es verdirbt ihnen den eigenen Charakter, denn vor einer Wahlversammlung kann man doch nicht schlechtweg den Grundsatz vertreten: Autorität, nicht Majorität! Das konservative Bewußtsein muß um dieses Wahlzwanges willen an gewissen Unklarheiten leiden. Nur in ständischen Körperschaften, wie im preußischen Herrenhaus oder in der sächsischen ersten Kammer, kann es sich geben, wie es ist. Deshalb ist der heutige Konservative eine Kompromißnatur, ein Herrenmensch mit demokratischen Handschuhen. Er wandelt in der Zeit der Freizügigkeit, der Wahlrechte und des Getreideweltverkehrs mit der Würde des Vertreters eines alten großen Hauses, welches durch die Verhältnisse gezwungen ist, auch kleinere Kunden bei guter Laune zu erhalten. Eine agitierende Aristokratie! Schon dieses ist ein Erfolg der demokratischen Gesamtströmung.

Man kann in politischer Hinsicht folgende konservative Entwickelungsstufen beobachten:

1. Stufe: der grundbesitzende Adel ist als geschlossener Stand überzeugt, daß er allein den Staat hält und leitet, und steht von da aus selbst dem Könige frei und, wenn es sein muß, oppositionell gegenüber. Beispiele hierzu bietet die brandenburgisch-preußische, hannoversche, braunschweigische Geschichte.

2. Stufe: der grundbesitzende Adel fügt sich in die Tatsache, daß die Königsgewalt ein Fels von Bronze ist, und sieht seine Aufgabe in Unterstützung und Beeinflussung des fürstlichen Absolutismus. Auf dieser Stufe standen die meisten Konservativen im Jahre 1848. Als Royalisten und Legitimisten bekämpften sie die „Revolution", das heißt jede bürgerliche Verfassung.

3. Stufe: der grundbesitzende Adel erkennt die konstitutionelle Verfassung an, macht sich aber innerhalb der Verfassung zum besonderen Vertreter der Königstreue, des Heeres, der Autorität. Erst auf dieser Stufe kommt das Wort „konservativ" in allgemeineren Gebrauch. Der geistvollste Vertreter dieser Stufe war Stahl.

4. Stufe: der grundbesitzende Adel erkennt, daß der König zeitweilig andere Stützen sucht, und ist genötigt, seine Selbständigkeit gegenüber der Krone in ausgeführteren politischen, kirchlichen und wirtschaftlichen Programmen zu suchen. Damit wird die konservative Partei eine Partei wie andere Parteien auch, und das Wort „konservativ" verliert etwas an seiner Wortbedeutung. Beispiele hierfür bietet die Zeit der Deklaranten, Kaiser Friedrichs III., Caprivis und die Zeit des preußischen Kanalstreites. In mancher Hinsicht ähnelt die vierte Stufe der ersten.

Im jetzigen Konservatismus finden sich alle diese Auffassungsweisen bunt gemischt. Eine allgemein anerkannte konservative Staatsauffassung, wie sie Stahl und von Gerlach zu bilden versuchten, gibt es nicht. Unzweifelhaft ist die Anerkennung der Monarchie, herkömmlich, aber nicht ebenso sicher die Abneigung gegen Ministerverantwortlichkeit und parlamentarisches System. Erst eine längere Periode der konservativen Opposition würde in diesen Hinsichten bestimmtere Ergebnisse zutage fördern. Vorläufig werden Oppositionsperioden als vorübergehende Wolken behandelt, bei deren Verschwinden die alte royalistische Haltung sich von selbst einstellt. Gewohnheit, Überzeugung, Taktik, Angst wirken zusammen, um prinzipielle Parteipolitik gegenüber der Krone zu Ausnahmefällen zu machen, solange es geht. Man vergißt nicht, wie schmählich in Landtag und Reichstag 1858 und 1874 die Konservativen zusammenschmolzen, sobald sie nicht von der Regierung im Wahlkampf unterstützt wurden. Daneben gibt es tausend gesellschaftliche und persönliche Fäden, die den Hof, die oberen Regierungskreise und die Konservativen verbinden. Der einzelne konservative Mann muß einen schweren Kampf in seinem eigenen Herzen kämpfen, wenn er Königstreue und politische Parteihaltung auf zwei getrennte Blätter schreiben muß. Unendlich schwer ist für den Konservatismus der Sprung in die prinzipielle Opposition. Und doch kommt er einmal. Es kommt der Tag, wo alles, was in Sachen der Handelsverträge, des Kanals, der Weltpolitik, der sozialen Konzessionen vom König geschieht, den Konservativen den Notschrei abpreßt: wir müssen diese liberale Verfassung benutzen, um lebendig zu bleiben!

Der Bund zwischen Konservatismus und Krone ist enger, als sonst politische Verbindungen zwischen früheren oder zeitweiligen Gegnern zu sein pflegen. Da es die konservative Schicht verstanden hat, der oberen Staatsleitung auf allen Gebieten das meiste Beamtenmaterial zu liefern, und da sie im Offizierkorps des deutschen und insbesondere des preußischen Heeres überwältigend stark vertreten ist, so ist die Krone in ihren Handlungen mehr an die konservative Aristokratie gebunden, als an irgend welche andere. Später werden wir zu besprechen haben, welche Ursachen den König von Preußen trotz alledem veranlassen müssen, das enge Band zu lösen. Jetzt liegt uns nur daran, zu zeigen, wie die Verbindung mit der Regierung den Konservativen nützt.

Keine politische Gruppe ist so unterrichtet von Staatsangelegenheiten wie diejenige, deren Vetter die Minister zu sein pflegen. Man kennt dort die Politik im einzelnen, die Personenfragen, die Strömungen am genauesten. Deshalb kann man verhältnismäßig leicht abschätzen, was zu einer bestimmten Zeit erreichbar ist und was nicht. Der Konservative wird selten aus Prinzipienreiterei und aus allgemeiner Theorie einen Zeitpunkt versäumen, an dem er etwas gewinnen kann. Fast stets hat er es verstanden, bei Gelegenheit von Neuwahlen sich so zu arrangieren, daß der Regierungsapparat zu seinen Gunsten arbeiten mußte. Auf diese Weise war es möglich, daß sich die konservative Partei als Partei der Staatserhaltung als solcher hinstellte. Sie ließ ihre Großgrundbesitzertendenz hinter Königstreue und Patriotismus zurücktreten und stellte sich in die Mitte des Volkes mit der Parole: mit Gott für König und Vaterland! Mit dieser Parole aber gewann sie eine in kritischer Zeit elementar starke und auch sonst nie ganz versagende politische Kraft. Das Volk besteht ja keineswegs bloß aus Interessenpolitikern. Bei unzähligen Leuten ist nur der eine nötige, unentbehrliche Grundgedanke aller politischen Arbeit vorhanden: Vaterlandsmacht und Vaterlandsverteidigung. Wer am kräftigsten diesen Gedanken führt, hebt sich dabei über seinen eigenen engeren Kreis hinaus und wird zum Schutzengel der Zukunft der ganzen Nation. Es ist die größte Torheit der Demokratie, daß sie sich bisher die Wucht dieses lebendigsten aller politischen Gedanken hat entgehen lassen. In dem Zweifelsfall, ob er für oder gegen Staatsmacht sein will, wird der parteipolitisch Gleichgültige aus Selbsterhaltungstrieb der Gesamtheit schließlich fast stets mit dem gehen, der ihm die meisten

Garantien für die bewaffnete Volkszukunft im ganzen zu geben scheint. Den Konservativen ist es durch ihre ganze Vorgeschichte leicht, die Erinnerung der Kämpfe zu wecken, in denen ihre Ahnen siegten. Von ihrer Minderwertigkeit bei Jena sprechen sie seltener. Auch die Väter der Proletarier haben ihr Blut bei Leipzig, Königgrätz und vor Paris vergossen, aber die Proletarier sind weniger stolz auf das Blut ihrer Väter. Sie überlassen es den Söhnen der Führer, sich als die alleinigen Wahrer des Höchsten darzustellen, was es im politischen Leben gibt, der geeinten Tapferkeit eines für Haus, Acker, Heimat, Kinder kämpfenden Volkes. Langsam kam erst die rechte Hälfte des bürgerlichen Liberalismus dazu, Militärverständnis zu gewinnen. **Nie aber, nie wird sich eine große Nation von Leuten führen lassen können, deren Zuverlässigkeit in der Machtfrage nicht absolut ist.** Ein Volk, das anders handeln würde, müßte sich selbst aufgeben. In diesem Punkte liegt der Schlüssel aller sonstigen politischen Fragen. Solange die Demokratie spricht: „Wir überlassen den Schutz des Vaterlandes unseren Gegnern," bleibt sie Opposition und Minorität. Bernstein hat recht, wenn er schreibt:

> Würde der Sozialdemokratie in Deutschland die entscheidende Rolle in die Hand gespielt, so würde sie gleich den Independenten der englischen und den Jakobinern der französischen Revolution, national sein müssen, wenn sie ihre Herrschaft behaupten soll.

Man kann, geschichtlich die Sache ansehend, nicht sagen, daß die preußischen Konservativen von Haus aus „national" waren. Im Gegenteil! Solange der Nationalitätsgedanke im Werden begriffen war, bekämpften sie den liberalen „Nationalitätsschwindel". Auch als das Deutsche Reich gegründet war, schwankten sie eine Zeitlang, ob sie sich mit beiden Füßen auf den neugewonnenen nationalen Staatsboden stellen sollten. Aber zehn Jahre genügten (bis 1876), um alle Zweifel zu beseitigen. Der Machtinstinkt der alten staatsmächtigen Herrenklasse fand den sicheren Weg zur weiteren Macht. Sie nahmen den Nationalgedanken auf, als sei er in ihren Köpfen gewachsen, und mit diesem Gedanken schufen sie sich ein Hilfsheer der besten Patrioten. Wenn die Demokratie imstande ist, politisch etwas Großes zu lernen, so muß sie die Quelle der Kraft ihres entschiedensten Gegners erkennen. Erst dann, wenn die freiheitlichen und sozialen Volksteile nationalen Machttrieb in sich pflegen, werden sie erfolgreich gegen die festeste und älteste Aristokratie kämpfen können.

Als Vaterlandspartei hat die konservative Partei auch über das Gebiet der Großgüterprovinzen hinaus Einfluß gewonnen. Das merkwürdigste Beispiel hierfür ist das Königreich Sachsen. Hier gibt es, wie schon erwähnt wurde, städtischen, ja großstädtischen Konservatismus. Wenn auch jetzt die Sozialdemokraten Dresden vertreten, so ist es doch immerhin beachtenswert, daß dort, selbst nach der Spaltung der Konservativen in eine rein konservative Oberschicht und eine antisemitische Unterschicht, die Konservativen noch immer die eigentliche Bürgervertretung in Händen haben und die ganze Landesverwaltung dieses industriellen Teiles von Deutschland führen. Der Sozialdemokrat hat die Masse, der Konservative aber die Macht. Bedenkt man, daß überhaupt erst 1874 konservative Reichstagswahlen in Sachsen auftauchten, so muß man gestehen, daß hier der Agrararistokratie ein politischer Fischzug gelungen ist, der, rein politisch-technisch betrachtet, Bewunderung erweckt. Man führte den früheren sächsischen Partikularismus mit Erfolg auf die nationale Bahn. Konservativ heißt in dieser Umgebung einfach staatserhaltend, wirkt aber natürlich hier wie anderswo in der inneren Politik reaktionär.

In anderen Gegenden ist es neben dem staatserhaltenden Element das **evangelisch-kirchliche**, das den Konservativen Hilfskräfte zuführt. Über den ganzen Zusammenhang der Religion mit der Politik werden wir genauer reden, wenn wir das Zentrum behandeln. Jedenfalls ist unbestritten, daß der Protestantismus als Gesamterscheinung nicht in derselben Weise ein politischer Faktor ist wie der Katholizismus, daß aber die protestantische Stimmung nicht unwesentlich mithilft, Gruppen zu bilden. Soweit der Protestantismus fortschrittlich, kritisch, modern oder rein pietistisch ist gehört er im allgemeinen zum bürgerlichen Liberalismus, aber soweit er orthodox, pietistisch-kirchlich ist, rechnet er sich fast überall zum Konservatismus. Die agrarische Aristokratie ist selbst zu einem großen Teile kirchlich gläubig und an der inneren Mission beteiligt. Die besten Mitarbeiter Wicherns, des „Vaters der Inneren Mission“, stammten aus diesen Kreisen. Es ist deshalb keineswegs bloß Taktik, wenn das konservative Programm sagt:

Wir wollen die Erhaltung und Kräftigung der christlichen Lebensanschauung in Volk und Staat und erachten ihre praktische Betätigung in der Gesetzgebung für die unerläßliche Grundlage jeder gesunden Entwickelung. Staat und Kirche sind von Gott verordnete Einrichtungen in diesem Sinne werden wir auch für das gute Recht der evangelischen Kirche auf selbständige Regelung ihrer inneren Einrichtungen eintreten. Die konfessionelle christliche Volksschule erachten wir für die Grundlage der Volkserziehung und für die wichtigste Bürgschaft gegen die zunehmende Verwilderung der Massen und die fortschreitende Auflösung aller gesellschaftlichen Bande.

Es ist das nicht bloß Taktik, aber auch politisch taktisch sehr klug. Alle diese Sätze zeigen den zahlreichen christlich-gläubigen Teilen des evangelischen Volkes, besonders den Pastoren, daß man sie verstehen will. Ob es religiös und biblisch richtig ist, die christliche Schule als Schutzwerk für „gesellschaftliche Bande", als Kampfmittel gegen demokratische „Verwilderung" zu gebrauchen, grämt die Schöpfer solcher Sätze wenig. Die Kirche ist vorhanden und mit ihr wird Fühlung gehalten. Um dieser Absicht willen tritt das konservative Programm für etwas ein, das im Grunde durchaus liberal ist, für die selbständige Regelung der innerkirchlichen Angelegenheiten. Diese Forderung wird mit Rücksicht auf den „Landesbischof" maßvoll vertreten, aber sie ist doch da. Der ganze Einfluß, den die Konservativen in Süddeutschland und im preußischen Westen haben, hängt mit diesem Teil ihres Programms zusammen. Minden-Lübbecke, Herford-Halle, Bielefeld, Siegen gehören hierher. Süddeutsche konservative Vertreter wie Schrempf waren stets christlich-staatserhaltend.

Die Demokratie hat auch auf diesem Gebiet unzweifelhafte Fehler gemacht, die zur Stärkung ihrer Gegner gedient haben. Nicht das ist falsch, was die demokratischen Programme über Trennung des Staates von der Kirche enthalten. Diese Trennung wird von vielen gläubigen Christen innig gewünscht. Aber lange Zeit hindurch hat erst die bürgerliche und dann die soziale Demokratie den Gegensatz gegen das Glaubensbewußtsein und gegen die Glaubensgemeinschaft als solche gepflegt. Heute kann man ja die Glaubensgegnerschaft in der demokratischen Literatur als erloschen bezeichnen, aber die alten tiefen Wunden auf diesem Gebiet vernarben nur langsam. Ich kenne die christlichen Arbeitervereinigungen genügend, um zu wissen, daß viele Arbeiter, die ihre Genossen lieben, doch konservativ sind, weil sie eine andere Haltung mit ihrem religiösen Gewissen nicht glauben vereinigen zu können. Es ist politisch falsch, wenn man Religionssachen mißachtet. Der englische Liberalismus ist darin weiter als unsere politische Linke. Zu ihm gehören alle Dissenters, die nicht staatskirchlichen Gläubigen. Wieviel edle, moralisch hochstehende Personalkraft geht einer Volksbewegung verloren, die den frommen Leuten den Anschluß erschwert!

Staatserhaltung und Christentum verbinden sich bei den Konservativen mit Agrarpolitik und Mittelstandspolitik, jene mehr fürs Land, diese mehr für die Städte.

Die konservative Agrarpolitik ist natürlich in erster Linie Interessenpolitik der Großgrundbesitzer; hoher Getreidepreis, Viehpreis, Zuckerprämien, Spiritussteuerrückzahlung, Grundrente! Daß eine Demokratie, deren meiste Anhänger von Arbeitslohn leben, und die grundsätzlich den Industrialismus vertritt, dieser agrarischen Interessenpolitik geradeswegs entgegenzuarbeiten hat, versteht sich von selbst. So wenig es den Agrariern einfällt, Lohnbewegungen zu fördern, wenn sie den Lohn zahlen sollen, so wenig ist vom Lohnarbeiter zu erwarten, daß er für Verteuerung seiner Lebensbedürfnisse zu haben ist. Der um die Lohnfrage konzentrierter demokratischen Bewegung stellt sich die um die Getreidepreisfrage konzentrierte agrarische Bewegung gegenüber. Was in der Demokratie die Gewerkschaften sind, ist im Konservatismus der **Bund der Landwirte.** Diesen Bund hergestellt zu haben, ist eine große, wenn auch für sie selbst nicht ganz ungefährliche Leistung der Großgetreideproduzenten. Für ihre Rufe nach hohen Landwirtschaftserträgnissen haben sie sich ein Echo gewaltiger Wirkung geschaffen: 260 000 Bauern, zahlende Mitglieder, Leser der Bundesliteratur! Der Adel hat es verstanden, den Bauern alles aus dem Gedächtnis zu wischen, was er an gehäuftem Unrecht vor und nach 1816 an ihm getan hat. Der Bauer, dessen Voreltern frohnden mußten und dessen Vettern zu Tagelöhnern herabgedrückt wurden, ist heute in seiner Mehrzahl ernstlich überzeugt, daß seine alten Gegner seine besten Freunde sind. Es gibt zwar noch ein freies Bauerntum in Pommern, Schleswig-Holstein und anderswo, das keinen konservativen Händedruck haben mag, aber die weitaus größere Masse läßt sich vom

Bunde leiten, selbst wenn sie ihm nicht direkt angehört. Wie konnte das geschehen? Solange Deutschland Getreide exportierte, wäre das unmöglich gewesen, denn solange wollte der Getreideexporteur seine Bodenfläche auf Kosten des anliegenden Bauerntums vergrößern. Erst seit der Import den Export weit überwiegt und die Konkurrenz des Auslandes in allen Scheunen fühlbar ist, verzichtet der Großgrundbesitz auf weiteren Flächengewinn, erkennt im allgemeinen die Bodenverteilung zwischen Großbesitz, Mittelbesitz und Kleinbesitz an und sammelt alle Kraft auf gesetzgeberische Beeinflussung des Verkaufspreises seiner Produkte. Er sagt zum Bauer: Du verkaufst zwar weniger als ich, aber da du auch das wenige gern preiswert verkaufst, so ist zwischen uns kein Unterschied! Diese Formel gewann selbst solche Bauern, die mehr Brot kaufen müssen, als sie Getreide verkaufen. Der Bund der Landwirte hat alle Anzeichen einer richtigen politischen Massengruppierung, und, wenn nicht alles täuscht, wird er im Laufe der Zeit die eigentliche Leitung der politischen Rechten in der Hand haben. Das aber bedeutet eine neueste Umwandlung des Konservatismus: das Verlassen der rein aristokratischen Tradition. Die agrarische Aristokratie ist von den Hunderttausenden der Bauern politisch abhängig, da sie nur mit ihnen Agrarforderungen durchzusetzen hoffen kann. Heute fühlen sich die Bauern im Bunde noch nicht als die Herren, noch vertragen sie Ausschüsse von großgrundbesitzerlicher Zusammensetzung; aber das, was heute besteht, ist sicher nicht das Ende der Agrarentwickelung auf dem Boden des allgemeinen Wahlrechts.

Im Bunde der Landwirte sind über 200 000 Kleinbauern vertreten. Werden diese bei fehlgeschlagenen Hoffnungen, in verschärfter landwirtschaftlicher Krisis, nach Annahme von Handelsverträgen, die ihnen nicht genügen und die von ihren Führern als schlecht bezeichnet werden, nicht schneller bereit sein, grundsätzliche politische Opposition zu machen als der Grundadel auf den Rittergütern? Jetzt sind diese kleineren Landleute aufgeweckt worden, ihre Töchter werden bei Hofe nicht vorgestellt, ihre Söhne dienen als Gemeine, ihre Tradition ist zwar königstreu, aber nicht speziell konservativ im politischen Sinne der Aristokratie; ist es da nicht sehr wahrscheinlich, daß es im Zeitpunkt kleinagrarischen Grolles nur der geeigneten Führer bedarf, um der landwirtschaftlichen Gesamtpolitik einen so radikalen Charakter zu geben, daß alle Kunst und Erbweisheit der Konservativen dazu gehören wird, um nicht alle Fäden zwischen sich und dem Bauerntum zu verlieren? Solange die jetzige aristokratische Führung Erfolge erringt, bleibt sie im Sattel, wenn sie Mißerfolge bringt, werden als „pflaumenweich" die letzten der staatserhaltenden Politiker weichen müssen, die unter allen Umständen mit dem Kaiser gehen wollen. Aus welchen Gründen der Mißerfolg der Agrarier kommen muß, wird uns später beschäftigen.

Die Demokratie sieht von ihrem industriellen Standpunkt aus dieser Entwickelung auf der rechten Seite mit Spannung entgegen. Sie weiß, daß sie direkt zur Störung des Verhältnisses zwischen der Agrararistokratie und der Bauernschaft wenig beitragen kann, daß sie dagegen jeden Sieg der Agrarier bezahlen muß. Was ihr aber hilft, ist die wirtschaftliche Entwickelung an sich. **Jede Ausdehnung der Industrie aufs Land schafft Bauern, die mehr an der Industrie interessiert sind, als an der für sie geringen Zollerhöhung des Weltmarktpreises für Getreide.** Der Kleinbauer, der im Umkreis der Industrie wohnt, schickt Söhne und Töchter auf gewerbliche Arbeit. Er gewinnt durch das Wohnungsbedürfnis der sich vermehrenden Lohnarbeiter. Der größere Bauer treibt Vieh-, Milch- und Obstwirtschaft für den sich öffnenden industriellen Markt. Seine Zukunft liegt bei den Maschinen. Mit jedem Jahr mehrt sich die Zahl der Landwirte, die ihre Gemeinschaft mit der Industriebewegung erkennen. Was wäre die badische Landwirtschaft ohne die badische Industrie? Erst mit der industriellen Zeit kommt die Bodenkultur zu ihrer vollen Intensität und Höhe. Von hier aus ist es möglich, ein wirtschaftspolitisch ehrliches Zukunftsprogramm für nicht konservative Bauern zu schaffen, ein Programm, das in der Linie der natürlichen Entwickelung Deutschlands liegt.

Als im Jahre 1895 die Sozialdemokratie auf ihrem Parteitag in Breslau kein Landprogramm fertig brachte, scheint dieser Gesichtspunkt, daß man den Bauern in der Industriesphäre von dem außer ihr sitzenden unterscheiden muß, zum Schaden des Ganzen zu wenig beachtet zu sein. Man stellte das Problem der Sozialisierung der Landwirtschaft in theoretischer Weise und suchte reinen Marxismus auf den ländlichen Acker zu tragen oder einen neuen genossenschaftlichen Agrarsozialismus zu erfinden. Ohne Zweifel gibt es auch in der Landwirtschaft sozialistisch-genossenschaftliche Tendenzen, aber der Kern der Frage ist ein anderer: kann es Bauern geben, die im wohlverstandenen Eigeninteresse industriellen Sozialismus fördern? Die Antwort muß bejahend lauten. Von hier aus ist zu fragen: unter welchen besonderen Lebensbedingungen leben und arbeiten diese vom neudeutschen Industrialismus vorteilhaft berührten Bauern? Sie gehören ihrer Natur nach nicht zum Bunde der Landwirte, laufen aber heute aus Klassengefühl und Unkenntnis vielfach noch mit. Sie müssen der konservativen Umarmung entzogen werden. Auf die übrigen, die in industrielosen Gegenden wohnen, muß die Demokratie vorläufig verzichten, soweit sie nicht mit allgemein liberalen Grundsätzen gewonnen werden können.

Neben dem Bauer ist der Landarbeiter der Großgüterbezirke eine Grundlage der politischen Macht der Agrararistokratie. Diese Masse von armen und ärmsten Proletariern wird im Reichstage im allgemeinen sehr elegant vertreten. Hin und wieder gelang es der Sozialdemokratie, durch Überraschung einen guten Erfolg unter diesen abhängigen Leuten zu gewinnen, aber dauernd in Landarbeitergebieten sich festzusetzen, war ihr unmöglich. Sobald sich oppositionelle Regungen zeigten, wurden sie erdrückt. Im Landarbeitergebiet herrscht das alte Herrentum am unbeschränktesten nach dem Wort: „Und bist du nicht willig, so brauch' ich Gewalt." Wer irgendwo in solchen Gebieten agitatorisch gearbeitet hat, kennt die Methode. Selbst der Druck der Leutenot hat noch nicht hingereicht, die Türen politischer Freiheit zu öffnen. Wenige Herrschaften nur sind frei genug in ihrer Gesinnung, um ihre Tagelöhner und Instleute als gleichberechtigte Staatsbürger zu betrachten. Die besten Konservativen kommen höchstens bis zur Formel des alten, in seiner Art ehrwürdigen Herrn von Kleist-Retzow, der seinen Standesgenossen sagte: „Wir verlangen, daß unsere Leute für uns stimmen, darum müssen wir auch für sie sorgen." Es würde ein großer Gewinn der Demokratie sein, wenn sie Landarbeitermassen gewinnen könnte, denn damit würde sie der konservativen Aristokratie den Boden am schnellsten unter den Füßen hinwegziehen. Ein ausführbares Programm für Landarbeiter ist aber nicht leicht. Der bloße Druck auf die Wirtschaft der Herren nützt ihnen nicht, schadet ihnen eher. Das freie Koalitionsrecht würde, selbst wenn es errungen werden könnte, meist illusorisch bleiben. Der beste Ansatzpunkt ist der Landhunger. Man fasse die Parole „das Land der Masse" in greifbare Vorschläge von Parzellierung oder auch genossenschaftlicher Verwaltung! Daneben protestiere man gegen die Einfuhr der Ausländer! Die Einfuhrerschwerung bezüglich der Polen, Russen, Galizier ist eine scharfe nationale Waffe gegen das Großgütersystem als solches.

Um aber einen gewissen Anhalt dafür zu geben, **wie ein Landprogramm der Linken** aussehen könnte, drucken wir die Hauptbestandteile des 1900 in Leipzig beschlossenen nationalsozialen Landprogramms ab:

> Wir erkennen an, daß sich die deutsche Landwirtschaft in einer schweren Notlage befindet, deren Ursache die moderne Industrie- und Verkehrsentwickelung ist, welche die Preise der landwirtschaftlichen Massenartikel nach weltwirtschaftlichen Gesichtspunkten regelt und den Zustrom der Landbevölkerung in die Industriegebiete lenkt. Diesem Notstand sucht die rückschrittliche Politik dadurch abzuhelfen, daß sie Deutschland von der Weltherrschaft abzuschließen und die freie Bewegung der Bevölkerung zu hemmen bestrebt ist. Eine solche Politik, die sich der natürlichen Gesamtentwickelung widersetzt, kann aber niemals dauernde Erfolge gewinnen und muß sowohl vom Standpunkte der Industrie, wie von dem einer sachkundigen, die Zukunft berücksichtigenden Landwirtschaft aus energisch bekämpft werden. Nur dann nämlich wird die deutsche Landwirtschaft lebenskräftig sein können, wenn sich ihre Betriebsverhältnisse, Rechtsreformen und Gesamtpolitik den wirtschaftlichen Lebensbedingungen der Neuzeit anpassen.
>
> Aus nationalen Gründen erstreben wir die größtmögliche Nutzbarmachung des Bodens als des wichtigsten und dauerhaftesten Bestandteils unseres Nationalvermögens und verlangen deshalb im Interesse der Gesamtheit, daß der landwirtschaftlich benutzte Teil dieses Bodens — bei gleichzeitiger Hebung der landwirtschaftlichen Produktion auf den höchsten Stand der Leistungsfähigkeit — der größtmöglichen Zahl von Volksgenossen eine gesicherte und menschenwürdige Existenz biete. Da der Großgrundbesitz dieser Entwickelung im Wege steht und sich den heutigen wirtschaftlichen Lebensbedingungen der Nation schwer anzupassen vermag, wird er in der deutschen Volkswirtschaft allmählich zurücktreten und in großem Umfange bäuerlicher Gestaltung Platz machen müssen. Ein Bauerntum, das auf den nahen Markt einer immer mehr sich auf das Land ausdehnenden Industrie rechnet, sich den Bedürfnissen dieses Marktes in Wahl der Erzeugnisse anfügt, seinen Kredit und Betrieb kaufmännisch regelt und alle Vorteile genossenschaftlicher Vereinigungen verwendet, ist erfahrungsmäßig in der

Lage, die Erwerbssteigerungen der industriellen Bevölkerung als Grundlage seines eigenen wirtschaftlichen Aufsteigens anzusehen und sich darum im wohlverstandenen Eigeninteresse an einer weiteren Ausbildung des deutschen industriellen Lebens und an Erhöhung der Konsumfähigkeit der Arbeiterschaft politisch zu interessieren.

Allerdings wird ein besonderes Bauerntum dann auch seinerseits innerhalb des Rahmens einer wirtschaftlich fortschreitenden Gesamtentwickelung Anerkennung seiner eigentümlichen Lebensbedingungen von den übrigen Volksteilen fordern müssen, und zwar eine grundsätzliche Förderung des Bauerntums gegenüber dem Großgrundbesitz und gegenüber dem spekulativen Kapital, namentlich so weit es den Ertrag bäuerlicher Arbeit durch Ausnutzung des Kredit-Bedürfnisses an sich zu ziehen sucht.

Wo im Betrieb großer Güter ein Stand gleichartiger landwirtschaftlicher Arbeiter vorhanden ist, muß deren Gesundheit, persönliche und staatsbürgerliche Ehre und Freiheit durch gesetzliche Garantien geschützt werden.

Von dieser Grundanschauung aus fordern wir:

§ 1. Weitere Ausgestaltung der Handelsvertragspolitik. Beseitigung der durch die Besteuerung des Zuckers und des Branntweins beabsichtigten Sondervorteile eines Teils der landwirtschaftlichen Betriebe, insbesondere Beseitigung der Zuckerausfuhrprämien und der sogenannten Liebesgaben an Branntweinbrennereien. Gleichmäßige Behandlung der Fleischbeschau für in- und ausländisches Fleisch. Anstellung fachkundiger Landwirte bei Gesandschaften und Generalkonsulaten. Wirksame Maßregeln gegen Einschleppung und Verschleppung von Viehseuchen.

§ 2. Aufhebung der Fideikommisse. In erster Linie gesetzliches Verbot der Gründung neuer Majorate. Überführung der Waldwirtschaft und Wasserquellen in Staats- oder Gemeindebesitz. Erweiterung der Wildschadenersatzpflicht (Hasenschaden). Urbarmachung der Ödländereien mit Staatshilfe. Kräftige Förderung der inneren Kolonisation zur Schaffung eines lebensfähigen, unabhängigen deutschen Bauernstandes. Ablehnung aller künstlichen Versuche, das Anerbenrecht in weiterem Umfange einzuführen. Maßregeln gegen Zersplitterung in Zwergbetriebe.

§ 3. Fortschreitende Einbeziehung des platten Landes in den Verkehr durch Ausbau des Eisenbahnnetzes und Anlage von Land- und Wasserstraßen. Vereinfachung und Verbilligung der Verkehrstarife, besonders für Eisenbahn und Telephon. Begünstigung von Industrieanlagen auf dem Lande.

§ 4. Beseitigung sämtlicher Vorrechte des großen Grundbesitzes, insbesondere der vom Gemeindeverbande getrennten Gutsbezirke, des Kirchen- und Schulpatronats, der Befreiung von Schullasten. Reform der Polizeiverwaltung. Schaffung größerer leistungsfähiger Gemeindeverbände. Ausbau der bestehenden Kommunalverbände zu Selbstverwaltungskörpern auf Grund eines die Vertretung aller Bevölkerungsschichten gleichmäßig sichernden

Wahlrechts. Leitung dieser Kommunalverbände durch gewählte Kommunalbeamte. Stärkere Heranziehung der größeren Verbände zur Entlastung schwächerer Gemeinden.

§ 5. Erleichterung des ländlichen Personalkredits durch Förderung von Kreditgenossenschaften. Umgestaltung des Hypothekarkredits in folgender Richtung: allmählich durchzuführende Einschränkung des Beleihungsrechts auf Gemeinde und Staat; Gewährung niedrig verzinslicher unkündbarer Amortisationsdarlehen; Verwendung des aus der Hypothekarreform erzielten Gewinnes zur Erleichterung der Gemeindelasten. Mehrung des Gemeindelandes, Vorkaufsrecht der Gemeinde und des Staates bei Verkäufen außerhalb der Familie zum Zweck der Schaffung bäuerlicher Domänen und Erbpachtungen.

§ 6. Förderung aller Bildungs- und Wohlfahrtsbestrebungen auf dem Lande (Gemeindehaus, Büchereien, ländliche Sparkassen usw.). Staatliche Förderung des Schulwesens auf dem Lande (s. nationalsoziales Schulprogramm). Landwirtschaftliche Fachschulen, Winterschulen und Wandervorträge. Hebung der ländlichen Krankenpflege und Gesundheitspflege durch öffentliche Mittel. Möglichste Berücksichtigung des Landes bei Anlage staatlicher Anstalten.

§ 7. Maßnahmen gegen unlautere Konkurrenz von Kunstprodukten mit landwirtschaftlichen Naturprodukten, sowie gegen die Verfälschung der Düngemittel. Staatliche Förderung rationeller Betriebsweise und Einführung neuer Betriebsarten (Obstbau, Gemüsebau, Geflügelzucht, Bienenzucht). Einrichtung landwirtschaftlicher Versuchsstationen und Ausbildungsanstalten im Anschluß an Staatsdomänen. Obligatorische Einführung der doppelten Buchführung in allen landwirtschaftlichen Betrieben über 150 ha.

§ 8. Sicherung des freien Arbeitsvertrages auf dem Lande durch Reichsgesetz. Ermöglichung rechtsfähiger Verbände der Arbeitgeber und der Arbeiter. Regelung des ländlichen Arbeitsnachweises. Errichtung ländlicher Gewerbegerichte. Ablehnung aller Vorschläge, die auf eine Beschränkung des bestehenden Freizügigkeitsrechtes hinzielen. Wohnungsinspektion zum Schutze aller Landarbeiter, zumal der Wanderarbeiter.

§ 9. Vertretung der Kleinbauern und Landarbeiter in den Landwirtschaftskammern. Förderung des Genossenschaftswesens. Staatliche Förderung des Versicherungswesens, insbesondere Verstaatlichung der Hagelversicherung. Staatshilfe bei unerwarteten Naturschäden und epidemisch eintretenden Viehseuchen. Ausdehnung der Invaliditäts- und Altersversicherung auf die Gesamtheit, unter Aufhebung der Markenpflicht und Übernahme der Lasten auf das Reich.

Die Demokratie muß endgültig aufhören, den landwirtschaftlichen Großbetrieb als die Musterform nach Art der Fabrikanlagen anzusehen. Hier versagt die Theorie vom allgemeinen Vorteil des Großbetriebes.

Und sie muß sich selbst mit ihren Kräften dem Ziele eines bäuerlichen Landbetriebes zur Verfügung stellen. Wie will sie sonst jemals hoffen, die Bauern selbst in den Industriegebieten zu sich herüberzuziehen?

Leichter erreichbar für die Demokratie ist im allgemeinen der **Handwerker, Kleinhändler, Unterbeamte** usw. auch dort, wo er heute konservativ wählt. Er ist bei den Konservativen weniger durch bestimmte Programmsätze festgehalten, als durch seine allgemeine Stimmung. Denn was an Mittelstandsprogramm bei Konservativen und Antisemiten geboten wird, ist ödes Flickwerk von zufälligen Einzelforderungen, zusammengestellt unter agitatorischen Gesichtspunkten, vorgetragen mit der ewig wiederkehrenden Behauptung, daß es dem Handwerker schlechter ginge als dem Arbeiter, und daß er trotzdem die Stütze von Thron und Altar sei. Als ob ein so schwerer Bau wie das deutsche Kaisertum sich auf einem Stande aufbauen könnte, der selbst so laut über seine eigene Schwäche klagt! Wahr ist es freilich, daß es dem kleinen Handwerker oft schlechter geht, als dem in regelmäßiger Lohnarbeit stehenden Arbeiter. Zehntausende von Handwerkern verdienen keine 4 Mk. am Tag. Aber am schlechtesten geht es doch dem Handwerker in den konservativen Provinzen, und am besten geht es ihm noch immer in industriell lebendigen Gegenden. Das muß der Ausgangspunkt seiner politischen Erwägungen werden. Wo Großgütersystem ist, gedeiht kein Mittelstand. Ein demokratisches Handwerkerprogramm müßte ähnlich wie ein Bauernprogramm von dem wirtschaftlichen Zusammenhange der durchschnittlichen Lohnhöhe mit dem Verdienst der Handwerker und Kleinkaufleute ausgehen. Wo die Masse ein gutes Einkommen hat, verbraucht sie Kleider, Schuhe, Tische, Betten, Brot und Fleisch. Das, was wirklich handwerksmäßig hergestellt werden muß, wird auch keine Genossenschaft der Arbeiter den Handwerkern entziehen. Und im übrigen: der Handwerker selbst soll sich die Form der Genossenschaft aneignen, und Genossenschaft wird später von Genossenschaft kaufen und arbeiten lassen. Das erste aber, was die Jugend der Handwerker braucht, ist eine äußerst tüchtige Bildung zu Geschick und Geschmack. Leute, die etwas können, werden, solange die Welt steht, stets gebraucht werden. Das muß der liberale Ruf ans Handwerk sein: Leistung! Der konservative Ruf heißt hier wie sonst: Schutz!

Gerade aber im Gebiet des Kleingewerbes tritt das Konservative oft in der Färbung der antisemitischen Propaganda auf. **Der Antisemitismus** ist Konservatismus unaristokratischer Art. Der mit dem Laufe der Dinge unzufriedene Handwerker mag von Industrie und Arbeiterfrage nichts wissen, denn die Fabrik ist ihm die größere Konkurrentin und der „Arbeiter" ist der Geist der Unruhe für seine enge Werkstatt. Was aber hat er mit den Herren zu tun, die im Bunde der Landwirte über Getreidepreis und Molkerei verhandeln und die Hasen jagen, während er Felle zurechtschneidet? Für ihn scheint eine Politik wie geschaffen, die alle Schäden der Neuzeit durch die Israeliten hervorgerufen sieht. Der Jude soll der Typus der Geldwirtschaft sein und mit seinem kapitalistischen Geiste das brave und biedere Deutschtum durchsetzt und zerstört haben. Daß die Geldwirtschaft auch dort ihren Siegeszug hält, wo sich keine Juden finden, und daß es Handwerker- und Bauernnöte auch dort gibt, wo weder der Kredit noch der Handel jüdisch beeinflußt sind, wird vergessen. Es gibt keine bequemere, aber auch keine unfruchtbarere politische Grundformel als den Antisemitismus. Man sieht das am Schicksal der verschiedenen antisemitischen Gruppen. Keine einzige große politische Frage kann vom antisemitischen Standpunkt aus grundsätzlich erledigt werden. Der Antisemit kann für und gegen Flotte, für und gegen Zölle, für und gegen Reichstagswahlrecht sein. Er hat in sich keinen politischen Halt. Deshalb werden die Leute, die ihm zuerst brausend zujubeln, so schnell seiner müde. Selbst antisemitische Führer warnen davor, den Antisemitismus allzusehr in die Mitte zu stellen. Agitation, aber keine Politik! Alle Fragen werden zu persönlichen Zänkereien herabgewürdigt. Und dabei hat der Antisemitismus die deutsche Treue und Biederkeit stets besonders reichlich im Munde! Seine wirkliche Leistung aber kommt im Laufe der Jahre voraussichtlich den Demokraten zugute. Der Antisemitismus ist nämlich unter allen Umständen ein „Element der Dekomposition" im konservativen Lager. Die meisten Staatsbürger, die er von den Konservativen abgespalten hat, werden später, wenn der antisemitische Rausch vorbei ist, nicht wieder konservativ, sondern fallen früher oder später als Mitläufer der Sozialdemokratie zu.

Es ist vielerlei Volks, das zur konservativen Politik gehört. Die Großgrundbesitzer haben es verstanden, sich mit Gefolge zu umgeben, weit besser verstanden, als die industriellen Unternehmer. Die Wählerzahlen sind folgende:

	1898	1903
Deutschkonservativ	859 222	948 448
Freikonservativ	343 642	333 404
Bund der Landwirte	110 389	118 759
Antisemiten	284 250	244 543

Keine Partei aber hängt in ihrer Gesamtwirkung weniger von der Wählerziffer ab als die konservative. Sie arbeitet indirekt. Nach allen Seiten sucht sie Angliederungen zu vollziehen. Ihre Wirkungen reichen sogar bis weit in das industrielle Gebiet hinüber, und vielfach sind es die allerobersten Kapitalisten, die den Gipfel der Vornehmheit damit erklimmen, daß sie „freikonservativ" werden. Im Freikonservativen eint sich Fabrik und Kuhstall, beide aber müssen dort von einem gewissen goldenen Hauch umgeben sein. Daß aber die Konservativen in solcher Weise eine Form haben, in der sie sich selbst der industriellen Oberschicht bemächtigen, ist für sie selbst von allerhöchstem Werte und für die Volksentwickelung im ganzen von verhängnisvoller Wirkung, denn so wird der im konservativen Wesen liegende Anti-Industrialismus verschleiert.

Dieser Anti-Industrialismus ist stets bei allen konservativen Gruppen vorhanden, wird aber nur auf den Unterstufen offen zugegeben. Die konservative Oberstufe vermeidet aus politischer Erfahrenheit diesen Gegensatz in seiner reinen Schärfe zu formulieren. Ihr gewöhnlicher Plan ist der: man muß möglichst viel Unfriede zwischen der industriellen Oberschicht und Unterschicht säen, indem man mit den Unternehmern zusammen die Arbeiter politisch drückt. Auf diese Weise verhindert man die Einheit der Gegenseite und nötigt die Unternehmer in Zollfragen Konzessionen zu machen und den politischen Vorrang den Konservativen zu überlassen. Diesen Plan hat die agrarische Aristokratie mit seltenen Unterbrechungen und mit auffallend viel Erfolg durchgeführt. Das industrielle Unternehmertum hat sich politisch ins Schlepptau nehmen lassen und wird schwer darum kämpfen müssen, frei zu werden. Kanalvorlage und Handelsverträge sind aber unverkennbare Anzeichen, daß diese konservative Methode eine Grenze hat. Es muß irgendwann die Auseinandersetzung zwischen der alten und neuen Aristokratie kommen, und für diese Auseinandersetzung hat man bereits versucht, sich mit der industriellen Unterschicht ins Einvernehmen zu setzen. Der Versuch hieß: *konservativer Sozialismus.*

Der konservative Sozialismus beruht auf der tiefen, nur aus taktischen Gründen meist verschleierten Gegnerschaft des agrarischen Adels gegen den modernen Kapitalismus. Da die Arbeiterklasse den Kapitalismus auch ihrerseits bekämpft, so ist es scheinbar möglich, unter der Formel des *Antikapitalismus* Agrarier und Proletarier zu vereinigen. Man übersieht dabei den sehr wesentlichen Umstand, daß der Proletarier den Kapitalismus nur insofern bekämpft, als er von ihm erhöhten Nutzen, ja, wenn möglich, seine Leitung gewinnen will, daß aber der Agrarier gegen das kapitalistische Prinzip als solches streitet. Immerhin ist zuzugeben, daß es geschichtliche Lagen geben kann, in denen die zwei verschiedenen Formen des Antikapitalismus gemeinsam arbeiten können. Eine solche Lage schien beim Beginn der deutschen liberalen Wirtschaftsperiode vorhanden. Die Arbeiterbewegung war noch zu unentwickelt, um als Vertreterin eines prinzipiellen Industrialismus Besorgnis einflößen zu können. Was man besorgte, war ihr politisch revolutionäres Auftreten. Aller konservative Gegensatz war gegen das Manchestertum gerichtet, diese erste, wesentlich auflösende Gestaltung liberaler Wirtschaftspolitik. Man verwechselte Kapitalismus und Manchestertum und hoffte, die Arbeiter durch Unterstützung ihrer Forderungen als antimanchesterliche Hilfstruppe verwerten zu können. Zugleich empfahl sich diese Unterstützung aus allgemeinen Staatsgesichtspunkten für Beamte und Vertreter der Wissenschaft. Aus den Kreisen der letzteren stammt die weitere Durcharbeitung der ganzen Idee des konservativen Sozialismus. Es waren meist Schüler des bekannten Volkswirtschaftlers Lorenz von Stein, bereichert durch Ideen von Rodbertus, die in diese Bahnen einmündeten: Adolf Wagener, von Scheel, Jannasch, Hildebrand. Innerhalb der konservativen Kreise waren Rudolf Meyer und Geheimrat Wagner die Hauptvertreter dieser Richtung. Politisch aber hat sie nur eine, allerdings sehr bedeutende, Agitationskraft gefunden in **Hofprediger Stöcker.** Heute, wo die konservative Partei Stöcker fallen gelassen hat, kann der ganze seiner Arbeit zugrunde liegende Gedanke als vorläufig erledigt angesehen werden, es bleibt aber doch wahr, was von hoher Stelle aus bei einer Jagdgelegenheit zu konservativen Herren gesprochen worden sein soll: „Er ist ja klüger als ihr alle!"

Stöcker ist in der konservativen Partei gefallen, als diese sich unter Bismarckschem Druck zum Kartell mit der industriellen Aristokratie entschloß. Der Kartellgedanke ist das Gegenstück seiner Auffassung innerhalb des konservativen Denkens. Um eine schutzzöllnerische Majorität zu haben, gab man die Idee der Arbeitergewinnung auf. Man war bereit, sozialpolitische Kassen mit zu beschließen, weil Bismarck dies wollte, aber man wollte keine soziale „Demagogie", kein Eintreten eines selbsttätigen Industriearbeiterstandes in die konservativen Reihen. Stöcker hat in verzweifelt schwerer Lage „wie ein Löwe gekämpft". Ohne den Hintergrund der Zustimmung der agrarischen Aristokratie ist aber konservative Sozialreform unmöglich.

Auf lange Zeit hinaus ist die Möglichkeit der Wiederholung des Stöckerschen Gedankens ausgeschlossen. Jetzt kommt erst eine Periode gesteigerten konservativen Gegensatzes gegen alles, was demokratisch und sozial ist, ein mit Händen und Füßen geführter Kampf für die alte Herrschaft. In diesem Kampfe werden trotz aller Gegensätze Industriearistokratie und Industrieproletariat gemeinsam gegen das Agrariertum stehen. Die Entscheidung für Deutschlands industrielle Gesamtentwickelung muß herbeigeführt werden. Solange der Kampf um diese Entscheidung währt, muß die konservative Politik immer reaktionärer werden, um alles zu hemmen und zu binden, was das neue Deutschland an Stelle des alten setzen will. Erst dann, wenn die Entscheidung gefallen ist, wenn unsere Welthandelspolitik gesiegt hat, dann wird der nicht unbeträchtliche Rest alter Aristokratie in die Lage kommen, in der jetzt die Torys in England sind, sie werden den inzwischen mächtiger, stelbständiger und zahlreicher gewordenen Arbeiter von neuem zum Bündnis gegen die inzwischen übermächtig gewordene industrielle und finanzielle Aristokratie einladen. Dann aber handelt es sich nicht mehr um das Einbeziehen der Arbeiter in den konservativen Heerbann, sondern um ein Kartell gleichstehender Größen im gemeinsamen Kampf gegen eine dritte. Von dieser Möglichkeit sind wir aber in Deutschland soweit entfernt, daß es jetzt gar keine andere Auffassung geben kann, als die der *absoluten politischen Feindschaft zwischen Demokratie und Konservatismus*.

Wenn also der konservative Sozialismus Stöckers auch nicht zur Entfaltung kommen konnte, da er zu einer geschichtlich ungeeigneten Zeit auftrat, so hat er der weiteren Entwickelung doch insofern wesentliche Dienste geleistet, als durch den Verlauf der Stöckerschen Agitation die Möglichkeit, staatserhaltende Politik und religiöse Gesinnung mit Arbeiterfreundlichkeit zu verbinden, weiten Kreisen klar geworden ist. Der Verfasser dieses Buches ist bei weitem nicht der einzige, für den Stöcker den Weg zum freiheitlichen, vaterländischen Sozialismus frei gemacht hat. In einem Punkt trennte sich Stöckers und unsere Arbeit: er blieb konservativ, wir wurden antikonservativ und werden und müssen es bleiben in der sicheren Erkenntnis, daß es für die Gesamtzukunft des Vaterlandes und für die Zukunft der Arbeiterbewegung im speziellen nichts Schwereres, aber auch Nötigeres und Wichtigeres gibt, als den Bruch der Vorherrschaft der alten Herrenschicht im preußischen Osten.

III. Die industrielle Aristokratie.

Der Ausdruck „industrielle Aristokratie" ist für das, wovon wir jetzt reden wollen, etwas zu eng, aber er ist doch besser als der andere „kapitalistische Aristokratie", da er genauer das Entstehungsgebiet der neuen aristokratischen Gesellschaft bezeichnet. Einzelne Kapitalisten, Armeelieferanten, Staatsbankiers, Verkehrsunternehmer usw., die geadelt und damit aristokratisch gemacht wurden, hat es immer gegeben, sie aber bilden keine neue Aristokratie, sondern nur eine bisweilen fragwürdige Bereicherung der alten. Auch hatte schon das Bürgertum der vergangenen Jahrhunderte seine patrizischen Geschlechter, edlen Häuser u. dgl., aber auch diese Adelselemente der älteren Stadtkultur waren nicht stark genug, dem Agraradel eine gleich starke Kraft entgegenzusetzen. Erst mit der modernen Industrie stieg ein neues, in sich einheitliches Herrenvolk herauf: **das Großunternehmertum.** Es bildet den Kern einer neuen wirtschaftspolitischen Volksgestaltung, an den sich finanzielle, kommerzielle, technische Größen anschließen. Ein neues Macht- und Willenszentrum ist vorhanden, teilweis noch unverstanden, politisch noch unbeholfen, aber von großer Entwickelungsfähigkeit und Zukunft.

Wenn man die agrarische Aristokratie sehen will, dann muß man pommersche Rittergüter und Schlösser betrachten, wenn man aber einen Eindruck der neuen Aristokratie haben will, muß man nach dem rheinisch-westfälischen Industriebezirk gehen. Dort ist der Typus des industriellen Herrschertums am reinsten ausgeprägt. Zwischen hohen Essen, Schienen, Walzwerken thronen die Eisenfürsten, die geborenen Führer der neuen Wirtschaftsentwickelung. Um sie herum gruppieren sich die Inhaber der Kohlenwerke, der chemischen Fabriken, der größeren Textiletablissements, der Seehandelsgesellschaften, Werften und Banken. Stufenweise folgen Inhaber von Baufabriken, Leiter der Konfektionsindustrie, Porzellanfabrikanten, Großbrauer, Papierfabrikanten usw. Es gibt kein Heroldsamt, das diese Aristokratie einträgt, und keinen gothaischen Kalender für Industrieprinzen, aber das Volksleben als Ganzes fühlt die neue Erscheinung, und Namen wie Krupp, Stumm, Heyl, Siegle, Vorster, Voß, Siemens sind nur einzelne aus einer langen Reihe. Die Statistik kann selbstverständlich auf diesem Gebiete nur ganz allgemeine Anhaltspunkte geben. Im Jahre 1895 wurden im deutschen Gewerbe 17 941 Betriebe mit mehr als 50 Arbeitskräften gezählt. Rechnet man die Inhaber solcher Betriebe im allgemeinen zur industriellen Aristokratie im weitesten Sinne, und rechnet man die Handelsaristokratie hinzu, so muß man schon heute die Kopfzahl der neuen Oberschicht der der alten gleichstellen. Finanziell, wirtschaftlich bedeutet schon jetzt diese neue Oberschicht mehr als die alte, und, was die Hauptsache ist: sie wächst täglich. Politisch bedeutet sie noch weniger, weit weniger als die alte, aber das wird sich voraussichtlich ändern.

Bei der Berufszählung von 1895, der letzten, die wir bis jetzt haben, fanden sich Großbetriebe im genannten Umfang und darüber in einigen hervorragenden Erwerbszweigen in folgenden Zahlen:

Baugewerbe	5 298	
Textilindustrie	5 260	
Industrie der Steine und Erden	1 930	
„ „ Nahrungs- und Genußmittel	1 856	
„ „ Maschinen und Instrumente	1 628	}
„ „ Metallverarbeitung	1 422	} 4 214
Bergbau, Hütten- und Salinenwesen	1 164	}

Die ungeheure Steigerung der Mittel des Unternehmertums läßt sich ahnen, wenn man die Wertstatistik der Produktion einiger montanen Industriegebiete sich vorführt. Die Ziffern bedeuten Millionen Mark:

	1888	1893	1897	1899	1901	1902
Steinkohlen	341	498	648	789	1015	951
Braunkohlen	41	55	66	78	110	103
Kalisalze	15	21	26	32	43	40
Eisenerze . .	40	40	60	70	72	66
Roheisen im Hüttenbetrieb .	191	216	350	456	492	456
	628	830	1150	1425	1732	1616

Wenn eine so kurze Spanne Zeit genügt hat, um derartige Wertsteigerungen des Umsatzes hervorzurufen, so ergibt sich, wieviel Zuwachs an volkswirtschaftlicher Macht in wenigen Jahrzehnten im Gebiet des großindustriellen Unternehmertums sich anhäuft. Selbst die Wirtschaftskrisis bringt nur verhältnismäßig geringe Senkung. Inzwischen ist der kleine Niedergang längst wieder ausgeglichen. Es häuft sich in den Großstädten und Industriebezirken ein Vermögen, das allen Besitz der Agraraaristokratie in den Schatten stellt. Das in Preußen der Ergänzungssteuer unterworfene Vermögen wuchs in den Städten zwischen 1895 und 1902 um nicht weniger als um mehr als 9 Milliarden Mark, auf dem Lande um $2^1/_2$ Milliarde. Die Gesamtsumme dieses Vermögens ist in den Städten 47 581 Millionen Mark, auf dem Lande 28 076 Millionen Mark, wobei zu bedenken ist, daß viel mehr industrielles Vermögen auf dem Lande als agrarisches Vermögen in der Stadt versteuert wird. Während das Vermögen der vier Provinzen Ostpreußen, Westpreußen, Pommern und Posen zusammen nur 3795 Millionen ausmacht, hat allein der Regierungsbezirk Düsseldorf 5298 Millionen und der Regierungsbezirk Wiesbaden 5128 Millionen Mark. Dieses Vermögen hat den mammonistischen Trieb, sich vermehren zu wollen. Dazu braucht es immer neue Anlagen, und zwar Industrie-Anlagen, Hypotheken-Anlagen, Staatsschulden im Inland und Ausland. Es verlangt nach Gründungen, Bauten, Maschinen, Schiffen, Plantagen, nach immer neuen Formen von Geschäften. Wenn irgendwo und irgendwie der Schlaf über ein Wirtschaftsgebiet sich legen will, da genügt das eine Wort „Geld“, um es zu wecken, alle Berge müssen ihre Schätze hergeben, alles Ausland muß Tribut zahlen, Millionen Arbeiter müssen früh aufstehen und lange

Stunden arbeiten, endlose Güterzüge müssen fahren, Polen werden zu Hunderttausenden nach Westfalen verfrachtet, neue Bedarfsartikel kommen auf, neue Städte entstehen, alles, weil das Kapital der neuen Aristokratie wachsen will. Der Kapitalismus ist mit Gewalt gekommen, später als nach Frankreich und England, aber stürmischer. Vom deutsch-französischen Kriege an, vom Milliardensegen her, begann das arme Deutschland reich zu werden. Heute schon sagt man, es sei reicher als Frankreich, und wenn es bis jetzt noch nicht reicher ist, so werden weitere zehn Jahre genügen, es dazu zu machen. Einst gab es Schlösser nur in den Residenzen und auf Rittergütern, jetzt ist jede große Stadt von einem Gewinde feiner Villen umgeben, deren beste unsere Vorfahren Schlösser genannt haben würden. Vor einem Menschenalter reiste der Engländer allein in sonnige Fernen, jetzt gibt es kein Klima, wo nicht deutsches Geld zu klirren beginnt. Der industrielle und kommerzielle Gewinn schafft Menschen, die als Motto haben „leben und leben lassen", fleißig und sparsam, rastlos im Geschäft, behaglich und opulent zu Hause, nur aber selten geneigt, das „leben lassen" weit über sich und ihre nächste Sphäre auszudehnen.

Als die neue Aristokratie aufkam, hatte sie den Trieb der Nachahmung alter Vornehmheit, überhaupt das Anschlußbedürfnis an die bestehende agrarische Aristokratie. Man wollte gern Freiherr werden, bei der Garde dienen und schnarren können wie ein Leutnant. Es gibt noch jetzt sehr bekannte Beispiele dieser Art, bei denen allerdings oft mehr der Wunsch anzuerkennen ist als das Können. Nicht jeder Hammerschmied wird in zwei Generationen ein wirklicher Aristokrat, selbst wenn er sich duellieren will. Aber diese erste nachahmende Form der neuen Aristokratie geht überhaupt zu Ende und macht einer Generation Platz, in der man sich lieber Herr Kommerzienrat nennen läßt als Herr Baron. An vielen kleinen und großen Zeichen erkennt man, daß sich in der neuen Herrschaftswelt ein eigener sozialer Geist bildet, ein gewerblicher Stolz, der sich in seiner Weise über den Getreideproduzentenstolz erhebt. Diese gesellschaftliche Umbildung wird politisch von weitgehenden Folgen sein.

Aus der gesellschaftlichen Spannung zwischen alter und neuer Aristokratie erwächst in der letzteren das Gefühl, sich an die Stelle der ersteren setzen zu wollen. Damit beginnt der politische Instinkt der neuen Klasse, der bis jetzt schwach ist. Bis jetzt beherrschte das Geschäft als Geschäft das Denken. Nun aber zeigt es sich, wie sehr das Geschäft mit allen möglichen politischen Verhältnissen zusammenhängt. Durch die weitverzweigte geschäftliche Syndikatsbildung, durch Handelskammern, Kommunalangelegenheiten, Steuer- und Exporterlebnisse wird der Sinn für Klasseninteressen geschärft. Die starke Geschlossenheit der Arbeiterbewegung tut das ihrige dazu, die Arbeitgeber zusammenzupressen. Selbst direkte Konkurrenten entdecken zahlreiche gemeinsame Interessen und bekommen Augen für das, was man kann, wenn man gemeinsam will.

In der Sozialdemokratie beurteilt man diese Dinge vielfach falsch. Man hat sich durch die Darstellung des kommunistischen Manifestes verleiten lassen, den industriellen Kapitalismus als längst fertig und bereits wieder absteigend und zerfallend anzusehen. Man hielt die bürgerliche Bewegung von 1848 für den einzigen politischen Akt der bürgerlichen Klasse. Dieser Irrtum verdirbt die ganze bisherige demokratische Politik. Im Jahre 1848 gab es nur erst ein erstes Stammeln des neudeutschen Bürgertums. Wer sandte denn die Advokaten und Professoren nach Frankfurt? Waren es nicht viel mehr demokratische Handwerker als Unternehmer im heutigen Sinn? Der bürgerliche Liberalismus von damals besaß noch keine tragfähige Schicht. Daher konnte er auch die Erfolge, die ihm die politische Lage gewährte, nur dürftig ausnutzen. Er zerbrach, als Bismarck ihn in die Hand nahm. Ohne festes einheitliches Gefühl für Machtfragen, versagte er gegenüber der Militärforderung Wilhelms I., spaltete sich an der Indemnitätsvorlage, konnte die liberale Reichstagsmajorität nicht festhalten, nachdem er einen Teil seiner Wünsche erfüllt hatte, und vergeudete seine Kraft in Streitereien zwischen militärischem und unmilitärischem Flügel. Während die wirtschaftliche Bedeutung der neuen Großbürgerklasse im neuen Reiche wuchs, war alle Politik im Grunde noch konservativ. Solange die Großgrundbesitzer Freihändler waren, hatte Deutschland Freihandel und beseitigte selbst die damals nötigen Eisenzölle. Als die Großgrundbesitzer Schutzzoll wollten, mußte die Industrie mitgehen. Alle wesentlichen Beamtenstellen blieben konservativ. Der Handel und die Industrie seufzten über eine Bureaukratie, die von ihrem Leben und Wollen so wenig verstand, aber es fehlte viel, daß sie sich sagte: wir müssen unsere Söhne in die Verwaltungsstellen und Ministerien bringen, damit unsere Industrie wachsen, blühen und Zins tragen kann!

Erst mit der Regierungszeit Kaiser Wilhelms II. fing die neue Aristokratie an, sich ihrer politischen Aufgabe stärker bewußt zu werden. Flotte, Handelsverträge, Kanal sind Ausdrücke ihres wirtschaftlichen Wollens. Wir werden später zeigen, wie sehr der Kaiser großindustriell denkt. Er weckte die Möglichkeit, daß im Deutschen Reich ein industrielles Regiment sein könnte. Von jetzt ab muß mit dem Eintreten des neuen Elementes in die Staatsleitung wie mit einer kommenden Tatsache gerechnet werden. Wir müssen deshalb untersuchen, welche politischen Wirkungen dieser Umschwung haben kann.

Das natürliche Ideal der Grundbesitzer ist der geschlossene Handelsstaat, in dem es keine anderen „Brotherren" gibt als sie. Wer das Brot in der Hand hat, beherrscht das Volk. Brot ist Leben. Macht alle Grenzen zu, haltet alle Weltwirtschaft ab, und ihr werdet sehen, daß man hungernd vor denen kniet, die volle Scheunen haben! In früheren Jahrhunderten hat man in Jahren schlechter Ernten diesen Zustand buchstäblich gehabt. Joseph in Ägypten ist und bleibt der Urtypus des Agrarpolitikers, der Getreide sammelt, um Volksfreiheit anzukaufen. Den Trieb zum geschlossenen Handelsstaat nennt man heute auf konservativer Seite „nationale Volkswirtschaft". In Wirklichkeit ist es völlig unnational, absichtliche Brotverteuerung zu treiben. Der Landmann soll leben und arbeiten können, aber eine Garantie für Bodenrente braucht die Gesamtheit nicht zu übernehmen. Was heute auf der Landwirtschaft lastet, sind die Güterpreise und Hypotheken. Dort ist einzusetzen, aber niemals kann das deutsche Volk sich dem Ideal des geschlossenen Handelsstaates wieder nähern. Es muß, wenn es leben will, in die Weltwirtschaft hineinwachsen.

Was ist Weltwirtschaft? Man versteht darunter die Arbeitsteilung der Menschheit als Ganzes. Kein Volk kann mehr für alle seine Bedürfnisse selber sorgen, sondern schafft diejenigen Stoffe und Waren, die gerade seiner Anlage und der Natur seines Landes angepaßt sind. Überall bilden sich Spezialitäten aus. Ein Volk arbeitet Weizen, Mais, Reis, ein anderes Vieh, Holz, Obst, ein anderes Tabak, Baumwolle, Kaffee, ein anderes Kohle, Eisen, Maschinen, ein anderes Öl, Chemikalien, Dünger, ein anderes Literatur, Kunst, Papier. Natürlich entwickelt sich die Sache nicht so schematisch, wie sie hier ausgesprochen wird. Immer wird Mischung der Produktion bleiben, nur ist darauf Bedacht zu nehmen, daß wir für die Weltwirtschaft das arbeiten, was wir am besten leisten können. Wenn wir uns plagen wollten, Schafwolle aus einem Boden zu erzeugen, der mit Rübenzucker weit besser rentiert, so würden wir unklug handeln. Wir führen Zucker aus (aber ohne Prämie!) und führen Wolle ein. Natürlich dürfen wir dabei kein Stück deutschen produktiven Bodens völlig preisgeben. Wo kein Hafer gedeiht, können Kiefern wachsen. Unsere Kraft, unser Kapital, unsere Arbeit müssen wir aber in die Arbeitszweige stecken, in denen die Deutschen mehr gewinnen können als andere. Ausnutzung der nationalen Produktivkräfte in jeder Richtung ist die Losung! Wer dies in die richtigen Wege leitet, der wird „Brotgeber" und „Brotherr". Das ist die Leistung der neuen Aristokratie.

Diese Leistung wird von der finanziellen und industriellen Aristokratie keineswegs mustergültig und vollkommen vollzogen, aber es ist außer ihr niemand da, der sie überhaupt in die Hand nehmen könnte. Unsere Produktionsleitung ist, wie man sich auf sozialdemokratischer Seite ausdrückt, von Haus aus anarchisch, d. h. es fehlt ihr bewußter Plan und weitblickende Zentralisation. Der einzelne Privatunternehmer arbeitet nicht nach volkswirtschaftlichen Gesichtspunkten, sondern nur nach Profit. Ob er unsere Volkswirtschaft dabei in eine Richtung treibt, die sie nicht verfolgen kann, ob er Produktionen einführt, die anderswo in der Welt einen viel besseren natürlichen Standort haben, kümmert ihn nicht. Er denkt privatkapitalistisch an sich. Aus dieser „Anarchie der Produktion" ergeben sich offenbare Mißstände, wie z. B. die Einrichtung ganzer Gegenden für gewisse Textilbranchen, in denen schließlich doch der Hindu oder Chinese billiger produziert. Unser im ganzen so blühendes Wirtschaftsleben ist im einzelnen doch voll von falschen Ansätzen. Wir haben in der Seidenbranche mehr versucht, als unser Klima gewähren kann, haben uns in einem Umfang auf Baumwollenverarbeitung geworfen, der unserer geographischen Entfernung vom Entstehungsort der Baumwolle schwerlich entspricht, wollten sogar Rosenöl erzeugen u. dergl. In allen solchen Fällen gilt auch von den Industriefürsten das alte Wort: quidquid delirant reges, plectuntur Achivi, das Volk muß die Irrtümer seiner Führer mit zeitweiliger Arbeitslosigkeit, Mangel und Tuberkulose bezahlen. Wenn deshalb der Sozialist bessere Regelung der Produktion fordert, ist er theoretisch im Recht, nur kann weder der Staat, das ist der Beamtenapparat, noch die Vereinigung der Arbeiter bei heutiger Lage der Sache für die Leitung der Produktion in Betracht kommen. Beide können mehr als bisher helfen, daß Mißgriffe vermieden werden, aber **die Wirtschaftsleitung selbst gehört nun einmal dem kapitalistischen Unternehmertum. Kein noch so berechtigter Groll gegen ihre Art der Herrschaftsführung kann an dieser volkswirtschaftlichen Tatsache etwas ändern.** Die Aufgabe der Demokratie kann nur sein, innerhalb dieses noch aufwärtssteigenden Systems Vorteile zu gewinnen. Nie ist es für eine Herrscherschicht gut, wenn sie unkontrolliert und ungehindert ihren selbstischen Interessen folgen kann, am wenigsten gut aber bei einer rein geldwirtschaftlichen Leitung, die Arbeit als Ware behandelt und ungebrauchte Arbeiter wegwirft wie ausgepreßte Zitronen.

Je stärker die neue Aristokratie wird, desto mehr wird sie versuchen müssen, die Staatsgewalt ihren volkswirtschaftlichen Zwecken dienstbar zu machen, und zwar sowohl die äußere Politik wie die innere. Die äußere Politik wird unter dem Einfluß dieser Klasse zur Handels- und Weltmachtpolitik, die Zollpolitik zum System von Handelsverträgen; die Verkehrspolitik dient dem höchst gesteigerten Güter- und Menschentransport, die Goldwährung gibt feste Weltmarktpreise. Im Innern ist diese Politik gegen die Agrarier gerichtet, weil diese ein anderes Wirtschafts- und Handelssystem wünschen, und gegen die Arbeiter, weil diese einen höheren Anteil am Gewinn verlangen. Am liebsten würde das Unternehmertum absolutistisch regieren, wie es die Handelsaristokratien Venedigs und Genuas im ausgehenden Mittelalter taten. Ebenso wie jede andere mächtige Klasse hat es den Traum der Alleinherrschaft: wir sind der Staat! Es stößt aber in der Wirklichkeit an die übrigen Mächte an, an Konservatismus und Demokratie.

Politisch ist das Großunternehmertum vertreten in einem Teil der freikonservativen, der nationalliberalen und der freisinnigen Partei. Nirgends aber ist es parteipolitisch klar organisiert. Das entspricht einem sehr beachtenswerten Grunde: die neue Aristokratie wird stets parteipolitisch schwach bleiben. Weder beim allgemeinen Wahlrecht, noch beim Dreiklassenrecht kann sie in ähnlicher Weise parteibildend wirken wie die Agrararistokratie, denn sie hat nicht die Möglichkeit, so viele Hilfstruppen an sich zu gliedern wie diese. Das Unternehmertum ist eine wirtschaftlich überaus mächtige, aber ziffernmäßig überaus dünne obere Rinde über dem neuen industriellen Massenvolk. Nie wird es ihm gelingen, den städtischen Mittelstand und gewerblichen Arbeiterstand in entsprechender Weise an sich zu fesseln, da einesteils diese Bevölkerungsmassen viel zu demokratisch selbständig sind, um auf demokratische Prinzipien zu verzichten, und da anderenteils das politisch-taktische Geschick der neuen Herren noch auffällig unentwickelt ist. Sie arbeiten auch in der Politik wie im Handel von Fall zu Fall, verärgern ohne zwingende Not die Arbeiter, den Mittelstand, die Bildungsvertreter, wissen nicht, daß man nur herrschen kann, wenn man Konzessionen macht, und haben kein anerzogenes sicheres Gefühl für politischen Takt.

Man sehe einmal, wie wenige industrielle Großunternehmer im Reichstag sitzen! Wenn sie aber darin sind, sind sie entweder auf den Bund der Landwirte oder auf die Sozialdemokratie angewiesen. Krupp in Essen wurde seinerzeit nur mit sozialdemokratischer Hilfe gewählt, Stumm in Ottweiler-St. Wendel nur durch die Meisenheimer Bauern, und Freiherr von Heyl braucht Agrarier und Mittelstand, um politisch hervortreten zu können. Diese Fälle sind typisch. Das Großunternehmertum ist parlamentarisch unselbständig und muß entweder nach rechts oder nach links Kompromisse machen. Bis jetzt band es sich nach rechts. Diese Bindung aber kann lockerer werden, wenn der Gegensatz der industriellen und agrarischen Wirtschaftspolitik brennend wird. **Das Großunternehmertum legt sich die Frage vor: was ist für uns teurer, Kompromiß mit den Konservativen oder mit den Demokraten? An der Beantwortung dieser Frage entscheidet sich die politische Zukunft Deutschlands.**

Um diese Frage in ihrer ganzen Tiefe zu verstehen, ist es nötig, noch etwas näher auf die Zusammensetzung der industriellen Oberschicht einzugehen. Es gibt nämlich in ihr einen Teil, der leichter mit den Agrariern, und einen anderen, der leichter mit der Demokratie gehen kann. Beide Teile sind nicht scharf voneinander geschieden, da der gemeinsame Unternehmerberuf sie eint. Wir beschreiben beide Teile in ihrer einfachsten Grundform:

1. Die Industrie der Rohstoffe und Halbfabrikate (Bergwerk, Hüttenbetrieb, Walzwerk, Spinnerei) entwickelt sich zu einer Art neuer Feudalherrschaft. Sie verbindet sich mit Hilfe der Zölle zu Kartellen, die als Erhöhung der Erträgnisse nach innen und als Erhöhung der Preise nach außen wirken. Von ihrer Arbeiterschaft fordert sie Disziplin, Körperkraft, Arbeitswilligkeit und im allgemeinen nur ein geringes Durchschnittsmaß von Bildung. Die Zahl höher gebildeter Arbeiter bleibt hier immer klein. In dieser Gruppe sind die Herrschaftstriebe am vollkommensten entwickelt, und sie hat bis heute durchaus die Führung der Industrie. Im Mittelpunkt steht das Kohlensyndikat, das mit seinen Quantitäts- und Preisbestimmungen die tatsächliche Führung der schweren Industrie besitzt. Von dieser Gruppe aus entstehen die zwei parallelen Bestrebungen: das Kartell der Kartelle und der allgemeine deutsche Arbeitgeberverband.

2. Die Industrie der Fertigfabrikation (Maschinenbau, Weberei, Strumpfwirkerei, Möbel, Luxusfabrikation und vieles andere) besteht meist aus weniger großen Betrieben, ist nicht leicht imstande sich zu kartellieren und beansprucht im Durchschnitt höher gebildete Arbeiter. Je mehr sich die Industrie auf Qualitätsware verlegt, desto stärker wird dieses Bedürfnis. Diese Gruppe leidet unter den Preiserhöhungen, die das Zoll- und Kartellsystem mit sich bringt, weiß aber die Wirkungen des Druckes, der von dieser Seite kommt, nicht anders zu ertragen, als indem sie nun auch ihrerseits Zölle fordert. Ohne den Hintergrund der verteuerten Halbfabrikate würde diese Gruppe freihändlerisch sein. Sie gehört ihrem Wesen nach zur politischen Linken, ist aber bis jetzt noch kaum organisiert und läßt sich deshalb von der stärkeren ersten Gruppe führen.

Im Gegensatz dieser zwei Gruppen sind zwei verschiedene Arten industrieller Kultur verborgen, die sich ähnlich unterscheiden wie Rittergut und Bauerntum auf dem Agrargebiet. Wenn die erste und jetzt stärkere Gruppe dauernd die Führung behält, dann bedeutet der Industrialismus eine neue Form der Knechtschaft der Masse. **Nur bei Überwiegen der Qualitätsindustrien steigt mit der Industrie das Menschentum.** Es müssen daher alle Kreise, die von Kulturzielen erfüllt sind, die Stärkung der zweiten Gruppe zu fördern versuchen. Da einmal Deutschland gewerblich werden muß, so hängt Charakter und Seele des Deutschtums von der Art der Gewerbe ab, die den Ausschlag geben.

Nach heutiger Sachlage muß man zunächst auf den weiteren Aufstieg der ersten Gruppe rechnen. Sie ist voller Tätigkeitsdrang, voller Mittel und ist, weil sie als Aristokratie stärker ist, auch politisch stärker. Die wachsende Übergewalt dieser kartellierten schweren Industrie wird ein Hauptmerkmal der Periode sein, der wir entgegengehen. Trotzdem aber glauben wir nicht an den endgültigen Sieg dieser Macht, denn die Lage der Wirtschaftsverhältnisse zwingt uns in die andere Richtung hinein. Deutschland ist kein Land von so reichen und vielfältigen Naturschätzen, daß es mit Rohprodukten und Halbfabrikaten dauernd die Menge seiner Bevölkerung ernähren könnte. Die neuen Millionen von Arbeitskräften werden von selbst zur Stärkung der zweiten Gruppe führen. Dieser Entwickelungsgang ist durch die festorganisierte Herrschaft der schweren Industrien verlangsamt und erschwert, aber es ist anzunehmen, daß mit dem wachsenden Übergewicht der Kartelle gleichzeitig die Gegenkräfte wachsen werden, und zwar:

a) Die zweite Industriegruppe empfindet je länger desto mehr den Druck der hohen Preise als unerträglich, da sie bei wachsender Volkszahl immer mehr auf Arbeit für das Ausland angewiesen sein wird, weil ja die Ernährung immer mehr vom Ausland beschafft werden muß. Infolgedessen wird sich in der Qualitätsindustrie eine Gegnerschaft gegen die zentralisierte Rohstoffindustrie entwickeln, die bereit ist, jeden Bundesgenossen anzunehmen, der ihr hilft, zu Weltmarktpreisen verkaufen zu können.

b) Die Staatsverwaltung, die heute vielfach mit der herrschenden Industriegruppe verbunden auftritt, wird in steigendem Maße die Nebenregierung der vereinigten Kartelle als Gefahr ihrer eigenen Macht und Wirksamkeit empfinden und wird für den Gedanken der Verstaatlichung des Zentralmittels aller Industrien, der Kohle, zugänglicher werden, je mehr auch sie als Inhaberin der großen Verkehrseinrichtungen vom Kartell gedrückt wird. Auch wird sie sich der Sorge um die Volkszukunft im ganzen unter Kartellherrschaft nicht entziehen können.

c) Die agrarische Aristokratie und das wirtschaftspolitisch mit ihr verwandte Zentrum werden nicht für immer einen Gegenseitigkeitsvertrag mit der Kartellindustrie aufrecht halten wollen, der diese offenbar mehr stärkt als sie. Es sind Reibungen vorauszusehen, die den Bund von Kohle, Eisen und Getreide lockern. Schon jetzt ist der Bund der Landwirte für Kohlenverstaatlichung.

d) Die Arbeiterschaft wird in ihrer Gesamtheit eine freihändlerische auf Förderung der Qualitätsindustrien gerichtete Politik fortsetzen und deshalb sich der zweiten Gruppe von Unternehmern in dem Maße nähern, als diese erstarkt und sich von der Bevormundung der ersten Gruppe frei macht.

Alles das kann nicht mit Sicherheit vorhergesagt werden, sicher ist nur, daß der vollendete Sieg der Rohstoffindustrien gleichzeitig das Ende der Demokratie in Deutschland bedeuten würde, und daß deshalb alle demokratischen Kräfte an der **Umgrenzung der Übermacht der Kartelle** arbeiten müssen. In welcher Richtung das geschehen kann, zeigen die vom nationalsozialen Parteitag in Hannover 1902 angenommenen Leitsätze, deren Entwurf von Dr. Alfred Weber stammt:

Zur Verhütung einer Ausbeutung des Inlandsmarktes und einer Schädigung der weiterverarbeitenden Industrie durch die Preispolitik der Kartelle ist zu fordern:

1. Die Einführung einer möglichst weitgehenden Publizität der Kartellgebahrung (Kartellregister, Publikation der Kartellbeschlüsse und der Kartellpreise usw.). Es ist prinzipiell ein ebenso weitgehendes Kontroll- und Aufsichtsrecht des Staates gegenüber Kartellen wie gegenüber anderen monopolartigen Instituten (Eisenbahnen) geboten. Eine besondere Kartellbehörde ist zu diesem Zwecke einzurichten;

2. eine Zolltarifrevision mit dem Ziel der Herabsetzung und schließlichen Beseitigung der Zölle auf kartellierte Artikel. Die erzieherische Aufgabe des Schutzzolles ist dort als erledigt anzusehen, wo die entfalteten Produktivkräfte sich zu einer monopolistischen Beherrschung des

Inlandsmarktes zusammenzuschließen vermögen. Dem Bundesrat ist im Zolltarifgesetz zunächst mindestens das Recht zuzusprechen, den Zoll für Waren zu suspendieren, die vom Kartell im Inland teurer verkauft werden als im Ausland;

3. die Durchsetzung einer Verkehrspolitik, die den Transport von Massengütern systematisch erleichtert (Kanalbau). — Die aus den hohen Transportkosten schwerer Güter hervorgehenden natürlichen Kartellmonopole bedrohen die Allgemeinheit ebenso, wie die künstlich durch die Zölle geschaffenen;

4. die Beförderung der Entstehung von Abnehmerverbänden (Konsumvereinen, Bezugsverbänden, Händlervereinen). — Es gilt, die Verschiebung der Machtlage im Preiskampf, soweit es geht, auszugleichen und die auswärtige Konkurrenz lebendig zu halten.

Das ist das ungeheuer schwere in der Politik der Demokratie, daß sie grundsätzlich und mit aller Kraft für Industriefortschritt, Regelung der Produktion und Steigerung des Ertrages eintreten muß, und daß sie gleichzeitig gezwungen ist, sich der heutigen Industrieleitung entschieden entgegenzustellen. Indem sie für die Industrie im ganzen arbeitet, muß sie gleichzeitig für eine Verschiebung der Kräfte innerhalb der Industrie alles tun, was ihr möglich ist. Sie kämpft für Qualitätsindustrie gegenüber der Rohstoffindustrie und für Demokratisierung der Leitung gegenüber einem absoluten Herrentum, das den Menschen im gewerblichen Arbeiter zu erdrücken versucht.

IV. Die klerikale Aristokratie.

Es würde die politische Lage Deutschlands ungeheuer vereinfachen, wenn wir es nur mit den zwei wirtschaftlich sich gegenüberstehenden Aristokratien, der agrarischen und der industriellen, zu tun hätten. Dann läge der Weg zum Zweiparteiensystem klar vor uns, und die Abgrenzung der Befugnisse zwischen Krone und Parlament würde nach Bildung zweier um die jeweilige Majorität kämpfenden politischen Körper sich ebenso leicht herstellen lassen wie in England. Unser politisches Schicksal ist schwerer. Zwischen den zwei wirtschaftlichen Aristokratien steht die klerikale, ein Gebilde von großer Zähigkeit, schwer verständlich für den Nichtkatholiken, aber zugleich sehr bemerkbar in jeder Art politischer Arbeit, für uns Deutsche jetzt die ausschlaggebende parteipolitische Macht.

Wenn Deutschland entweder rein evangelisch oder rein katholisch wäre, würde das System der zwei Parteien sich im Laufe der Zeit von selbst einstellen. Durch die konfessionelle Trennung ist alles viel verwickelter geworden. Als guter Protestant kann der Verfasser nicht anders, als den Sieg der katholischen Gegenreformation in einem Dritteil des heutigen deutschen Reichsgebietes, in der Hälfte des deutschen Sprachgebietes, lebhaft zu bedauern. Er kann sich eine große weltgeschichtliche Entfaltung des Deutschtums bei völligem Katholismus nicht denken, da er sieht, wohin in der neuen Weltgeschichte die katholischen Völker gekommen sind. Ein offenes Ohr für die Stimmen unserer deutschen Brüder in Österreich, ein Blick nach Spanien, ein Bericht von den Kämpfen in Frankreich, eine Frage nach der Sozialpolitik Belgiens genügt, um Deutschland glücklich zu preisen, daß es den Mönch von Wittenberg hatte. Der Protestantismus ist als Kirche weniger stark als der Katholizismus, aber als vorwärtsschreitende Kulturgesinnung stärker. Es war der protestantische Norden Deutschlands, von dem die Erneuerung der Nation ausging, und es war das protestantische Königshaus der Hohenzollern, das die Einigung vollbrachte. Aber freilich, wenn wir einmal zu unserem geschichtlichen Glücke protestantisch wurden, dann wäre es besser gewesen, wir alle wären es geworden. In diesem Falle würden wir Religion und Politik trennen können, Religion als Seelentrost und Erziehungsmacht, Politik als Kampf der verschiedenen wirtschaftlichen Schichten, die die Nation füllen. Es hat nicht sein sollen. Die Wunden des dreißigjährigen Krieges sind noch nicht vernarbt. Der Konfessionsstreit ist noch immer da. Es gibt kein Jahrzehnt, das nicht in neuer Form die Religionsfrage in der Politik brächte.

Jesus Christus war kein Politiker. Oft ist versucht worden, aus der unversiegbaren Quelle seiner Worte politische Normen zu finden. Auch Protestanten haben diesen Versuch gemacht, und auch ich habe mich in früheren Jahren an ihm beteiligt. Das Resultat aber ist die Überzeugung, daß die Sittengebote des Heilands so allgemein-menschlich, rein sittlich sind, daß sie keine Anweisung geben, wie man in einer bestimmten Zeitlage, etwa im Zeitalter des Industrialismus, soziale, demokratische oder gar aristokratische Politik machen könnte. Jesus wird für uns dadurch nicht geringer, daß wir unsere politische Taktik und Technik nicht von ihm ableiten. Das ist es nun auch eigentlich nicht, was der Katholizismus als Gesamtheit tut. Christlich-soziale Theorien im engeren Sinne sind auch auf seinem Gebiete Versuche von einzelnen. Das Politische im Katholizismus ist die Kirche, jene große, alle Völker berührende, viele Völker geistig beherrschende Organisation, deren Mittelpunkt der alte Cäsarensitz Rom, und deren Monarch der geistliche Cäsar, **der Papst** ist. Diese Organisation ist einzigartig in ihrer Internationalität. Keine andere Konfession bietet etwas ähnliches, denn selbst das Ansehn des Kalifen in der mohammedanischen Welt fällt doch in der Hauptsache mit den Grenzen des Türkenreiches zusammen, dessen politischer Kopf er ist. Eine solche Organisation steht allein durch ihre fabelhafte Größe den Staaten anders gegenüber als irgend ein religiöser oder sonstiger Verein von begrenzter Ausdehnung. Für sie sind die Staaten nur Provinzen ihres Wirkens, Bistümer, deren Oberleitung über die Rassen, Verfassungen, Machtverschiebungen hinblickt, um in allem Auf und Nieder der vorübergehenden Erdgestaltungen den einen Grundgedanken festzuhalten, daß alle Menschen selig werden sollen durch die Einordnung und Unterordnung unter den irdischen Sitz der ewigen Wahrheit. Als vor etwa 30 Jahren Kaiser Wilhem I. vor dem Mainzer Dom vom Bischof Ketteler empfangen wurde, sagte ein guter deutscher Katholik: „so steht die Zeitlichkeit vor der Ewigkeit!" Als der Kulturkampf wogte und wallte, sagte derselbe: nubila transibit, es ist nur eine Wolke, die vergeht. In vollen und überschwenglichen Tönen wird in allen Ecken des katholischen Bereiches das wiederholt, was Fürstbischof Kopp 1899 auf dem Katholikentag in Neisse aussprach:

> Der Papst ist die größte moralische Macht der Welt. Das Papsttum hat den größten moralischen Einfluß auf der Erde. Darum ist es der berufenste Schiedsrichter zwischen Völkern, und darum betrachtet es der Papst als eines von den hohen Idealen, diese Rolle in der Welt einnehmen zu können — nicht aus Herrschsucht, sondern weil er sich als Vertreter des himmlischen Friedensfürsten fühlt.

Der Papst Leo XIII. aber sagte: „Ohne die Autorität der Päpste wäre die Zivilisation zu Grunde gegangen" und: „die Kirche allein ist imstande, in dem Widerstreit der Bevölkerungsklassen die soziale Ordnung aufrecht zu erhalten.“ Und diese Worte werden wirklich geglaubt. Die lange Geschichte des Katholizismus hat sich so tief in Millionen menschlicher Geister eingeprägt, daß diese trotz aller persönlichen Freigeisterei oder Gleichgültigkeit doch in den kritischen Lagen ihres Lebens immer wieder zur „Mutter-Kirche“ zurückfallen. Es ist ihnen selbstverständlich, zur katholischen Organisation zu gehören und ihr soviel Macht und Einfluß zu wünschen als immer möglich. Weil sie religiös an ihr hängen, folgen sie ihr politisch. Niemand hat sie gelehrt, Kirche und Politik reinlich zu unterscheiden, im Gegenteil lehrt sie der Priester, kirchlich Politik zu treiben. Auch dem Priester ist es selbstverständlich, daß er im Sinne seiner Kirche politisch handelt, und wenn Protestanten oder freisinnige Katholiken ihm das vorwerfen, begreift er nicht, was sie eigentlich wollen. Es ist ein großer Strom, der sie beide trägt, den Priester und den Mann aus dem Volke, der Strom einer vielfarbigen, unbeschreiblich zusammengesetzten und doch im Grunde einheitlichen Weltanschauung. Löst sich der einzelne von dieser Anschauung los, dann müssen Seelsorge und Beichtstuhl helfen, ihn wieder gläubig zu machen. Ist er aber wieder gläubig geworden, dann stimmt er fürs Zentrum. Wie stark der Beichtstuhl unter Umständen für politische Propaganda dienstbar gemacht wird, hat ein aufsehnerregender Prozeß in Oberschlesien gezeigt. Wer dort ein zentrumsfeindliches Blatt las, bekam keine Absolution. Absolution aber ist es, was die Katholiken nötig haben. Das ist das Geheimnis.

Ganz von selbst sind beim gläubigen Katholiken die politischen Begriffe anders als beim Protestanten. Er kann und wird Vaterlandsliebe haben; aber sein Nationalismus ist von vornherein durch starken Internationalismus gedämpft, denn wann und wo er in religiöser Gemeinschaft ist, denkt er des Italieners, der ihm ein Stellvertreter Gottes ist. Oft wirkt die Gläubigkeit direkt entnationalisierend. In Jerusalem sagte mir ein deutscher Mönch aus Köln mit merkwürdigem religiösem Stolze während der dortigen deutschen Kaisertage, er sei international. Was bei den Sozialdemokraten etwas mehr Erträumtes als Erlebtes ist, das ist beim Katholiken mit jeder heiligen Messe, mit jedem Ave Maria eingesogen: volkslose Lebensgemeinschaft. Daraus braucht kein Gegensatz gegen die Nationalität zu kommen, aber es fehlt doch selbst im besten Falle etwas an Schärfe und Ungebrochenheit dieses Begriffes. Auch reine, klar gedachte Demokratie wächst nicht auf katholischem Felde. Der Katholik kann sehr radikal sein; solange er fromm ist, ist er doch an geistliche monarchische Autoritäten gebunden, an ein System, in dem die Majoritäten nichts sind. Seine Demokratie ist also im besten Falle eine nicht das ganze Denken füllende Gesinnung. Selten wird ein frommer Katholik Klassenkämpfe scharf als solche anerkennen, da er seine Religion als Klassen verbindend kennt. Überall entsteht eine Abtönung, ein weicher, wohliger Duft, ein graubuntes, harmonisches Düster wie in alten, schönen, katholischen Kirchen. Wir Protestanten können weder wissenschaftliche noch politische katholische Literatur in die Hand nehmen, ohne das Gefühl der mangelnden Schärfe der Fragestellung. Es ist durch Pietät gehemmtes Denken. In einem nur wird der Katholik scharf, im Vertreten der Rechte seiner Kirche.

Wir sind vielleicht in dieser Charakteristik des katholischen Denkens etwas zu breit geworden, aber besser dieses als der umgekehrte, viel häufigere Fehler, daß man den Hintergrund unterschätzt, von dem sich das politische Zentrum abhebt. Wer hätte vor 100 Jahren geglaubt, daß heute die Berliner Militärfragen vom Katholizismus entschieden werden! Alles geschieht heute mit Hilfe des Zentrums! Wir bekommen die Zölle, den Arbeiterschutz, die Bataillone, die das Zentrum will. Sogar die Bataillonsstärke wird (am 22. Februar 1899) endgültig vom Zentrum bestimmt. Der Grund zu dieser Erscheinung liegt auf religiösem Gebiet. Der Katholizismus gewann in diesem Jahrhundert neue Innigkeit durch die neue Belebung der Marienmystik, und neue Einheit durch die Unfehlbarkeit des Papstes. Die religiöse Stärkung setzte sich um so mehr in politische Kraft um, als der Kulturkampf Märtyrer schaffte. Ledochowsky von Posen und Martin von Paderborn mußten nicht vergeblich ihre Plätze verlassen. Aus den Sperrgesetzen wuchs die Möglichkeit, daß das Zentrum Kaiservorlagen sperrt.

Der Katholizismus als Gesamterscheinung ist am meisten an Nordamerika und Deutschland interessiert, denn dieses sind die beiden einzigen Stellen, wo er es mit aufsteigenden großen Nationen zu tun hat. In beiden Fällen ist er in beachtlicher Minderheit. In Deutschland sind

35,8 % der Bevölkerung katholisch, in Preußen 34,5 %, in Württemberg 30 %. Eine katholische Majorität haben Bayern mit 70,8 %, Baden mit 62 %, Elsaß-Lothringen mit 76,5 %. Die Ost- und Nordsee ist protestantisch umrandet, von der See lagert sich der Protestantismus ziemlich gleichmäßig zum mitteldeutschen Gebirge. An zwei Stellen aber, im Osten und Westen, streckt sich der römische Finger nach den nordischen Meeren aus. In der Gegend von Danzig erreicht er stellenweise die Küste, und in der Richtung auf Emden und Wilhelmshaven bleibt er nicht allzuweit von ihr entfernt. Große protestantische Inseln in Süddeutschland bieten Ansbach-Bayreuth-Nürnberg, Württemberg und Pfalz. Abgesehen von Holland und einigen Stellen der Schweizer Grenze, ist die ganze Landgrenze Deutschlands katholisch. Jede Landausdehnung Deutschlands, außer Angliederung Hollands, ist Zentrumsgewinn. Muß nicht das Studium der europäischen Religionskarte in Rom geradezu zu politischen Kombinationen anregen, bei denen Deutschland entweder in Betracht kommt als zu verkleinerndes Objekt oder als zu vergrößerndes Subjekt? **Es gibt von Rom aus eine doppelte Methode katholischer Weltpolitik gegenüber Deutschland: entweder der Katholizismus zersetzt, oder er vergrößert und beherrscht das Reich.** Diese zweite Methode mag dem Bischof Ketteler bereits vorgeschwebt haben, als er 1870 zu Bismarck in Beziehungen trat. Dann wurde sie überraschend schnell verlassen, als die neue Reichsverfassung die Religionsparagraphen der preußischen Verfassung nicht brachte. Es scheint aber, daß man jetzt von der ersten zur zweiten Methode übergegangen ist, die man aber, um der katholischen Habsburger willen, schwerlich offen verkündigen wird. Deutschland soll wieder an Rom angegliedert werden. Diese Angliederung bedeutet wirtschaftlich die Abschließungspolitik und moralisch die Bevormundung, und ist das Gegenteil von Fortschritt und Persönlichkeit. Beides hängt mit der Zusammensetzung des Zentrums zusammen.

Von größeren Städten sind in Deutschland nur wenige katholisch: München mit 84 %, Köln mit 81,9 %, Düsseldorf mit 73,3 %, Aachen mit 92,4 %, Krefeld mit 77 %, Essen mit 57,8 %. Im allgemeinen ist unsere moderne Großstadtentwickelung protestantisch. Bedeutendere katholische Minoritäten haben Breslau, Frankfurt a. M., Straßburg, Danzig,

Dortmund, Mannheim und auch Berlin. Die Hauptwucht des Katholizismus liegt auf dem Lande. Da aber das Land überall seinen Überschuß an Kindern an die Städte abgibt, so steigt die katholische Mischung im Stadt- und Industrieleben. Im allgemeinen liegt das industrielle und kommerzielle Unternehmertum mehr in protestantischen Händen. Es gibt einige bekannte hervorragende katholische Großindustrielle, aber selbst da, wo die Mehrzahl der Arbeiter katholisch ist, ist oft die Wirtschaftsführung protestantisch. Es scheint, das merkwürdige Wort des Abtes Uhlhorn, die Maschine habe in ihrem Wesen etwas Protestantisches, ist nicht ganz falsch. Diese Erscheinung muß sehr berücksichtigt werden, wenn man das Wesen der Zentrumspolitik erfassen will. Im Zentrum findet sich viel mehr agrarische Aristokratie als industrielle. Die Magnaten Schlesiens, die großen mediatisierten Herrschaften Süddeutschlands, der westfälische Landadel bedeuten mehr als die verstreuten katholischen Großunternehmer, deren viele nationalliberal oder freikonservativ sind. Diese katholischen Agrarier würden konservativ sein, wenn sie nicht katholisch wären. Sie sind auf ihre Weise katholisch-konservativ. Mehr aber als sie bedeutet der Klerus, und zwar sowohl der höhere wie der niedere. Es kommt vor, daß die Politik der Bischöfe und der Kapläne sich nicht völlig deckt, im Grunde aber sind sie einig. Das Zentrum schickt eine ganze Anzahl Kleriker in den Reichstag, und nirgends kann und wird es auf die lokale Arbeit dieser Kreise verzichten. Daher bekommt seine ganze Politik etwas von der klerikalen Anschauungsweise, die nicht in Wirtschaftsproblemen und Machtfragen, sondern in ethischen und pädagogischen Angelegenheiten versiert ist. Nichts ist unentwirrbarer, als das Wirtschaftsprogramm des Zentrums. Allen wird alles versprochen: dem Handel, Gewerbe und der Industrie ein „freies Erblühen", dem Handwerk eine „selbständige, organische Entwickelung", dem Mittelstand „die Bedingung seiner Existenz", der Landwirtschaft „Hebung des allgemeinen Wohlstandes", dem Arbeiterstand Erfüllung seiner „berechtigten Ansprüche". Was kann man mehr wollen? Auf den Katholikentagen wird für jede Volksabteilung eine besondere Rede gehalten. Ob diese Reden zusammenstimmen, ist Nebensache. Jede für sich allein angesehen, ist brav und tüchtig und entspricht den Wünschen der betreffenden Schicht. Es fehlt aber der kritische Ernst, der den Kampf ums wirtschaftliche Dasein in seiner Kampfnatur begreift, und der auf Vermittelung verzichtet, wo sachliche Differenzen ausgetragen werden müssen. Gegenüber der Grundfrage unserer ganzen Wirtschaftsentwickelung, der Frage, ob agrarische oder industrielle Entwickelung die Führung haben solle, versagt das Zentrum. Es ist gemäßigt agrarisch, will aber zugleich den Industriearbeitern Wünsche erfüllen, für die nur hochgesteigerter Industrialismus die Vorbedingungen schafft. Man kann sich bisweilen durch das Zentrum an den konservativen Sozialismus, den wir bereits geschildert haben, erinnert fühlen, nur ist der jetzt unmögliche konservative Sozialismus in sich klarer, denn er hat als Hintergrund den bewußten Egoismus der alten Agrararistokratie, die zeitweise die Arbeiter unterstützt, um die kapitalistische Aristokratie zu schädigen. Der letztere Gesichtspunkt ist beim Zentrum viel weniger durchgearbeitet. Man nehme ein Buch wie Hitzes „Kapital und Arbeit", so wird man in ihm viele vortreffliche Einzelheiten finden und doch keine Antwort auf die Frage: wie stehst du eigentlich prinzipiell zum Kapitalismus?

In bezug auf Freiheitsrechte des Volkes ist das Zentrum in Deutschland zuverlässiger als eine der beiden vorher geschilderten Aristokratien. Das Zentrum kämpft für „Wahrheit, Recht und Freiheit!" Öfter war es eine Schutzmacht bedrohter Freiheiten, sowohl im Reichstag, wie im preußischen Landtag. Nur hüte man sich, diese Freiheitlichkeit für politisch wurzelecht zu halten! Wo der Katholizismus herrscht, ist er autoritär. In Deutschland ist er Minderheit, und war bisher auf Mitwirkung freiheitlicher Parteien angewiesen, wenn er sich vor Gewalt schützen wollte. Dazu ist er gewitzigt durch den Kulturkampf und verbunden mit Protestlern im Osten und Westen, die gegen Ausnahmegesetze sich wehren. Der tiefste Grund seiner Freiheitlichkeit ist das Streben nach Freiheit der Kirche. Ist dieses einigermaßen befriedigt, so läßt er im übrigen mit sich reden. Es ist nicht ausgeschlossen, daß das Zentrum innerhalb einer konservativ-klerikalen Verbindung auch direkt antidemokratisch auftritt, so wenig das den mit Arbeiteragitation beschäftigten west- und süddeutschen Kaplänen passen mag. Als mich ein österreichischer

Abgeordneter fragte: „Wie lange werden Sie in Deutschland das allgemeine Wahlrecht behalten?" habe ich ihm geantwortet: „Solange, bis das Zentrum 10 feste Kreise an die Sozialdemokraten verloren hat. Dann beginnt auch der Katholizismus, sich undemokratisch zu zeigen."

Bismarck beklagt in seinen „Gedanken und Erinnerungen" wiederholt, daß nach seinen Erfahrungen der Papst und die Bischöfe sich gegenüber der demokratisch-antinationalen Unterströmung im Zentrum als wenig einflußreich gezeigt haben. Das bedeutet, daß die 1878 durch die Besprechung mit dem Nuntius Masella in Kissingen eingeleitete nähere Fühlung zwischen der Reichsregierung und dem Zentrum von der Gefolgschaft nur langsam verstanden wurde. In der Tat, so schnell, wie die Konservativen in der Mitte der siebziger Jahre einschwenkten, kann das Zentrum nach seiner äußerst komplizierten Zusammensetzung nicht umschwenken. Alle Zentrumsbewegungen gehen langsam, da das Gesetz der Langsamkeit aller politischen Massenkörper, von dem wir schon sprachen, hier dadurch verstärkt wird, daß es mehr Empfindungen als Verstandesgründe sind, die die Einheit schaffen. Empfindungen ändern sich aber langsamer als Gründe. Langsam, aber mit bewundernswerter Sicherheit ist jedoch das schwere Zentrumsschiff **in den Hafen der Regierungsfähigkeit eingelaufen,** ein Vorgang, der etwa 20 Jahre gedauert hat. Es war viel alter Stimmungswiderstand zu überwinden. Die politische Empfindung, in der sich das Zentrum einst zusammenfand, war der Gegensatz gegen die militärische Gewalt von 1866. Aus dieser Empfindung heraus erklärt sich der Bund des Zentrums mit Polen, Welfen, Elsässern. Die Protestgruppen sind eine immerhin nicht zu verachtende Verstärkung des Zentrumsgeschwaders. Und war nicht das bayerische Zentrum im Grunde eine ähnliche Protestgruppe? Die Wahlziffern sind folgende:

	1898	1903
Zentrum	1 455 100	1 875 292
Polen	244 128	347 784
Welfen	105 161	94 252
Protestler	107 415	101 921
	1 911 804	2 419 249

Indem das Zentrum die alte Methode, auf Deutschlands Zersetzung hinzuarbeiten, mit der neuen Methode, Deutschland zu beherrschen und zu erweitern, vertauscht, so verliert es wahrscheinlich etliche Hilfstruppen, die es bei der alten Methode sich sicherte. Jede Militär- und Marinevorlage, der das Zentrum zustimmt, kostet ihm polnische Sympathie, selbst wenn seinerzeit die **Polen** für Caprivis Militärvorlage zu haben waren. Trotzdem ist prinzipiell die neue Methode angenommen. Windthorst selbst, mehr Verstandesmensch als Gefühlspolitiker, hat sich überzeugt, daß der alte Weg aussichtslos war; Lieber ist ihm gefolgt und die klerikalen Diadochen von heute denken nicht mehr daran, „Reichsfeinde" sein zu wollen. Sie sind glücklich, daß sich alles so gut gemacht hat. Der Kaiser lobt die edlen Herren von der Kirche, der Papst aber lobt den Kaiser. In seiner Rede in Aachen im Juni 1902 sagt der Kaiser, daß ihm der Papst habe bestellen lassen:

> Das Land in Europa, wo noch Zucht, Ordnung und Disziplin herrsche, Respekt vor der Obrigkeit, Achtung vor der Kirche, und wo jeder Katholik ungestört und frei seinem Glauben leben könne, das sei das Deutsche Reich, und das danke er dem deutschen Kaiser.

Diese kirchliche Zensur für den Nachfolger Bismarcks war selbst einigen katholischen Blättern zu gut, aber Generaloberst von Loë, der Vertrauensmann der Kurie, hat sie dann nochmals bestätigt. Canossa ist — anders genannt worden. Der Kaiser stellt seine Söhne dem Papst in Rom vor, der Reichskanzler verbeugt sich lächelnd vor jedem Bischof, es ist ein goldiges Wetter für die Römer. In solchem Wetter kann man die widerspenstigen Polen nicht mehr so gut behandeln wie früher. Selbst im stillen preußischen Herrenhaus fangen katholische Fürsten und Grafen deutscher und polnischer Zugehörigkeit an, sich ihren Mangel an Intimität gegenseitig vorzuhalten. Der katholische Graf Hoensbroech wirft dem Fürsten Radziwill vor, daß die polnische Geistlichkeit die Religion der Politik dienstbar mache. Es wird nicht lange dauern, so ist das Zentrum deutsch-national gegenüber seinen alten Freunden im Osten.

Und auch in anderer Hinsicht muß das Zentrum alte Gewohnheiten abstreifen. Es war einmal partikularistisch. Aus partikularistischen Gründen stimmte es gegen Reichseisenbahnen. Immer hob es die Rechte der Einzelstaaten hervor, solange das neue Reich noch das „Reich der Freimaurer und der Juden" war. Aber seit dieses Reich ihr Reich geworden ist, werden sie zentralistisch und bringen selbst Religionsfragen vor das Forum des Reichstages, so daß Graf Bülow sich 1900 den freundlichen Witz erlauben durfte, bei Gelegenheit des Toleranzantrages sich gegenüber dem Zentrum als Schützer der Bundesverfassung hinzustellen. Diese wachsende Neigung zur Zentralisierung kann bei den Welfen nicht unbemerkt bleiben.

Und dazu kommt, daß die alten Vorwürfe gegen den Staat hinfällig werden. Wir werden den Franzosen als Muster vorgehalten! Die **Jesuiten** kehren zurück. Bülow mußte den vielumstrittenen § 2 aufheben, er mußte auch beantragen, daß § 1 fällt. Er mußte es, weil er ohne Zentrum nicht regieren kann, und auch vom Standpunkt der Demokratie aus ist es richtig, solche Reste der Kulturkampfbewegung zu streichen. Der Katholismus soll nicht mehr sagen dürfen, daß er benachteiligt ist, dann erst wird das Zentrum sich in seiner ganzen Herrschaftsbreite entfalten und uns zeigen, was es heißt, daß wir ein klerikal regierter Staat geworden sind. Laßt sie nur reden, laßt sie immer mehr fordern! Sie sterben nicht an Ausnahmegesetzen, aber es ist möglich, daß sie an ihren eigenen Überforderungen zugrunde gehen! Wir dürfen keine Gesetze verlangen, die irgend eine katholische Gemeinschaft als solche treffen. Alle Gesetze müssen für alle vorhanden sein. Aber freilich die Zentrumsherrschaft wird die Demokratie zwingen, sich mit dem Verhältnis des Staates zu Kirche, Schule, Bildung und Kunst viel eingehender zu befassen, als es bis jetzt der Fall gewesen ist.

Der Kampf gegen das Zentrum ist die schwerste und größte parteipolitische Aufgabe der Demokratie. Er ist recht eigentlich ein Kampf pro patria, denn das Schicksal des Deutschtums hängt davon ab, daß wir uns noch einmal wieder vom Ultramontanismus loswinden. Wir haben früher ausgeführt, daß Deutschlands Bevölkerungsvermehrung die höchste Anspannung seiner technischen Fähigkeiten fordert. Das aber liegt nicht in der Richtung des Zentrums. Die freie, weltoffene Forschung, die Rücksichtslosigkeit der Wahrheit ist Vorbedingung der zukünftigen deutschen Größe. Mit bevormundeten Menschen ringen wir uns nicht in die

Höhe. Deshalb ist es nötig, daß die Demokratie das Zentrum geistig überwindet.

Es scheint so überflüssig, von dieser geistigen Überwindung zu reden, denn jeder letzte Liberale und Sozialdemokrat ist ja so fest davon überzeugt, daß er im Lichte sitzt und die Katholischen in der rabenschwarzen Nacht! Eins bleibt aber dabei doch immer zu fragen: warum sind die Siege unseres Lichtes nicht größer, wenn es so überaus hell ist? Die Tatsache, daß die Zahl der Zentrumswähler bei der letzten Wahl um 420 000 gestiegen ist, gibt doch zu denken. Es ist nicht so, daß der Geist der Linken sich mit elementarer Wucht in Zentrumsgehirne einbohrt. Es scheint, daß es doch noch tiefe Bedürfnisse der Menschen gibt, denen die landläufigen demokratischen Reden nicht genügen. Wir rühren damit an etwas, was außerhalb der eigentlichen Politik liegt, was aber nicht ganz unerwähnt bleiben kann. Weltanschauung wird nur mit Weltanschauung überwunden. Mit bloßem Alltagsmaterialismus faßt man nicht tief genug. Die Linke muß als geistige Macht kommen, die dem Volke als innere, seelische Bereicherung und Befreiung erscheint. Das ist nichts, was ein einzelner machen oder auch nur formulieren kann: volkstümliche zeitgemäße Weltanschauung, in der sich religiöse Kraft mit persönlicher Unabhängigkeit eint. Der Religion der Unterordnung gegenüber eine Religion der Freien! Wer dazu hilft, verdient sich gerade in der kommenden Periode einen Gotteslohn ums deutsche Volk.

Erst auf dem Hintergrunde einer selbstgewissen Weltanschauung, und sei sie auch erst im Kämpfen und Werden, hat es einen Zweck, für Trennung der Kirche vom Staat und Befreiung der Schule von der Kirche zu kämpfen. Diese liberalen Forderungen sind an sich gut und nötig, werden immer nötiger, nur dürfen sie nicht als Forderungen des reinen Unglaubens auftreten, denn dann bäumt sich alles, was an religiöser Innerlichkeit im deutschen Volke ist, gegen sie auf, und das ist nicht wenig. Es steht ja auch in der Tat so, daß diese Forderungen ebensogut wie sie vom Atheisten erhoben werden, vom gläubigen Christen um seines Glaubens willen aufgestellt werden können. Gerade sehr fromme protestantische Gemeinschaften sind gegen alles Staatskirchentum und allen Zwang in religiöser Erziehung. Daß es möglich ist, demokratisch zu verfahren, ohne fromme Gefühle zu verletzen, zeigt Amerika. In den Vereinigten Staaten tut der Staat nichts für die Kirche, und selbst die Katholiken sind zufrieden und haben nicht das Bedürfnis, sich als gequälte Kirche hinzustellen. In dieser Hinsicht und noch in mancher anderen Hinsicht ist ein kurzes Wort sehr lehrreich, das Leo XIII. 1902 zu amerikanischen Pilgern sagte:

> Während Umsturz und Verfall bei fast allen Völkern, die seit Jahrhunderten die katholische Religion besitzen, Trauer einflößen, erheitert der blühende Zustand eurer (amerikanischen) Kirchen das Gemüt.

Dieses Wort zeigt den richtigen Weg. Man vermindere das Gebiet der Berührungen von Staat und Kirche so viel als möglich, dann hilft man beiden! Ein erster Schritt dazu ist die Streichung aller staatlichen Gelder für kirchliche Zwecke. Wo privatrechtliche Ansprüche der Kirchen vorliegen, mag man sie fixieren und ablösen. Ein zweiter Schritt ist die Beseitigung kirchlicher Aufsicht in der Schule. Je mehr das Zentrum die Konfessionalisierung alles Unterrichtes betreibt, desto sicherer muß die Linke die Schule als Nationaleigentum reklamieren.

Was wir politisch zu bekämpfen haben, das ist nicht der Katholizismus als Religion, auch nicht die Orthodoxie, wir bekämpfen die priesterliche Einmischung in Volkseinrichtungen, die allen Konfessionen gehören; die Verwendung von Zwangssteuern für Bekenntniszwecke; und vor allem die Wirtschaftspolitik des Zentrums, die gerade in ihrer Halbheit und Angst vor der neuen Zeit das verhängnisvollste ist, was auf uns lasten kann.

V. Das politische Spiel der Kräfte.

Aus dem gegenseitigen Kampfe der von uns beschriebenen Kräfte entsteht die Geschichte der inneren Politik. Immer wird die Regierung genötigt sein, mit irgend einer Majoritätspartei zu arbeiten. Sie sagt zwar gern, sie stehe über den Parteien, und es ist auch wahr, daß sie eben durch den zerrissenen Zustand des deutschen Parteiwesens große Vorrechte in der Hand hat, aber eine Gesetzgebung und Finanzverwaltung ohne Parteien, ist doch seit 1848 und 1866 unmöglich geworden. Was wir also darstellen müssen, ist die Geschichte der Aufeinanderfolge der parteipolitischen Vorherrschaft. Wir beginnen mit der Zeit der Reichsgründung und finden von da bis jetzt vier verschiedene Perioden:

1. Die Zeit des liberalen Einflusses von 1866 bis 1878. Nationalliberale Führung.
2. Die Zeit des Kartells der Rechten von 1878 bis 1890. Konservative Führung.
3. Die Zeit des Caprivischen Versuches, mit der Linken zu regieren 1890 bis 1893.
4. Die Zeit des Zentrumseinflusses 1893 bis jetzt und noch weiterhin.

Um diese vier Perioden in ihrer Reihenfolge zu verstehen, müssen wir die **nationalliberale Partei** in ihrer Größe und in ihrem Zurücktreten begreifen, denn die Parteigeschichte läßt sich am einfachsten in dem Satz aussprechen: das Zentrum gelangt an die Stelle, die bei der Reichsgründung den Nationalliberalen gehörte.

Die nationalliberale Partei ist die Partei der Reichsgründung, eine Schöpfung großer volksumgestaltender Zeit. Ihre Grundlage war bürgerlicher Liberalismus. Im Unterschied vom „Fortschritt“ und von der süddeutschen Demokratie wurde sie regierungsfähiger, militärischer Liberalismus. Als solcher hat sie sich um die Herstellung der nationalen Einheit unvergängliche Verdienste erworben. Die grundlegenden militärischen und politischen Gesetze des neuen Reiches sind, soweit das Parlament in Betracht kommt, in erster Linie ihre Arbeit. Was bis jetzt der bürgerliche Liberalismus positiv geleistet hat, ist von den Nationalliberalen, nur teilweise von den übrigen Bestandteilen des Liberalismus, mitgeschaffen. Der Nationalliberalismus war und ist entschieden zentralistisch: Einheit in äußerer Politik, Heer, Verkehr, Wirtschaftspolitik und Recht! Was an politischem Verständnis für die deutsche Macht ins deutsche Volk hineingekommen ist, stammt von den Nationalliberalen. Erst später haben Konservative und noch später und schwächer Zentrumsleute deutschen Reichsgeist im politischen Sinne spüren lassen. Die glänzende Zeit des Nationalliberalismus war aber kurz. Die Partei war als Partei der auswärtigen Politik entstanden, denn die nationale Frage war vor 1870 auswärtige Politik. Nachdem das Deutsche Reich hergestellt war, verschwand das Volksinteresse für auswärtige Fragen. Keine Zeit ist ärmer an allgemeiner Volksbeschäftigung mit Auslandsproblemen als das Jahrzehnt nach 1870. Man vergaß Österreich, als wäre es nie dagewesen. Deutschland war froh, von Wien nichts mehr zu hören. Kolonialpolitik und Welthandel waren noch nicht ins Bewußtsein des Volkes getreten, und vor allem — Bismarck stand auf der Höhe seines Ruhmes und verwaltete die deutsche Geschichte gut, aber allein. Er verlangte nur, daß man ihm Soldaten bewilligte, das übrige werde er dann schon machen. Damit entleerte sich der Inhalt der nationalliberalen Vaterlandsreden, und viele von uns, die wir damals jung waren, können sich erinnern, wie sehr der Nationalismus im Lobpreis Barbarossas und seiner Paladine aufging. Das Volksinteresse wandte sich den Fragen der inneren Ausgestaltung zu, und leider war die erste große Handlung des Nationalliberalismus, der Kulturkampf, für seine liberale Seele höchst ungünstig, denn im Eifer, den alten Gegner zu schädigen, ließ sich der Nationalliberalismus fortreißen, formell *unliberal* zu werden. Das ist es, wovon er sich im Grunde nicht wieder erholt hat. Erst unliberal gegen die Ultramontanen, dann gegen die Sozialisten! Dazu kam, daß die neue kapitalistische Wirtschaft, die hinter 1870 unter dem Einfluß des Sieges und der französischen Milliarden mit Gewalt über Deutschland hinflutete, etwas zu gewaltsam die alten Volksbestände beunruhigte und etwas zu überstürzt alle älteren Schutzformen beseitigte. Hätte man die Eisenzölle 1873 nicht aufgehoben, so würde die wirtschaftliche Gegenbewegung viel weniger stark geworden sein. Jetzt aber fingen Mitte der siebziger Jahre alle großen Produktivstände gleichzeitig an, über Not und Unsicherheit zu schreien. Der Glaube an die Segenskraft der liberalen Wirtschaftslehre wurde im Handumdrehen schwach, und die drohenden Redensarten der noch sehr wenig zivilisierten sozialdemokratischen Agitation taten das ihrige, um in der Menge des Volkes einen *Umschlag der Stimmung* hervorzurufen, der zu den folgenreichsten Vorkommnissen des deutschen geistigen und politischen Lebens gehört. Man kann den Inhalt dieses schnellen geistigen Umschlages etwa so aussprechen: der Liberalismus hört auf als die zeitgemäße Kulturbewegung zu erscheinen. Die gebildete Jugend, die bis vor kurzem die festeste Truppe des Liberalismus gewesen war, schwenkte in großen Scharen nach rechts hin ab, die öffentliche Meinung fand es von da an nicht mehr selbstverständlich, daß der gebildete Mann liberal sein müsse.

In diese Lage fällt Bismarcks Umkehr zum Schutzzoll. Es ist nicht möglich, alles zu sagen, was in Bismarcks Kopfe dabei mitgespielt haben mag. Ein wesentlicher und von ihm stets in den Vordergrund gestellter Punkt ist aber der, daß der freihändlerische Liberalismus ihm kein Finanzprogramm für die Reichsverwaltung bot. Es zeigt sich hier eine schwache Seite fast aller politischen Bewegungen auf liberaler Seite. Man kritisiert die vorhandenen Staatseinkünfte, zeigt aber nicht, wie und woher der große notwendige Bedarf gedeckt werden soll. Bismarck eröffnete eine neue Politik mit Zöllen, Sozialistengesetz und Staatssozialismus. An dieser Politik zerbricht zwischen 1878 und 1881 die alte nationalliberale Größe. Den äußersten Tiefpunkt bezeichnet die Reichstagswahl von 1881, wo die Partei, die 7 Jahre vorher 152 Abgeordnete gehabt hatte, bis auf 45 Vertreter herabsank. Damals war es, wo der von Rickert geführte Teil der Nationalliberalen, der weder wirtschaftspolitisch noch politisch unliberal werden wollte, nach links hin seinen Anschluß an den Richterschen Fortschritt vorbereitete. Auch Rickert gehört, wie fast alle namhaften Männer jener Tage, heute nicht mehr zu den Lebenden, das aber können wir, die wir uns mit den Resten des von ihm geleiteten linken Flügels der Nationalliberalen verbunden haben, von ihm sagen, daß der alte ursprüngliche Sinn des Wortes nationalliberal in ihm eine reine und menschlich hochstehende Vertretung gefunden und behalten hat. Die Mehrzahl der Nationalliberalen aber wendete sich nach rechts und wurde unter Miquels Führung ein Bestandteil der nun kommenden Periode konservativer Herrschaft.

Diese zweite von Bismarck geleitete politische Periode war charakterisiert durch das Kartell der Konservativen mit den Nationalliberalen für nationalpolitische und die Koalition der Konservativen mit dem Zentrum für zollpolitische und klerikale Zwecke. In der Benutzung dieses Doppelapparates bestand Bismarcks innere Politik seit 1878. Es war das Spiel mit den drei Aristokratien, das der übermächtige Staatsmann sich leisten konnte, das aber schwerlich eine weniger gefestigte Kraft in gleicher Weise wiederholen kann. Bindend wurde das Kartell erst vor den Wahlen von 1887 geschlossen und hatte nur dieses eine Mal den Erfolg, eine konservativ-nationalliberale Majorität zu schaffen, die für sich genügte. 1887 wurden 99 Nationalliberale und 121 Konservative gewählt, zusammen 220. Kein Wunder, daß die Beteiligten diese Wahl nie vergessen und stets versuchen, durch ähnliche Mittel wieder zu siegen. Formell war **das Kartell** nichts als eine Wahlvereinbarung über Parteibesitzstände und Wahlunterstützungen, sachlich war es aber viel mehr. Es war die Idee der „vereinigten Ordnungsparteien". Aus der Wahlunterstützung muß, sobald sie wiederholt geschieht, Gedankenfusion hervorgehen. Das Kartell hat den Gedanken, daß die agrarische und industrielle Aristokratie gemeinsame Interessen haben, die so stark sind, daß ihre Differenzen verschwinden müssen. Die gemeinsamen Interessen werden auf folgenden Gebieten gesucht:

1. Unterstützung der Regierung in allen Fragen der Landesverteidigung: Militär, Flotte, Festungen, diplomatischer Dienst;
2. Förderung der „gemeinsamen Interessen von Industrie und Landwirtschaft" durch eine nationale Schutzzollpolitik;
3. Bekämpfung des „Umsturzes", das heißt der Sozialdemokratie.

Mit diesem Programm kann man arbeiten, solange

a) der Gegensatz der Agrarindustrie gegen die Flotte noch unentwickelt ist, ein Gegensatz, der einmal zutage treten muß, da Flotte und Expansionspolitik tief antiagrarisch sind;
b) das Schutzzollinteresse der beiden Aristokratien parallel läuft;
c) die liberaleren Elemente im Nationalliberalismus die rohe Umsturzbekämpferei mitmachen.

Am schwierigsten zeigte sich der zweite Punkt. Die Geschäfte der agrarischen und industriellen Aristokratie sind nicht gleichartig. Das Ideal der ersteren ist der abgeschlossene Handelsstaat, das der zweiten sind gute Handelsverträge mit der Tendenz des vermehrten Austausches von Waren. Es gehörte die ganze Kunst Bismarcks dazu, immer die richtige

Mittellinie zu finden. Öfter aber drohte doch, wie beispielsweise an der Goldwährungsfrage, die Einheit in die Brüche zu gehen. Dann gab es stets nur ein Mittel, die gegensätzlichen Brüder zu einen: Das rote Gespenst wurde grell und grotesk an die Wand gemalt. „Der Kampf gegen den Umsturz" drängte alles andere in den Hintergrund. Diese endlose Umsturzbekämpferei, deren taktischen Zweck alle Welt fühlte, war die große Unwahrheit jener Periode. Man heuchelte Revolutionsfurcht, um Vorteile zu gewinnen. Alle, die diese Zeit erlebt haben, erinnern sich des dumpfen Druckes, von dem sie übervoll war. Es ist in ihr durch die staatssozialistische Gesetzgebung etwas Unvergängliches geschaffen worden, aber der Geist der Nation hat in seinem Innern tief gelitten: Der Staat wurde der Staat des Ausnahmegesetzes. Nachträglich kann man sagen, daß der Nutzen größer gewesen sei, als der Schaden, denn die sozialen Gesetze sind geblieben und das Ausnahmegesetz ist gefallen, aber auch in der Nachwirkung noch ist der Geist des Sozialistengesetzes von unberechenbarem Nachteil. Das Wachsen der Arbeiterbewegung wurde nicht aufgehalten, aber ihre Staatsfeindlichkeit wurde auf lange Zeit hinaus verstärkt, und — die Nationalliberalen finden den Rückweg von dieser Periode zum Liberalismus nicht wieder. Es ist nicht zu leugnen, daß es immer wieder Versuche gegeben hat, den Liberalismus in dieser Partei neu zu beleben. Noch vor seinem Tode hat Bennigsen liberale Weckrufe erschallen lassen, und süddeutsche Abgeordnete wie Bassermann und Hieber, auch einzelne jungliberale Vereine haben sich bemüht, das liberale Erbe der Vergangenheit wieder zu heben, aber die Menge der Partei ist in diesen 12 Jahren von den Konservativen verdorben worden. Der Idealismus des Bürgertums ist gebrochen. Das ist die letzte schwere Tat der Konservativen in der deutschen Reichspolitik. Was hilft es heute der Linken, wenn die Nationalliberalen sich wieder auf 1 313 051 Stimmen gehoben haben? Man weiß nie, wieweit man diese bedeutende Zahl für die Zukunft der Demokratie in Ansatz bringen kann. Noch bei der Zuchthausvorlage stimmten 24 Nationalliberale für das Unterdrückungsgesetz!

Die konservative Führung freilich ging mit Bismarcks Ausscheiden in der Reichspolitik endgültig zu Ende, und in allem Ungemach der Zeit ist das wenigstens ein Trost, daß nach aller menschlichen Voraussicht im Deutschen Reich in alle Zukunft keine konservative Zeit alten Stiles mehr wiederkehren kann. **Es ist unmöglich, künftig rechts vom Zentrum eine Majorität zu bilden.** Das ist der Erfolg der ersten unter Wilhelm II. erfolgten Reichstagswahl im Jahre 1890. Mit ihr beginnt das kurze Zwischenspiel der Zeit **Caprivis.** Das Programm Caprivis hieß:

> Wir werden das Gute suchen, von wo und durch wen es auch kommt, und wir werden ihm Folge geben, wenn unserer Überzeugung nach eine solche Folge mit dem Staatswohl vereinbar ist.

In diesem allgemein gehaltenen Satze lag eine Absage an die bisherige parlamentarische Führung durch das Kartell, es fehlte aber, und zwar nicht nur in diesem Satze, sondern überhaupt, eine bestimmte positive Angabe, mit wem nun die Regierung zusammengehen wolle. Die Negation richtet sich weniger gegen das industrielle nationalliberale Element im Kartell, als gegen das konservative. Die Konservativen haben mit ihrem geschulten politischen Instinkt bald verstanden, daß dieser Mann, der „keinen Ar und keinen Halm" besitzt, nicht zu ihnen gehört. Sie hassen ihn bis ins Grab hinein. Er war ja kein überwältigend großer nationaler Staatsmann. Der Verlust von Zansibar und Wituland kommt auf sein Konto, und seine bekannte Äußerung, daß es ein Unglück sein würde, wenn jemand uns Afrika schenken wollte, atmet wenig neudeutsche Luft. Aber er war der erste Politiker in Preußen und Deutschland, der mit dem Gedanken: es geht auch ohne agrarische Aristokratie, persönlich Ernst machte, insofern ein Weissager auf kommende bessere Zeiten des gesamten Vaterlandes. Leider trat nur eben diese richtige Negation nicht zugleich mit einem parteipolitischen neuen Gesamtprogramm der neuen Regierungsmethode auf. Die Hauptstücke des Caprivismus sind:

1. Verstärkte Heeresmacht nach dem Grundsatz der allgemeinen Wehrpflicht mit Verkürzung der Dienstzeit auf 2 Jahre;
2. Handelsverträge mit Abschwächung des hohen agrarischen Schutzzolles;
3. Arbeiterschutzgesetze und Vermeidung eines besonderen gesetzlichen Kampfes gegen den Umsturz (Mut der Kaltblütigkeit);

4. Gewinnung des Zentrums durch Klerikalisierung der Volksschule;
5. Gewinnung der Welfen und Polen durch Freigabe des Welfenfonds und freundliche Polenpolitik.

Man sieht, daß hier sowohl der industriellen Aristokratie wie der industriellen Demokratie wie der klerikalen Aristokratie und deren Hilfstruppen in einer von Bismarcks Regierungsweise abweichenden Art entgegengekommen wird. Das aber ist zuviel, um wirksam sein zu können, denn Klerikalismus und Industrialismus vertragen sich schlecht zusammen. Der Protest gegen das Volksschulgesetz ließ den gesamten Liberalismus vergessen, was er sonst an Caprivi hatte. Es liegt darin kein Vorwurf, sondern nur die Konstatierung einer Tatsache, deren Beachtung für alle Zukunft wichtig sein wird. Der Klerikalismus muß seiner Natur nach, wenn er führend auftritt, klerikale Forderungen bringen, da er kein eigenes Wirtschaftsprogramm größeren Stiles hat. Er verkauft seine Mitwirkung zugunsten der Priester. Das ist, wie wir gesehen haben, seine Natur, aus der er nicht herausfahren kann. Nichts aber wird sowohl von der rheinisch-westfälischen protestantischen Großindustrie als von der industriellen Demokratie schwerer getragen als die Sorge, den katholischen Priester zum Herrn werden zu lassen, sei es in der Schule, sei es im Kommunalwesen, sei es in anderweiten Beziehungen. Mag im Industrialismus noch soviel Gleichgültigkeit gegen theologische Probleme vorhanden sein, ein protestantischer Grundton ist da, und dieser erstarkt und wird mächtig, sobald die Gefahr einer Klerikalisierung der deutschen Volksentwickelung ernsthaft nahe tritt. Eine Majorität für das klerikale Schulgesetz war durch Konservative und Zentrum im preußischen Abgeordnetenhaus und Herrenhaus vorhanden, aber der Appell der gesamten liberalen öffentlichen Meinung wirkte so stark, daß der Kaiser das Schulgesetz fallen ließ und damit den zentrumsfreundlichen Teil der Caprivischen Politik preisgab. Das Zentrum hatte nun seinerseits keine Veranlassung mehr, regierungsfreundlich zu sein. Nur 12 Zentrumsstimmen unter Führung des Freiherrn von Huene und die Polen, deren Freund von Stablewsky auf dem Posener Erzbischofstuhl bestätigt worden war, traten aus dem Gesamtgebiet der klerikalen Aristokratie für die Caprivische Militärvorlage von 1893 ein. Der Plan, mit dem Zentrum und gleichzeitig mit der Linken Deutschland zu regieren, mißlang.

Und ebenso ging es mit dem Gedanken, die Demokratie als Basis dieses Doppelversuches zu verwenden. Diese war durch das klerikale Schulgesetz mißtrauisch gemacht und saß überdem viel zu fest in ihren alten antimilitaristischen Traditionen. Nur 14 Anhänger Rickerts erfaßten die Situation richtig. Was aber wollen 14 Stimmen besagen? Die Sozialdemokratie und Eugen Richter blieben in radikaler Opposition, trotz der auf 2 Jahre herabgesetzten Dienstzeit der Infanterie. Die Militärvorlage ging durch mit Hilfe des Kartells, der Polen und Antisemiten. Das war das Ende des Caprivismus, ein nachträglicher Sieg der Konservativen, die sich als unentbehrlich bewiesen hatten, weil sie das Vaterland zu verteidigen bereit waren. Daß ein Kanzler, der mit der Agrararistokratie seine Militärvorlage hatte machen müssen, nun keinen festen Widerstand gegen den erneut auftretenden „Kampf gegen den Umsturz" leisten konnte, liegt auf der Hand.

Der Wert der Caprivischen Zeit liegt einesteils in den wirklichen Erfolgen: Handelsverträge und Arbeiterschutz, teils in der inneren Wirkung dieser kurzen Jahre für spätere Zeiten. Der Gedanke der Staatsführung durch die Linke ist durch ihn neu erstanden. Zunächst freilich hinterließ er Ruinen, ein majoritätsloses Parlament, dem gegenüber das persönliche Regiment des Kaisers übermächtig werden mußte, eine Direktionslosigkeit, die erst allmählich die Form gewann, in der wir die Politik heute sehen: Das Zentrum wird ausschlaggebende Partei und lernt es mit jedem Jahr besser, die Herrschaft auszunutzen. In welchen Richtungen dieses geschieht, haben wir bereits dargestellt. Leise und still stieg das Zentrum unter Hohenlohe, bis **Bülow** der Mann wurde, der Kaisertum und Zentrum verbindet.

Die Besprechung der Persönlichkeit und Politik des jetzigen Reichskanzlers gehört nur teilweis in diesen Abschnitt unseres Buches, da Graf Bülow als ausführendes Organ des Kaisers dort in Betracht kommt, wo wir die kaiserliche Politik zu zeichnen haben. Was uns hier beschäftigt, ist nur sein Verhältnis zu den Parteien. Da aber dieses nicht abgetrennt von seiner Gesamterscheinung zu verstehen ist, so sei es gestattet, hier einige Worte von ihm im ganzen zu reden. Das, was Graf Bülow im Anfang seiner Reichskanzlerzeit einmal den ihn im Reichstag umdrängenden Sozialdemokraten entgegenrief, gilt in gewissem Sinn noch heute: „Sie kennen mich nicht genug, weder politisch noch persönlich, um ein abschließendes Urteil über mich fällen zu können!“ Daß es aber noch heute so schwer ist, ihn in seinem Wesen zu durchschauen, gehört zu seiner Charakteristik. Er sieht einfacher aus, als er ist. Der Schein der Einfachheit entsteht dadurch, daß er immer im einzelnen Augenblick eine glatte und runde Formel findet, mit der er sich dem hausbackenen Verstande des Durchschnittsbürgers verständlich machen kann. Hört man dann nur die eine Rede, so hat man den Eindruck einer formgewandten Oberflächlichkeit und geht gleichzeitig befriedigt und enttäuscht hinweg; befriedigt, weil er schön an allen Klippen vorbeigeschifft ist, enttäuscht, weil er kein wirkliches Ziel und kein tiefes Problem gezeigt hat. Er ist ein Virtuos in der formellen Behandlung schwerer Lagen. Als er im November 1900 im Reichstag die Verfassungsverletzung, die offenbar in der Nichteinberufung des Reichstages zur Bewilligung der Chinakredite lag, verteidigte, fand er gegenüber Eugen Richter ein so glückliches Zitat und sprach gleichzeitig die von ihm geforderte schwere Bitte um Indemnität so lächelnd aus, daß sich alles in Wohlgefallen auflöste. Als er am Schluß der Zollstreitigkeiten mit Hilfe des Antrages Kardorff sich einen formellen Sieg über die Obstruktion der Linken schaffte, da hieß es überall: er versteht es! Der große vorhergehende Lärm schien nur dazu dagewesen zu sein, die Spannung zu steigern, was der Tausendkünstler schließlich machen werde. Aber freilich, mit solchen bloß formalen Siegen kann er sich und den Staat ruinieren, wenn jeder solche Sieg nur aus dem Augenblicksbedürfnis heraus geboren ist. Die deutsche politische Geschichte hat schon vor Bülow ähnliche formale Virtuosen gehabt, deren Nachwirkung äußerst peinlich geworden ist: Beust und Metternich. Es mag auffällig erscheinen, Bülow mit dem letztgenannten in Parallele gesetzt zu sehen, aber auch Metternich war seinem Naturell nach nicht der Unhold, als den er sich schließlich in das Gedächtnis der Nachwelt eingeschrieben hat. Auch war er glatt und glänzend, voll geistreicher Einfälle und von einer bewundernswerten Gewandtheit. Von ihm sagt Bailleu in der allgemeinen Biographie:

> Sein schmiegsamer Geist, der sich jeder Lage anzubequemen wußte und sich über die Preisgebung der eigenen Grundsätze durch Zugeständnisse leicht hinwegsetzte, entsprach ganz der politischen Haltung, welche der österreichische Staat erforderte, und welche Metternich von Anfang an zu verfolgen entschlossen war.

Und Metternich selbst sagt 1809 in äußerst schwerer Situation über sein Verhalten gegenüber Frankreich:

> Wir müssen von dem Tage des Friedens an unser System auf ausschließliches Lavieren, Ausweichen und Schmeicheln beschränken. So allein fristen wir unsere Existenz vielleicht bis zum Tage der allgemeinen Erlösung.

Er brauchte seine Künste als Kunstmittel und erreichte mit ihnen besonders 1813 und 1815 sehr viel, dann aber blieb er selbst in seinen Künsten stecken, wie eine Primadonna, die nur noch bei Theaterbeleuchtung auflebt. Die eigene Seele, das eigene Temperament, die persönliche Vertiefung in das Werden und Walten der Geschichte war über der Routine seines hohen Handwerks verloren gegangen. Als alle Welt vom Freiheitskampf der Griechen bewegt war, lächelte er: die Sache greife ihn nicht mehr an, als wenn er ein recht intrikates Melodrama zu schreiben hätte. Das war die Stimmung, in der er zwanzigmal am Tage zu sich selber sagte: Guter Gott, wie sehr habe ich recht und die anderen unrecht! Am Schlusse seines langen und arbeitsvollen Lebens wiederholte er immer wieder: ich habe das Reich nicht regiert, sondern nur seine Politik geleitet.

Metternich also kommt einigen Deutschen in den Sinn, wenn sie Bülow vor sich sehen. Sie haben die Empfindung: alles ist Taktik, sozusagen politische Musik! Er hat von der Genialität die eine Seite, das Spielen mit den großen Dingen! Bülow muß dem Zentrum schmeicheln, muß mit der Majorität rechnen, die er nicht ändern kann, muß sich bei Wilhelm II. in guten Gnaden halten, es ist richtig, daß er das alles muß, aber — es fällt ihm offenbar gar so leicht: Mozart im Konzert der Mächte! Der Übergang Deutschlands in eine von Rom her geleitete Periode wird von ihm so elegant bewerkstelligt, daß wir schmerzlos wie auf venetianischer Gondel bei einem ganz anderen deutschen Reiche ankommen. Wo ist das Deutschland, von dem Treitschkes Pathos geredet hat, jenes von Protestantismus und Philosophie genährte Staatswesen, an dessen Pforte der alte Aufklärer von Sanssouci gestanden hat? Es wird unter Bülows Händen zur Legende, während er Kant feiert und nationale Dichterworte wie Wasser von seinen Fingern tropfen läßt. Man erinnert sich, daß Bülow in Rom war. Da lernte er Rom kennen wie einst Metternich in Paris die Macht der napoleonischen Revolution. Er weiß die älteste und schlaueste der Diplomatien zu nehmen. Ihn und die Römer verhandeln zu sehen, ist, wie wenn man zwei Ostasiaten miteinander lächeln sieht. Eins nur weiß man dabei nicht: was ist Maske, was ist Kunst, was ist Bülow selber? Schon Miquel war ein Rätsel, Bülow aber gibt uns zu raten auf, ob er ein Rätsel ist oder nicht.

Es gibt Dinge, die Bülow macht, und nicht Wilhelm II. Den Zolltarif und den Abschluß der Handelsverträge hat kein Kaiserwort begleitet, und die Aufhebung des Jesuitenparagraphen auch nicht. Bülow vertritt die Dynastie, wenn sie Konzessionen macht. Das liegt in seinem Beruf. Eins nur möchten wir gern sicher wissen, daß er mit Bewußtsein Wege ebnet für eine Zeit, die hinter der Zentrumsherrschaft ist. Wir möchten sehen, daß er der Demokratie, die einmal das Zentrum überwinden soll, im stillen die Geleise legt. Das würde ihn über Metternich heben und zu einem Staatsmann machen, von dem auch spätere Generationen dankbar reden werden. Es gibt Momente, in denen diese Auffassung ganz glaubhaft ist, wo man ihn gleichsam sein Gesicht öffnen sieht: „so fristen wir unsere Existenz bis zum Tage der allgemeinen Erlösung". Dann erscheint er wie ein stiller Verbündeter des neuen Deutschland, das sich vorbereitet. Dann redet er anerkennend vom Minister Millerand in Paris und führt Briefumschläge zur Sicherung des Wahlgeheimnisses ein, verspricht auch wohl einer patriotischen Arbeiterdeputation das freie Koalitionsrecht. Das ist aber derselbe Bülow, der dann wieder zum allgemeinen Kampfe gegen die Sozialdemokratie aufruft. Wozu tut er das? Damit etwas gegen die Sozialdemokratie geschieht? Oder damit sich die Welt am Getöse begnügt und nichts Böses beschlossen wird? Zwei Erklärungen Bülows sind möglich, eine, die nur den Virtuosen, und eine, die den Staatsmann in ihm sieht. Wir hoffen, daß die zweite Erklärung die richtige ist, aber — verbürgen kann sie niemand, denn es gibt bereits einen zu großen Haufen von Akten über verlorene Gegenstände wie beispielsweise: 1 Kanal, 1 ostasiatischer Vertrag, 1 englisch-deutscher Afrikavertrag, 1 Bagdadbahn. Das Vertrauen wankt, und doch wünscht eigentlich niemand, daß Bülow schon bald hinabgesendet werde in das müde Schattenreich der gewesenen Minister Wilhelms II., denn wer kommt dann?

Bülow also ist es, der die Angliederung Deutschlands an das römische Weltsystem besorgt. Wir verfeinden uns mit allen möglichen Stellen, den Papst aber halten wir hoch, und in der inneren Politik beichtet Bülow beim Zentrum. So bleibt auch bei einem etwaigen Nachfolger Bülows der Charakter der Periode, bis die Linke regierungsfähig sein wird. Das liegt in den Ziffern. Die Zusammensetzung des jetzigen Reichstages ist folgende:

Konservativ	52	
Freikonservativ	19	
Wildkonservativ	6	91
Antisemiten	11	
Bund der Landwirte	3	
Nationalliberale	50	50
Zentrum	**100**	
Polen	16	
Welfen	7	137
Elsässer, Dänen	11	
Bauernbund	3	
Sozialdemokratie	**81**	
Freisinnige Volkspartei	21	
Freisinnige Vereinigung	9	119
Deutsche Volkspartei	6	
Wildliberal	2	
		Sa. 397

Mit diesen Zahlen muß jeder Reichskanzler rechnen, er mag heißen wie er will. Es gibt kein wichtiges Gesetz, das ohne Zentrum gemacht werden könnte.

Das Zentrum beherrscht die deutsche Politik, bis es eine regierungsfähige Majorität links vom Zentrum geben wird. Woraus diese Linke bestehen soll, und welches ihre allgemeinen Programmgedanken sein sollen, ist im ersten Hauptabschnitt dargelegt worden. Hier fragen wir nur noch: wann ist das möglich, wann kann das Zentrum abgelöst werden?

Die suchende und sehnende Ungeduld möchte natürlich am liebsten antworten: morgen! Doch es hilft nichts, sich selbst etwas vorzumachen. Die deutsche Zentrumsperiode wird nicht kurz sein, denn die ablösende Linke braucht offenbar noch viel Zeit, ehe sie fertig sein kann. Eine bestimmte Zahl von Jahren kann niemand angeben. Die Handelspolitik des Zentrums ist bis 1917 festgelegt, eine lange Zeit. Welche Fragen sich bis dahin an uns herandrängen werden, kann niemand sagen. Je vorsichtiger aber das Zentrum seine Herrschaft benutzt, desto länger wird es unangreifbar sein. Wir hoffen, daß es Ungeschicktheiten machen wird, die uns helfen. Aber selbst die größten Verletzungen deutschen Volksgefühls durch den Klerikalismus nützen uns nichts, solange ein unüberwindliches gegenseitiges Mißtrauen zwischen dem Kaiser und den Sozialdemokraten besteht. Die neue Periode setzt ein mit der Losung „Demokratie und Kaisertum". Solange diese Losung unmöglich scheint, bleibt Deutschland römisch.

3. Abschnitt.

Das Kaisertum.

I. Das Deutsche Reich als Wirtschaftskörper.

Da die Demokratie einesteils gar nicht imstande ist, die Macht der vorhandenen Regierung zu brechen, und da andernteils diese Regierung der erste und größte Faktor in der nationalen Selbsterhaltung des Deutschtums nach außen ist, also ihre Schwächung an sich vom Standpunkt der Nationalität im ganzen gar nicht gewünscht werden kann, so bleibt für die Demokratie, wenn sie politisch etwas erreichen will, nur die Möglichkeit offen, sich mit der Regierung, insbesondere mit dem Kaisertum in ein Verhältnis gemeinsamen Handelns zu setzen, das für beide Teile vorteilhaft werden kann. Die Natur dieses Verhältnisses zu erfassen, wird die Aufgabe des letzten Abschnittes unseres Buches sein.

Heute ist ein freundschaftliches politisches Verhältnis zwischen Demokratie und Kaisertum nicht vorhanden. Im Gegenteil: beide Teile sprechen sich deutlich ihre Abneigung aus. Zwar der bürgerliche Liberalismus hat sich, teils freudig, teils gedankenlos, mit dem Kaisertum abgefunden, aber die Sozialdemokraten sind noch heute antikaiserlich und glauben nicht daran, daß Wilhelm II. oder einer seiner Nachfolger mit ihnen politisch gemeinsame Sache machen könne. Sie erklären das Kaisertum für einen Bestandteil der herrschenden Klassen, für ein Mittel der Unterdrückung der Freiheit. Aber sie können nicht leugnen, daß es an politischer Macht zunimmt, und daß sie keinerlei Aussicht haben, es zu beseitigen. Es bleibt ihnen also nichts übrig, als sich grollend und hemmend auf die Gegenseite desselben zu stellen. Damit aber treiben sie das Kaisertum erst recht in die Arme ihrer Gegner. Der Kaiser hört die sozialdemokratischen Angriffe und erwidert sie mit der weit größeren Redefreiheit, die er infolge seiner stärkeren Macht hat. Auch die letzten Jahre boten Beispiele des gegensätzlichen Verhaltens von Demokratie und Kaisertum.

Wenn wir trotzdem auf eine spätere Abschwächung dieser Gegensätze rechnen, so geschieht es einfach deshalb, weil beide Teile durch zahlreiche politische Notwendigkeiten aufeinander angewiesen sind. Es ist nicht ein Gemütsbündnis, von dem wir sprechen, sondern, wie fast alle neu entstehenden politischen Beziehungen, ein verstandesmäßiges Ergreifen des Unvermeidlichen. Ob später im Laufe der Zeit aus dem gemeinsamen Handeln etwas von innerer Gemeinschaftlichkeit entsteht, kann niemand vorher wissen, aber keinesfalls kann uns das heute kümmern, heute, wo wir Demokratie und Kaisertum als feindliche Mächte sehen. Daß ein politisches Zusammenwirken auch ohne innere Gemeinschaft möglich ist, zeigt das jetzige Verhältnis des Kaisertums zur ausschlaggebenden Partei des Reichstages. Auch „Kaisertum und Rom" wäre noch vor 20 Jahren als fabelhafte Spekulation und Illusion erschienen.

Hält man die Sätze fest, die wir bis jetzt gewonnen haben, daß eine Majorität rechts vom Zentrum voraussichtlich nicht wieder eintreten wird, und daß die Zentrumsherrschaft im Reich solange dauern wird, bis ein Zusammenwirken von Kaisertum und Demokratie möglich ist, so haben wir die Lage, in der sich das Kaisertum befindet. Einfacher wäre sie, wenn dasselbe Kräfteverhältnis, das im Reichstag vorhanden ist, auch im preußischen Landtag bestände. Der Kaiser und König aber hat mit zwei sehr verschieden zusammengesetzten Körpern zu rechnen. Das ist eine geschichtliche Last, die auf ihm liegt, und von der er sich nur befreien kann, wenn er bei Übergang zum Bunde mit der Demokratie das Reichstagswahlrecht für den preußischen Landtag einführen läßt. Der umgekehrte Fall, den Reichstag dem Landtag anzupassen, ist deshalb kaum denkbar, da es kein Wahlrecht gibt, das die nichtpreußischen Teile Deutschlands konservativ machen kann. Der Zwiespalt einer in sich verschiedenen kaiserlichen und königlichen Regierung bleibt darum trotz der Personalunion des Reichskanzlers und preußischen Ministerpräsidenten solange bestehen, bis der König von Preußen sich dem Kaiser anschließt und die Verfassungsform des Reiches auch für sein Königtum annimmt. Ob ein solcher Vorgang möglich ist, hängt von der Wertung des Kaisertums im Bewußtsein der Hohenzollern ab. Ist ihnen das Kaisertum ihre eigentliche Berufswürde und Geschichtsaufgabe geworden, so überwältigt früher oder später das Kaisertum die Traditionen der konservativen preußischen Königsherrschaft. **Das aber scheint der Unterschied der Auffassung zwischen Wilhelm I. und Wilhelm II. zu sein, daß dieser mehr Kaiser, jener mehr König ist,** ein Unterschied, der nicht in persönlichen Neigungen allein begründet ist, sondern dessen Begründung darin liegt, daß das Königtum die Verfassungsform des Agrarstaates, das Reich aber die Verfassungsform des Industriestaates ist, und daß durch die beständige Volksvermehrung der Industriestaat mächtiger wird als der Agrarstaat. Um dieser sachlichen Begründung willen muß angenommen werden, daß auch etwaige Nachfolger Wilhelms II. den Rückweg zur preußischen Königsauffassung Wilhelms I. nicht wieder finden werden. Die Dynastie ist auf Leben und Sterben an den 1866 und 1870 entstandenen größeren Staatskörper gekettet, mit ihm steigt sie, mit ihm fällt sie, seine Gesundheit ist ihre Gesundheit, und seine Verhängnisse ihr Schicksal. Deshalb arbeitet der bewußte und unbewußte Selbsterhaltungstrieb der Dynastie in der Richtung des Deutschen Reiches, und wer sich darüber klar werden will, wohin die Dynastie steuert, muß das Wesen dieses Reiches zuerst geschichtlich ergreifen. Das ist es, was wir jetzt tun wollen. Wir gehen deshalb in Gedanken rückwärts bis zur Werdezeit des Deutschen Reiches, die, wie uns scheint, in ihren treibenden Kräften gerade in nationalgesinnten Kreisen vielfach sehr ungenügend bekannt ist.

In der Erinnerung der vaterländischen Redner ist nämlich ein wesentlicher Punkt in der Vorgeschichte des neuen Reiches häufig verblaßt, ja direkt verschwunden. Man stellt es so dar, als sei die Sehnsucht nach dem Kaisertum das eigentlich bewegende Motiv der tiefen nationalen Bewegung gewesen, die unser Volk von 1815 bis 1870 durchlebte. Diese Darstellung ist im allgemeinen falsch. Die Kaiseridee war in der Fülle gärender

Gedanken stets vorhanden, aber sie war von allen Ideen des damaligen Nationalismus die unklarste und umstrittenste. Im Wort „Kaiser" lagen glänzende und beschämende Erlebnisse der deutschen Geschichte nahe beieinander, und wer damals vom Kaiser sprach, mußte ohne weiteres an die Entwickelung des habsburgischen Kaiserhauses denken. Man fühlte dem Wort etwas vom Hauche des Mittelalters an, von Romantik, Kreuzfahrt, Alpenzug, aber auch von Interregnum, Canossa und Finanznot. Wenn sich eine Majorität für das Erbkaisertum in der Frankfurter Paulskirche fand, so war doch das Stimmenverhältnis schließlich so, daß am 28. März 1849 nach Ausscheiden der Österreicher 290 Stimmen für den Erbkaiser waren, 248 Abgeordnete sich aber der Stimme enthielten. Auch für viele Zustimmende war der Schritt, den sie taten, indem sie dem preußischen König Friedrich Wilhelm IV. die Krone anboten, ein schwerer Weg in eine dunkle Zukunft. Wir müssen uns hüten, das glückliche Ergebnis der Periode Kaiser Wilhelms I. und Wilhelms II. rückwärts zu verschieben. Was damals weit stärker war als die Kaiseridee, war der Gedanke der politischen und wirtschaftlichen Einheit an sich, und zwar der **Wirtschaftseinheit im Sinne der gewerblichen, finanziellen und industriellen Entwickelung.** Hinter dem rednerisch mehr hervortretenden allgemein nationalen Idealismus lag ein beträchtliches Quantum von geschäftlichem Realismus, und dieser Realismus ist es, der die wichtigsten Teile des Frankfurter Verfassungsentwurfes geschaffen hat. Denn wichtiger als der breit besprochene Abschnitt über die „Grundrechte des deutschen Volkes" ist von Anfang an gewesen und durch die Anlehnung der Bismarckschen Reichsverfassung an den Frankfurter Entwurf noch mehr geworden der Abschnitt über den sachlichen Inhalt der Reichsgewalt. In diesem Abschnitt ist das ausgesprochen, was die damals vorwärts treibende bürgerliche Schicht eigentlich wollte. Hier ist es ohne Rücksicht auf vorhandene hemmende Faktoren frei formuliert. Was also wollten die Frankfurter Propheten des neuen Reiches? Sie wollten einheitliche Regelung folgender Gebiete:

1. Völkerrechtliche Beziehungen, diplomatischen Verkehr, Staatsbündnisse, Handelsverträge;
2. Entscheidung über Krieg und Frieden, einheitliche Wehrverfassung, Seemacht;

3. Verkehrspolitik, Einheitlichkeit des Eisenbahnwesens, der Landstraßenordnung, des Post- und Telegraphenbetriebes und der Flußschiffahrt;
4. Zollpolitik, Produktions- und Verbrauchssteuern;
5. Patentwesen;
6. Münzwesen, Bankgesetzgebung, Handelsrecht, Wechselrecht, Schiffahrtsgesetzgebung;

   Bürgerliches Recht und obere Reichsgerichtsbarkeit;
8. Gewerbegesetzgebung;
9. Heimatrecht, Freizügigkeit usw.;
10. Versammlungsrecht.

Man sieht auf den ersten Blick, wie sehr das wirtschaftspolitische Streben vorherrscht, und zwar ist es das damals mehr geahnte als vorhandene gewerbliche Deutschland, das sich in diesen Forderungen meldet. Alles, was konservativ ist: Agrarrecht, Gesinderecht, Gemeindeverfassung, wird den Einzelstaaten belassen. Man ist weniger darauf bedacht, das bisherige Recht der alten Schichten zu ändern, als über dasselbe ein neues Reichsrecht des kommenden gewerblichen Volkes zu schieben. Allerdings war der Gegensatz des Agrariertums gegen Verkehr und Großgewerbe damals noch nicht geweckt: die Großgrundbesitzer des östlichen Preußens führten Getreide nach England aus. Sie konnten nicht übersehen, auch 1867 und 1870 noch nicht, was es für sie einmal bedeuten könne, daß Zollwesen, Handelsverträge und Heimatrecht zu Reichsangelegenheiten gemacht würden. Wenn sie die wirklichen, später eintretenden Folgen dieser Kompetenzverteilung in der Zeit der Reichsgründung vorhergesehen hätten, würden sie noch ganz anders, als sie es getan haben, der neuen Verfassung Steine in den Weg gelegt haben. So klug sie sonst politisch sind, weder sie noch Bismarck rechneten mit einem Anschwellen der industriellen Bevölkerung, das ihnen die alte Herrschaft einmal wegnehmen könnte. Sie waren Gegner des Liberalismus, noch nicht des Industrialismus.

Die Verfassung des Norddeutschen Bundes, die dann auf Süddeutschland ausgedehnt wurde, bietet in der Hauptsache dieselben wirtschaftspolitischen Ziele wie das Programm der Paulskirche. Ausgedehnter ist in ihr der Anspruch auf gemeinsames Recht in jeder Beziehung, hinzugefügt die Reichshoheit in Medizinalangelegenheiten, gefordert ist Regelung des Preßwesens. In vielen der genannten Punkte konnte an vorhandene

Landesgesetzgebungen angeknüpft werden. In Zollangelegenheiten erbte das Reich die große Tradition des Zollvereins. Im ganzen aber war es doch ein gewaltiger Fortschritt deutschen Lebens, daß nun erst eine wirkliche **deutsche Volkswirtschaft** entstand. Es begann ein Wirtschaftsblut durch alle Adern der geeinten Nation zu rinnen. Die Kleinkrämerei der Handelshemmungen flog dahin. Die Blicke weiteten sich, und nun erst erlebte man in Deutschland, daß Volkswirtschaft nicht bloß eine Sache fiskalischer Beamten ist, sondern eine allgemeine Angelegenheit, von deren Betrieb der Wohlstand jeder Hütte berührt wird.

Für Völker im alten Agrarzustande ist wenig staatliche Volkswirtschaft nötig. Je mehr Naturalwirtschaft waltet, desto isolierter ist jede Gegend für sich. Nun aber hörte der Einzelmarkt auf, der isolierte Wirtschaftsmittelpunkt einer Gegend zu sein. Es bildet sich der Nationalmarkt, der langsam, aber sicher, die Preise nivelliert und alle Volksteile an die Zentralpunkte des geschäftlichen Verkehrs anschließt. Die Bewegung auf Markterweiterung half das Deutsche Reich schaffen und wurde dann ihrerseits durch dieses Reich ungeheuer verstärkt. Deutschland kam in das „Zeitalter des Verkehrs". Es war nun erst in der Lage, Großbetriebe in größerer Zahl tragen zu können und eine kapitalistische Finanzwirtschaft großen Stiles zu entwickeln. Unter diesem Gesichtspunkt ist es gar nicht unrichtig, das Deutsche Reich eine „kapitalistische Gründung" zu nennen.

Als König Wilhelm I. im April 1868 das erste deutsche Zollvereinsparlament eröffnete (d. h. Norddeutscher Reichstag mit Hinzuziehung süddeutscher Abgeordneter) sagte er:

> Die bisherigen Einrichtungen des Zollvereins vermochten auf die Dauer weder den Anforderungen zu genügen, welche die rasche Entwickelung und die zunehmende Vielseitigkeit des Verkehrs an die Gesetzgebung stellt, noch dem berechtigten Verlangen des deutschen Volkes nach einer wirksamen Teilnahme an dieser (wirtschaftlichen) Gesetzgebung zu entsprechen.

Auch dieses Zollparlament genügte noch nicht, es mußte ein voller Wirtschaftskörper werden. Gerade aber als er entstand, mußte er seine erste schwere Prüfung durchmachen: die Aufnahme der hochentwickelten elsässischen Textilindustrie, die nach Verschluß des französischen Marktes die noch schwächere damalige deutsche Textilindustrie zu erdrücken drohte. Trotz vieler Fabrikantensorgen wagte man indessen den Anschluß dieser

Gebiete, die heute niemand in der deutschen Gesamtindustrie missen möchte. Aus Sorgen und Bangen, ob wirklich der neue Wirtschaftskörper leistungsfähig werden würde, hielten sich Hamburg und Bremen noch eine Zeitlang fern. Auch die hanseatische Sorge ist überwunden. Es gibt jetzt einen modernen deutschen Gewerbs- und Handelsgeist, der unsere beiden stolzen Haupthäfen mit Arbeit überfüllt. Die deutsche Volkswirtschaft ist mit jedem Jahre mehr ein wichtiger Teil der Weltwirtschaft geworden. Das beweisen Ausfuhr und Einfuhr.

Bei dieser gesamten Richtung der reichsgründenden Periode ist es ganz natürlich, daß das erste Jahrzehnt des neuen Reiches von wirtschaftlicher Gesetzgebung fast überladen erscheint. Man ließ die liberalen Forderungen der alten Demokraten verstauben, ein brennendes Unrecht an denen, die ohne eigenes Wirtschaftsinteresse sich an der liberalen Bewegung beteiligt hatten. Das freie deutsche Vereinsgesetz und ein freies Preßgesetz haben wir noch immer nicht. Solange es eine liberale Majorität gab, hatte sie dafür keine Zeit! Die Justizgesetze kamen, abgesehen vom Reichsstrafgesetzbuch, das 1870 erschien, im Jahre 1877 und fanden ihre Vollendung im Bürgerlichen Gesetzbuch erst am Ende des Jahrhunderts! Aber was für das schaffende Kapital nötig war, das wurde sofort, bisweilen allzuschnell, in die Hand genommen. Wir nennen die Hauptgesetze:

1867 = Zollvereinigungsvertrag.
Freizügigkeitsgesetze (in Preußen 1842 erlassen, aber wieder eingeschränkt).
Konsulatsgesetz.
Gesetz über Nationalität der Kauffahrteischiffe.
1868 = Gesetz über einheitliches Maß und Gewicht.
Notgewerbegesetz.
1869 = Zollgesetz.
Gewerbe-Ordnung.
Handelsgesetzbuch und Wechselordnung.
1870 = Gesetz über Urheberrecht an geistigem Eigentum.
1871 = Postgesetz.
1872 = Seemannsordnung.
1873 = Münzgesetz.
Zolltarifgesetz.
1874 = Markenschutzgesetz.
Strandungsordnung.
1875 = Reichsbankgesetz.
Eisenbahnpostgesetz.
1877 = Patentgesetz.

Das wichtigste aller dieser Gesetze ist die Gewerbe-Ordnung von 1869. Auch sie knüpfte wie das Freizügigkeitsgesetz an preußische Vorbilder an und besiegelte den schon vorher eingetretenen Fall der staatlich bevormundeten Innungen. Mit der Gewerbe-Ordnung wurde das neue Deutsche Reich freies Jagdgebiet für jede Art Profitbegierde. Alle Kräfte wurden entfesselt, das Recht des wirtschaftlich Stärkeren wurde rückhaltlos anerkannt. Es begann ein Eifer des Gründens und Schaffens, der beispiellos war und zum Krache führen mußte. In diesem Treiben achtete man der Arbeiter wenig. Das neue Deutsche Reich brachte ihnen Wahlrecht und Koalitionsfreiheit, letztere allerdings mehr auf dem Papier als in Wirklichkeit. Sonst fing das Reich nicht gerade sozial an. St. Manchester war der Heilige des Bürgertums. Die Mängel und Fehler dieses Anfangs sind längst offenkundig, aber über der Kritik dieser Fehler soll man nicht vergessen, daß alle neudeutsche Industrieentwickelung und auch der wachsende demokratische Sozialismus ohne den Bruch mit der alten Art von Staatsbevormundung nicht möglich gewesen wäre. Soviel inzwischen an der Gewerbe-Ordnung von 1869 geändert werden mußte und weiterhin geändert werden wird, so ist sie doch in ihrer Art eine dauernde Siegessäule der bürgerlich liberalen Wirtschaftsbewegung, die dem Deutschen Reiche zum Werden verhalf.

Als die neue Wirtschaftsgesetzgebung aufkam, war die wirtschaftlich liberale Strömung so stark, daß selbst die meisten Konservativen, damals allerdings noch getreideausführende Rittergutsbesitzer, sich an ihr beteiligten. Nachträglich wissen sie, was sie damit getan haben. Das Freizügigkeitsgesetz fand damals fast keinen Widerstand, jetzt aber nannte es in Übereinstimmung mit der Denkweise seiner Standesgenossen ein posenscher Adliger „die größte Backpfeife, dir wir je bekommen haben". **Es muß klargestellt werden, daß das Deutsche Reich von vornherein eine wirtschaftlich fortschrittliche Gründung ist, antikonservativ in seiner ersten Jugend.** Damit hat es einen Charakter erhalten, den es zeitweise sich trüben lassen kann, den es aber nicht dauernd verlieren darf. Wenn der alte römische Historiker Sallust darin recht hat, daß Staaten und ähnliche Dinge durch dieselben Ursachen erhalten werden, durch welche sie entstanden sind, so darf das Deutsche Reich nicht zur Versorgungsanstalt für notleidende Agrarier herabgedrückt werden, wenn es seinen ihm eigenen Geist und geschichtlichen Charakter bewahren will. Bismarck hat in seinen alten Tagen die Deutschen öfter ermahnt, die Reichsverfassung fleißiger zu lesen. Wenn sie ihm darin nur folgen wollten! Die Reichsverfassung ist mit ihrer ganzen Auffassung der Reichsaufgaben ein urkundlicher Protest gegen jene, die heute Bismarck als einen Agrargötzen hinstellen wollen. Der alte Bismarck im Sachsenwalde sprach, als gehöre er zum Bund der Landwirte; der große, tatenfrohe, geniale **Bismarck** der sechziger Jahre aber fühlte sich als Organ einer neuen Geschichtsperiode, einer Periode, die ihrem Wesen nach modern, technisch, verkehrspolitisch, kapitalistisch war. So sehr der Sozialist gegen die Macht der Kapitalisten kämpfen muß, er lebt doch mit allen seinen Kräften in der Welt, die erst durch den Kapitalismus entsteht. Niemals kann er sein Heil in Wirtschaftsperioden suchen, die vor der kapitalistischen Epoche liegen. In diesem Sinne muß er den Vater des Sozialistengesetzes, den Gegner des Arbeiterschutzes doch als Förderer der Neuzeit anerkennen, als den Mann, der die Frankfurter Verfassung in ihren wirtschaftlichen Teilen durchdrückte. Bismarck war in seiner starken heldenhaften Zeit unzweifelhaft kapitalistisch. Das schied ihn im Anfang der siebziger Jahre von allen seinen alten Freunden. Er arbeitete mit Bleichröder und bekam selbst Geschmack am kapitalistischen Betriebe. Was aber wichtiger ist als dieses: er brachte dem neuen Reich den gewaltigen Betriebsfonds von 5 Milliarden Franks aus dem deutsch-französischen Kriege mit. Diese Fünfmilliardenzahlung ist äußerst bezeichnend für die Gesamtstimmung, in der das neue Reich gegründet wurde. Schon Napoleon I. hatte seine Siege zu Geld zu machen verstanden. Wahrscheinlich wird der Krieg der kapitalistischen Staaten in Zukunft noch mehr ein Kampf um Gold und Werttitel werden. Kein Gegner Englands, dem es gelingen sollte, die Bank von England zu erobern, wird in irgend einer Weise Scheu haben, eine Milliarde Pfund Sterling zu fordern. Er wird die Finanzwirtschaft des besiegten Landes zerstören wollen. Uns aber wird es im Fall einer Niederlage nicht besser gehen. Dann werden wir unsere baren Bestände zahlen und unsere zukünftigen Einnahmen verpfänden müssen, und wenn wir uns dann beklagen, so wird man uns lachend sagen, das sei die Methode des Herrn von Bismarck gewesen! Bismarck übertrug etwa ein Dritteil eines Jahresertrages der ganzen französischen Volkswirtschaft im Laufe von drei Jahren von Frankreich nach Deutschland. Mit dieser Summe wurde der deutsche Haushalt ausgestattet. Frankreich hat diesen materiellen Kräfteverlust nie ganz überwunden. Es kann trotz seiner vortrefflichen natürlichen Hilfsmittel nicht mehr wie früher vorwärts kommen, denn es hat eine Niederlage in seinen Gliedern. Der militärische Sieg der Deutschen war für unser Volk nicht nur ein politischer, sondern wesentlich ein volkswirtschaftlicher Erfolg. Das militärisch geschlagene Frankreich mußte zahlreiche Außenstationen seiner Volkswirtschaft den Deutschen überlassen. Der ganze Orient ist ein sprechender Beweis für diesen Umschwung. Das System, das 1870 siegte, war militärisch-kapitalistisch. Als solches wirkt es weiter und schafft den Boden, auf dem wir stehen, und auf dem auch die Demokratie arbeiten muß. Sie kann sich keine neue Welt nach ihren Wünschen gestalten, sondern muß die Welt erkennen und benutzen, die da ist. Das Deutsche Reich ist eine Tatsache von solcher Wucht und Festigkeit, daß wir alle uns zuerst auf diesen Reichsboden stellen müssen, wenn wir für bessere Zukunft arbeiten wollen. Es gibt keinen siegreichen unmilitärischen Kapitalismus. Es gibt keinen Sozialismus ohne Kapitalismus. Es kann sich also der Sozialismus der Logik kaum entziehen, daß, wenn er sich als Folgeerscheinung des Kapitalismus auffaßt, er den Militarismus in Kauf nehmen muß. Es kann aber andererseits kein Kaisertum sich auf seine eigene Entstehungsgeschichte berufen, das agrarisch-konservativ-klerikal regiert.

II. Militärische Monarchie und Nationalstaat.

Die Begriffe „Monarchie" und „Nation" sind ihrem Wesen nach keineswegs zusammengehörig, und es ist erst eine lange Geschichtsentwickelung nötig gewesen, ehe sich in Deutschland die hohenzollernsche Monarchie zur Vertreterin des Nationalgedankens machen konnte. **Im Begriff der Nation liegt ein starkes demokratisches Element.** Die Nation ist etwas anderes als die Summe der „Untertanen" eines Fürsten.

Wo sich in der neueren Geschichte Nationalsinn gebildet hat, geschah dies im Gegensatz zur monarchischen Tradition. Als die Franzosen vor mehr als 100 Jahren Nation werden wollten, gerieten sie in solchen Konflikt mit ihrem König, daß dieser mit Ausländern gegen die Nationalregierung konspirierte und auf Beschluß des „Nationalkonvents" 1793 hingerichtet wurde. Immer, wenn in Frankreich monarchische Formen gestürzt wurden, traten „Nationalversammlungen" auf. Noch heute sind in Österreich und in der Türkei die nationalen Bewegungen Gefahren für die monarchischen Dynastien, und alle deutschen Fürsten, vielleicht mit Ausnahme des Großherzogs von Weimar, hatten in der Metternichschen Zeit eine allgemeine Angst vor dem erwachenden nationalen Geiste. Von dieser Angst ist die preußische Monarchie am wenigsten frei gewesen. Jahn wurde, um nur an ihn zu erinnern, nachts von dem Sterbebette seines Kindes fortgerissen, in Ketten geschlagen und fünf Jahre ohne Grund im Kerker gehalten, der Mann, der von sich sagen konnte: „Als Kind habe ich für das Vaterland in frommer Erhebung gebetet, als Knabe geglüht, als Jüngling geschwärmt, als Mann geredet, geschrieben, gestritten und gelitten." E. M. Arndt wurde 1820 bis 1840 von seiner Professur suspendiert und lernte auch Gefängnis kennen. Kein Appell an den preußischen Staatskanzler Hardenberg half ihm etwas. Einem Buchhändler wurde 1824 verboten, Fichtes Reden an die deutsche Nation neu zu drucken, und dieses Verbot wurde von dem Oberpräsidenten der Provinz Brandenburg und von dem Oberzensurkollegium bestätigt. Liebe zum deutschen Vaterlande war verdächtig, alles, was wie Begeisterung aussah, wurde polizeilich berochen, die Erhebung von 1812 und 1813 wurde als Kabinettskrieg hingestellt, nur um dem Volke nicht geben zu müssen, was des Volkes war. Nationalsinn war etwas Revolutionäres, denn niemals konnte, das war klar, Deutschland ein grosses einiges Volk werden, ohne Bruch der fast 40 Souveränitäten, die dem eisernen Besen Napoleons entgangen waren. Diese Souveränitäten, diese Monarchien zu erhalten, war damals staatserhaltend. Der gute Bürger hielt sich fern vom nationalen Gifte. Er war nicht national, sondern „königstreu", „großherzogstreu", „herzogstreu" usw.

Es ist nicht leicht, eine hinreichend deutliche Bestimmung des Begriffes „national" zu geben, da dieser Begriff ein lebendig werdender ist wie die Sache, von der er redet. In jedem Menschenalter des verflossenen Jahrhunderts hatte das Wort „Nation" oder „Volk" einen etwas anderen Klang. Für Goethe ist Nation noch kein politisches Ideal, sondern ein Kulturgedanke, wenn er von Nationalsprache redet. In ähnlichem Sinn redet Herder von Nationalgefühl, J. Möser und Schiller von Nationalgeist, Lessing von Nationalbühne. In allen diesen Aussagen liegt der Wunsch, die Kleinlichkeit, Zerfahrenheit und Barbarei zu überwinden, aber die großen Geister unserer glänzenden Literaturepoche hatten wenig Verständnis dafür, daß eine einheitliche Geisteskultur auf ganz bestimmten wirtschaftlichen und politischen Voraussetzungen ruht. Wer ist die Nation, von der sie reden? Ist es jeder deutsche Mann, auch der Tagelöhner? Oder sind es nur Bevorzugte? Läßt sich Geisteskultur vertiefen, solange die Masse des Volkes aus Heloten besteht und viele Kinder noch in keine Schule gehen? Gibt es Geisteskultur ohne den Willen, die Dinge umzugestalten, ohne Politik? Die Dichter der Freiheitskriege machten den Kulturbegriff zum Rassenbegriff: der „Teutsche" treibt den Welschen fort, er besinnt sich teutonischer Urkraft und will es nicht leiden, daß die Ausländer ihn tyrannisieren. Das Deutschland, das solange in die französische Schule gegangen ist, will jetzt sein eigener Herr sein: das Volk steht auf, der Sturm bricht los! Die Masse wird Subjekt, die immer nur Objekt gewesen ist. Der Landsturm tritt in die deutsche Weltgeschichte ein. Es regt sich überall ganz anders als noch im siebenjährigen Kriege: das Deutschtum will werden. Der Boden hebt sich, da wackeln die alten Tannen, die auf ihm stehen. Aus dem Rassenbegriff wird der Massenbegriff: alles, alles, was deutsch spricht, denkt, fühlt, soll eine große Einheit werden! Was ist des Deutschen Vaterland: das ganze Deutschland soll es sein! Die Idee gesammelter deutscher Massenkraft, volkstümlicher Macht ist in ihrem ersten Aufsteigen formlos, fast gespensterhaft ungreifbar, ein Gewirr archaistischer, utopistischer, praktischer, kühn gestaltender Gedanken. Man braucht nur Arndt und Jahn zu lesen, um sich im Banne ungestalteter Empfindungskräfte zu fühlen. Am klarsten ist Fichte, aber auch er ist ein Dichter und Träumer im großen, kein historisch-politischer Mensch. Er weckt den Instinkt, daß es keine mächtigere Idee geben könne, als deutsch zu sein. Die Burschenschaft sucht die Deutschheit in kleinen und großen Plänen und Formen, und langsam während des Auslebens der Kinder von 1813 gestaltet sich der Doppelbegriff von deutscher Macht und Freiheit, genährt durch das Studium der Historie und vertieft durch die Leiden derer, die um ihres Volkes willen keine Fürstenknechte sein wollten. Man lernte, was man brauchte: den nationalen Staat! Man brauchte etwas, was höher war als die Vielheit der damaligen monarchischen Staaten: die Souveränität der Gesamtheit.

Die Souveränität der deutschen Gesamtheit war es, was man 1848 suchte. Man wollte Macht für eine Idee. Macht aber kann nicht mit bloßen Gedanken erzeugt werden. Sie wird nur durch Organisierung von menschlichen und materiellen Einzelkräften gesammelt. Um aber größere Kräfte organisieren zu können, muß man schon gewordene, geschichtlich gewachsene Kraftzentren besitzen. Was aber waren die Häuflein der Begeisterten und Getreuen, was half ihr Opfern, Schießen und Bluten? Die Monarchien waren einige Wochen schwankend, zitternd, bereit nachzugeben, wenn es eine Macht gegeben hätte, die ihnen gegenüber die werdende Nation verkörpert hätte. Da es aber diese feste, gesammelte Macht nicht gab, so erholte sich das vielgestaltige deutsche Monarchentum und beharrte auf seinem Schein. Es ist geradezu ergreifend, zu beobachten, wie die deutschen Demokraten in Frankfurt unter dem Druck der Erfahrungen des einen wechselreichen Jahres das Machtproblem zu begreifen anfangen: gegen Soldaten muß man Soldaten haben! Man ging nach Berlin, kam aber unverrichteter Sache zurück. Nachdem König Friedrich Wilhelm IV die Krone, an der der „Ludergeruch der Revolution" klebte, abgewiesen hatte, war sachlich die nationale Verfassungsarbeit zu Ende. Die Lage war diese: 27 kleine deutsche Monarchien hatten sich mit der Frankfurter Verfassung einverstanden erklärt, Baden hatte Klauseln gemacht, von Sachsen, Bayern, Hannover fehlte die Zustimmung, der württembergische König sagte:

> Ich versichere Sie, daß ich die ganze Reichsverfassung mit Ausnahme der Oberhauptsfrage anerkenne, aber einem Hohenzollern unterwerfe ich mich nicht. Ich bin dies meinem Lande, meiner Familie und mir selbst schuldig.

In dieser Lage hielt Carl Vogt, ein Demokrat reinsten Wassers, Gegner aller Fürsten, Kirchen und Vorrechte, Gegner der konstitutionellen

Doktrin, Enthusiast für Revolution, eine Rede, am 24. April 1849, in der er, anknüpfend an die eben genannten Worte des württembergischen Königs, sagte:

> Meine Herren! Diese Worte sind der Ausfluß jenes Gottesgnadentums, welches in Selbstüberschätzung sich nicht daran erinnert, daß die Krone ihm und seiner Familie von einem Sprößling der Volkssouveränität, nämlich von Napoleon aufs Haupt gedrückt wurde. Wahrlich, meine Herren, wenn der Erbkaiser nur dazu gut wäre, um diese verrosteten Ideen in den Köpfen deutscher Fürsten zu brechen und zu Boden zu schmettern, diese Ideen des Gottesgnadentums und die eingebildeten Rechte, die daraus fließen, ich würde ihn mit Freuden nur deshalb annehmen. Diejenigen, die eine bewaffnete Macht zur Disposition haben, hinlänglich, um die Verpflichtungen, die sie für sich, für ihr Haus und für ihre Familien von Gottes Gnaden erhalten zu haben glauben, zu erfüllen und zu beschützen, die sind die wahren Feinde der Einheit und Freiheit. Meine Herren! Solange Sie solche Fürsten haben, so lange ist kein wahrer Bundesstaat in Deutschland möglich. Der Trotz dieser Fürsten muß gebrochen werden ... Und dann, meine Herren, schagen wir einige Mittel vor, um eine bewaffnete Macht um Sie zu versammeln und zu Ihrem Dienst zu nehmen. Ohne eine solche Macht, täuschen Sie sich nicht, werden Sie nichts durchsetzen!

Das ist das „Evangelium von der gepanzerten Faust" im Munde des nationalen Radikalismus, der nach schweren Enttäuschungen schließlich nur das eine weiß: Militär! Staaten kann man nicht anders gründen als militärisch. Diese harte und schwere Lehre hat die Demokratie von heute im allgemeinen noch immer nicht gelernt oder in ihren älteren Teilen wieder vergessen. Die französische Revolution schuf, um sich zu erhalten, den grandiosen Militarismus Napoleons I., Cromwell in England war Militär, es gibt keine Morgenröte neuer Zeiten ohne Pulver und Blei. Das ist moralisch und ästhetisch angesehen jammervoll, aber es ist die Wirklichkeit! Der italienische Nationalismus mußte sich an Napoleon III. verkaufen, damit er Kanonen hätte, der deutsche mußte mit der leistungsfähigsten Militärmonarchie gehen, die es in Deutschland gab, mit Preußen. Indem er dieses tat, wagte er viel. Die Freiheit, die er meinte, die sein Herz erfüllte, kam bei dem Pakt zwischen Nationalismus und Militärmonarchie schlecht weg. Aber was blieb übrig? Die Geschichte hat gesprochen: der Erbkaiser hat die zahlreichen Souveränitäten gebrochen und den Nationalstaat gebracht. Indem er das tat, hat er seinerseits ebensoviel geopfert als der freiheitliche Nationalismus. Er gab den Legitimismus auf.

Die Vorgeschichte der preußischen Monarchie wird seit 1871 mit Vorliebe als die Vorgeschichte des Deutschen Reiches überhaupt dargestellt. An dieser Darstellung ist aber nur soviel richtig, daß die Geschichte der preußischen Monarchie die Geschichte der neudeutschen Militärmacht ist. Wenn man die Marmorbilder der Hohenzollern in der Berliner Siegesallee betrachtet und sich dabei in die Seelen der hier versteinerten Fürsten hineinzudenken versucht, so sind es mit wenig Ausnahmen straffe, starke Herrscher, die, besonders von dem großen Kurfürsten an, hier stehen, Muster im Sinne der Monarchie, aber keine nationalen Geister. In gewissen Momenten blitzt in ihnen die Idee einer deutschen Nationalgeschichte auf, der sie dienen, aber im laufenden Gang der Dinge sind sie zähe Vertreter ihrer dynastischen Macht. Auch Friedrich II., der mehr als sonst jemand zur Hebung des deutschen Selbstgefühls gegenüber dem Franzosentum beigetragen hat, war in sich selbst nicht deutschnational im Sinne des späteren neuen Reiches. Er wollte Preußens Macht. Er war preußischer Eroberer und Verwaltungstechniker, Monarch vom Scheitel bis zur Sohle, ein Herr über Land und Untertanen, kein Organ des noch nicht vorhandenen Gesamtsubjektes: deutsches Volk. Er war der erste Diener seines Staates, nicht des Nationalstaates. Treitschke sagt in seiner „Politik" vom großen Friedrich:

> In Friedrich II. hat der aufgeklärte Despotismus seine Vollendung gefunden. Der große König wird in dieser seiner geschichtlichen Stellung von den meisten Historikern nicht richtig aufgefaßt. Weil er der größte absolute Herrscher ist, der je regiert hat, so nimmt man durch eine naheliegende optische Täuschung an, er sei der Bahnbrecher einer neuen Zeit gewesen. Das war er wohl in der äußeren Politik, indem er das: Los von Österreich! zuerst aussprach. Für die inneren Staatsverhältnisse aber läßt sich ein Gleiches nicht sagen. Hier steht er nicht am Anfang, sondern am Ende einer großen Epoche. Er hat die Institutionen seines Vaters einfach bestehen lassen, nur gemildert im einzelnen. Schöpferisch war er hier nur allein auf dem Gebiet der Rechtspflege; durch das allgemeine Landrecht vollendete er den Bau, den seine Vorfahren seit dem Großen Kurfürsten aufzurichten begonnen hatten.

Es ist wertvoll, diese Charakteristik aus der Feder eines Mannes zu besitzen, dessen Hohenzollernbegeisterung über jeden Zweifel erhaben ist. Als 1772 Friedrich II. sich an der Teilung Polens beteiligte, hatte er keine nationalen Bedenken. Bismarck sagt von dieser Epoche: „Der preußische Staat eignet sich neue polnische Untertanen mit gleicher, wenn nicht mit größerer Bereitwilligkeit wie deutsche an." Friedrich II. gab seinen Nachfolgern die Tradition: monarchischer Absolutismus mit möglichster Vergrößerung des Besitzstandes! Diese Tradition hat, mit kurzer Unterbrechung durch den Geist des Freiheitskrieges gegen Napoleon, bis 1840 gedauert. Erst in Friedrich Wilhelm IV. wurde die Tradition unsicher. In diesem beweglichen, phantasiereichen Kopfe einten sich die verschiedensten Strömungen.

1. altpreußisches absolutes Monarchentum;
2. großdeutsche mittelalterliche Reichsmystik;
3. Metternichscher Legitimismus;
4. neudeutsche Nationalitätsideen.

Aus dieser Vielheit von Gedanken ist niemals eine konsequente Lebensidee herausgetreten. An der Ablehnung der Kaiserkrone waren die drei ersten Gedankengruppen gleicherweise beteiligt, und die halbe, unsichere Form der Ablehnung kam aus dem vierten Bestandteil. Stark war die preußische Monarchenidee in seinem Bruder, dem späteren König Wilhelm, stärker in ihm auch die neue Nationalitätsidee; aber auch in seinem klareren und praktischeren Kopfe lebte weniger die mittelalterliche Reichsmystik, aber stark der Legitimitätsgedanke fort.

Der Gedanke der Legitimität ist kein altpreußischer. Was hat es im Laufe ihrer früheren Geschichte den Preußenkönigen ausgemacht, andere Souveränitäten zu verletzen? Aber seit durch die französische Revolution und durch Napoleon der demokratisch-plebejische Zug in die europäische Welt hineingekommen war, ging es wie das Ahnen einer allgemeinen Götterdämmerung durch die Fürstengeschlechter, und sie schlossen eine Art moralischer gegenseitiger Lebensversicherung. Man lebte sich ein in den Gedanken, daß die Herrschaften, die den Napoleonsturm überlebt hatten, in besonderem Sinn gottgewollt seien. Das alte, fromme, demütige

Wort „von Gottes Gnaden" bekam einen staatsrechtlichen Sinn und bedeutete die von der europäischen Fürstenfamilie garantierte Unverletzlichkeit des nach dem Wiener Kongreß bestehenden Herrschaftsverhältnisses. Der einzelne Fürst fühlte sich im Syndikat der Souveräne gesichert, der kleine Fürst in erster Linie, aber auch der größere. Der Gedanke, daß Macht, nichts als Macht Staaten gründet und erhält, versank in einem breiten moralischen Nebel. **Diesen legitimistischen Nebel hat Bismarck zerblasen, so gründlich, daß er nicht wiederhergestellt werden kann.** Er hatte die Pietätlosigkeit Napoleons und übertrug sie auf preußisch-deutsche Verhältnisse. Von den vier Gedankenreihen Friedrich Wilhelms IV. besaß er zwei: die Idee vom preußischen absoluten Monarchentum und die neudeutsche Idee vom Nationalstaat. Alles andere streifte er ab, und es ist bekannt, welche Mühe es ihm gemacht hat, seinen „alten Herrn" von legitimistischer Tradition zu befreien.

Äußerst belehrend in Hinsicht auf Bismarcks Denkweise ist in seinen „Gedanken und Erinnerungen" der Abschnitt, wo er von seinem späteren Standpunkt aus feststellt, was Friedrich Wilhelm IV. 1848 hätte tun können und sollen:

> In den Tagen zwischen den süddeutschen Revolutionen, einschließlich der Wiener, und dem 18. März, solange es vor Augen lag, daß von allen deutschen Staaten, Österreich inbegriffen, Preußen der einzige feststehende geblieben war, waren die deutschen Fürsten bereit, nach Berlin zu kommen und Schutz zu suchen unter Bedingungen, die in unitarischer Richtung über das hinausgingen, was heute verwirklicht ist; auch das bayerische Selbstbewußtsein war erschüttert ... Ich glaube, daß mit fester und kluger Ausnutzung des Sieges, des einzigen, der damals von einer Regierung in Europa gegen Aufstände erfochten war, die deutsche Einheit in strengerer Form zu erreichen war, als es zur Zeit meiner Beteiligung an der Regierung schließlich geschehen ist. Ob das nützlicher und dauerhafter gewesen wäre, lasse ich dahingestellt sein.

Hier tritt klar heraus, wo Bismarck mit der nationalen Bewegung übereinstimmt und wo nicht. Er will ebenso wie sie die geeinte deutsche Macht um jeden Preis, er will wie sie Bruch der anderen Souveränitäten. Gleichgültig ist ihm das Schicksal der an Aufstand Beteiligten. In ihm wirkt ein absoluter Machtinstinkt, der ein Deutschland braucht, weil Preußen als europäische Macht zu klein ist. Er war nicht gefangen von der Vorstellung der zu behütenden Autoritäten. Wenn sie Macht gab, aber nur dann, ging er auch mit der Revolution. Eine innere Scheu vor dem Heiligtum der Majestät besitzt er nicht, so oft er sich auch auf seinen persönlich verehrten König und Kaiser beruft. Von ihm stammt folgendes Urteil über die Zeiten des absoluten Regiments:

> In einer absoluten Monarchie, und Preußen war damals (1786—1806 und 1842—1862l) eine solche, hat an der Verantwortlichkeit für die Politik außer dem Souverän niemand einen genau nachweislichen Anteil; faßt oder genehmigt .dieser verhängnisvolle Beschlüsse, so kann niemand beurteilen, ob sie das Ergebnis eigenen moralischen Willens oder des Einflusses sind, den die verschiedenartigsten Persönlichkeiten männlichen und weiblichen Geschlechtes, Adjutanten, Höflinge und politische Intriganten, Schmeichler, Schwätzer und Ohrenbläser auf den Monarchen geübt haben. Die allerhöchste Unterschrift deckt schließlich alles; wie sie erreicht worden ist, erfährt kein Mensch.

Sächlich schärfer hat auch die Demokratie die Mängel des monarchischen Systems kaum dargestellt. Es nimmt deshalb nicht wunder, wenn Bismarck dort, wo er sie brauchen kann, auch antimonarchische Kräfte in den Dienst seiner Politik hineinzieht. Er rät im Juli 1866 dem preußischen König den „Appell an die ungarische Nationalität“, das heißt einen Schritt, der allem legitimistischen Empfinden stracks entgegenläuft. Noch stärker aber spricht er diese Haltung in seinen „Gedanken und Erinnerungen“ dort aus, wo er auf das allgemeine Wahlrecht zu sprechen kommt. Die betreffende Stelle lautet:

> Im Hinblick auf die Notwendigkeit im Kampfe gegen eine Übermacht des Auslandes im äußersten Notfall auch zu revolutionären Mitteln greifen zu können, hatte ich auch kein Bedenken getragen, die 'damals stärkste der freiheitlichen Künste, das allgemeine Wahlrecht, schon durch die Zirkulardepesche vom 10. Juni 1866 mit in die Pfanne zu werfen, um das monarchische Ausland abzuschrecken von Versuchen, die Finger in unsere nationale omelette zu stecken.

Unter Bismarcks Führung begann das neue Deutsche Reich, indem im Reichsgebiet ein Teil der Souveräne beseitigt, ein Teil ihrer Souveränität entkleidet wurden. Der „König von Gottes Gnaden“ in Hannover, der legitime Kurfürst von Hessen, der Herzog von Nassau, der Augustenburger in Schleswig-Holstein verloren ihre angestammte Würde, der Weg zum Kaisertum ging über die Gräber ihrer Herrschaft, die anderen Herrscher aber traten ihre oberste Würde ab: selbständige Kriegsherren zu sein. Über den Verlust ihrer Souveränität sagt Treitschke: „Nur Preußen ist ein souveräner Staat geblieben, die anderen nicht." Er fährt fort:

> Zu reden von einer „Kriegsherrlichkeit in Frieden", welcher sich unsere kleinen Könige noch zu rühmen hätten, ist ein Vorrecht theoretisierender deutscher Professoren; die Ausländer lachen darüber. In der äußeren Form ist man ja mit aller denkbaren Schonung verfahren . . ., das ändert aber nicht, daß in Wirklichkeit, trotz der politischen Vorbehalte, der König von Bayern ebensowenig wie der König von Sachsen imstande ist, auch nur einen Mann zu Kriegszwecken in Bewegung zu setzen.

Wir haben in diesem Teil unserer Darlegungen absichtlich nur Bismarck und Treitschke zitiert, den Werkmeister und den literarischen Herold des neuen Deutschen Reiches, um durch sie den politischen Charakter der neuen Staatsgründung feststellen zu lassen. Was wir vorhin bei Besprechung der wirtschaftspolitischen Reichsgründung sagten, muß hier bei Betrachtung des politischen Vorganges wiederholt werden: **das Deutsche Reich ist durchaus unkonservativ entstanden!** Das ist sein anfänglicher Charakter. Es entstand anders, als die nationale Bewegung es sich gedacht hatte, es entstand durch einen militärischen Monarchen und seinen auf das Zündnadelgewehr rechnenden Kanzler, es entstand militärisch-revolutionär. Als der Machttrieb die Demokraten brauchte, nahm er sie, und nun wird er sie nie wieder los werden. Die alte vorbismarckische Zeit ist vorbei. Man kann sagen, daß niemand in ganz Deutschland dem alten legitimistisch monarchischen Empfinden tiefere Wunden geschlagen hat als Bismarck. Er hat bis in sein letztes Werk hinein die Mystik der Könige entschleiert, hat die alte Naivität der Untertanen ruiniert, hat aber dafür etwas Neues in die Welt gesetzt: das militärische Kaisertum, in dem der Machttrieb des Hohenzollernstaates sich mit dem Machttrieb des Nationalgedankens einte, eine Neubildung, die einen ganz neuen Zeitabschnitt einleitet. Das alte erobernde Preußentum tat 1866 seinen letzten großen Biß in die alte deutsche Reichsmasse hinein, dann aber legte es sich schlafen. Preußen wächst nicht mehr. Wilhelm I. war der letzte Preußenkönig im alten Sinn, zugleich der erste Kaiser.

Es ist auffällig, wie in den Reden Kaiser Wilhelms II. die Beziehungen auf das frühere Preußen verschwinden vor einer stets erneuten Verehrung seines Großvaters. Der Grund davon ist, daß Wilhelm II. als Kaiser keinen anderen Ahnen hat als diesen.

III. Das Wesen des Deutschen Kaisertums.

König Wilhelm schrieb am 18. Januar 1871 von Versailles aus an seine Gemahlin:

> Ich kann Dir nicht sagen, in welcher morosen Emotion ich in diesen letzten Tagen war, teils wegen der hohen Verantwortung, die ich nun zu übernehmen habe, teils und vor allem über den Schmerz, den preußischen Titel verdrängt zu sehen! In der Konferenz gestern war ich zuletzt so moros, daß ich drauf und dran war, zurückzutreten und Fritz alles zu übertragen! Erst nachdem ich in inbrünstigem Gebet mich an Gott gewendet habe, habe ich Fassung und Kraft gewonnen.

Als er dies schrieb, war der Kaisertitel zunächst nicht viel anders als ein neuer Name für die sachliche Bezeichnung: das Bundespräsidium. Der Großherzog von Baden wünschte: „Der heute scheinbar leere Kaisertitel werde bald genug zur vollen Bedeutung gelangen." Kronprinz Friedrich Wilhelm beglückwünschte während der Vorverhandlungen Bismarck zu „dem kunstvoll gefertigten Chaos". Ihm, dem voraussichtlichen Erben des Kaisertums, genügte das nicht, was in der Verfassung stehen sollte.

Alles dieses klingt heute bereits merkwürdig veraltet, denn unter allen politischen Entwickelungen dieser 30 Jahre war keine auffälliger als die wachsende Stärkung des kaiserlichen Einflusses. Es gibt im gegenwärtigen Deutschland keine stärkere Macht als das Kaisertum. Gerade die Klagen der nicht-kaiserlich gesinnten Demokraten über zunehmenden persönlichen Absolutismus sind ein vollgültiger Beweis für diese Tatsache, denn diese Klagen sind nicht aus der Luft gegriffen, sondern beruhen auf der immer erneuten Beobachtung, wie alle Politik, äußere und innere, vom Wollen und Reden des Kaisers abhängt. **Kein Monarch der absoluten Monarchie hat so viel wirklichen Einfluß gehabt wie**

heute der Kaiser. Er setzt nicht alles durch, was er will, aber mehr, als in der Mitte des vorigen Jahrhunderts irgend jemand für glaubhaft würde gehalten haben. Dieses Jahrhundert, dessen Mitte vom Traume der deutschen Republik wiederhallte, endete mit einer Kaisermacht, die kein Barbarossa besaß. Wie war das möglich? Wo liegen die Wurzeln der neudeutschen Kaiserkraft?

Das Subjekt der Politik und der Zivilregierung des neuen Deutschen Reiches ist formell angesehen der Bundesrat. Ihm zur Seite steht in konstitutioneller Weise der Reichstag. Der Bundesrat ist eine Fortsetzung des Frankfurter Bundestages ohne Österreich. Damit aber, daß Österreich ausschied, bekam Preußen die unbedingte Führung. Von den 58 Stimmen besitzt es zwar nur 17, eine der Macht und Volksziffer nicht entsprechende Zahl, aber die Verteilung der übrigen Stimmen auf 24 kleinere und kleine Körper und das ein für allemal feststehende preußische Präsidium machen eine dauernde antipreußische Majoritätsbildung von vornherein sehr unwahrscheinlich. Nimmt man hinzu, daß die führenden Minister der Bundesstaaten nur selten in Berlin sind, daß also im Bundesrat die preußische Regierung mit ganz anderem persönlichen Material vertreten sein kann, und daß der Ort selbst preußisch wirkt, ferner, daß die Vertretung des Bundesrates im Reichstag durch den preußischen Ministerpräsidenten oder durch kaiserliche Reichsbeamte erfolgt, und daß nur ganz selten ein Minoritätsvertreter aus dem geheim verhandelnden Bundesrat die öffentliche Tribüne besteigt, so begreifen wir, daß in Wirklichkeit der Bundesrat nicht viel mehr ist, als das von der Paulskirche vorgesehene Staatenhaus geworden wäre: eine Art erster Kammer, ein Senat hinter dem Parlament, ein fleißig arbeitendes Kollegium zur Vorbereitung und Durcharbeitung neuer Gesetze, aber keine Stelle eigener unbeugsamer Initiative. Das Präsidium ist stärker als das Kollegium, das von ihm vertreten wird, da das Präsidium unabsetzbar, unangreifbar ist.

Wenn nun innerhalb der Präsidialmacht Preußen das Königtum vom Parlament abhängig sein würde, so müßte dies auch in der Reichsregierung sich bemerklich machen, und die letzten Jahre haben uns gezeigt, wie leicht die preußische Machtverteilung den deutschen Gesamtkurs bestimmt. Aber die politische Geschichte Preußens vor der Reichsgründung schloß ja gerade mit einer Niederlage der Majorität in der Militärfrage. Daß nun nach Reichsgründung bei verminderten Kompetenzen das preußische Dreiklassenhaus eine Verkleinerung der monarchischen Macht jemals erzwingen könnte, scheint nach Lage der Dinge ausgeschlossen. Auch ein voller Kampf zwischen der Regierung und den Konservativen wird an der Übermacht des Königtums innerhalb des preußischen Staates nichts ändern können, so schwer er es in einzelnen Momenten der Regierung auch machen mag, ihren gesetzgeberischen Willen durchzusetzen.

Da nun der Kaiser ferner die Wahl und die Entlassung des Reichskanzlers ganz in seiner Hand hat, so hat er und nicht der Bundesrat als Kollegium die eigentliche entscheidende Regierungshandlung zu vollziehen, denn bei der Zentralisierung aller direkten politischen Reichstätigkeit im Reichskanzleramt ist die Auswahl des Kanzlers ein weit wichtigerer Vorgang, als die Einbringung von Gesetzen und die Ausgabe von Anleihen, wozu der Bundesrat zustimmen muß. Schon allein dieses Recht kennzeichnet die persönliche Souveränität des Kaisers in der Reichsverwaltung. Durch Bismarcks Entlassung ist die Bedeutung dieses Punktes blitzartig klar geworden. Alle 41 nichtpreußischen Bundesratsstimmen hätten Bismarck nicht halten können, wenn sie gewollt hätten.

Nicht als Präsidialmacht, sondern direkt kraft Staatsvertrages und Reichsverfassung hat aber der Kaiser den Oberbefehl über Heer und Flotte. Der Oberbefehl über das Heer ist in bezug auf das bayerische Heer im Frieden darauf beschränkt, daß die bayerische Organisation der sonstigen deutschen Heeresorganisation entsprechen muß, und daß der Kaiser das Recht der Inspektion hat. Im Mobilmachungsfall tritt die volle Einheitlichkeit ein. Die Flotte ist bedingungslos kaiserlich. Alle militärischen Handlungen des deutschen Volkes sind dauernd, unkündbar in eine feste Hand gelegt. Damit ist dieser Hand Macht, Zukunft, Schicksal des deutschen Volkes in einer Ausdehnung anvertraut, die für demokratisches Denken schwer faßbar ist. Wenn man bedenkt, was Bismarck, der die Dinge kannte, über die menschlichen Seiten der absoluten Herrscher gesagt hat, fühlt man die grenzenlose Wucht der Tatsache, daß ein Mann von Fleisch und Blut, ein Gehirn, ein Paar Augen und Ohren nach Erbrecht diese Gewalt hat. Aber gegen die geschehene Geschichte hilft alles

Philosophieren nichts. Die preußische Militärmonarchie hat das Reich gegründet und sie hat sich in ihm den ersten Platz gesichert. Am Felsen dieser Tatsache zerrinnt alles Raisonnement wie lockere Brandung. **Wir haben nicht zu fragen, wie es hätte werden können, sondern müssen erkennen, was geworden ist und was wir nun weiter zu tun haben.**

Nach einem bekannten Naturgesetz verlieren Organe, die wenig gebraucht werden, allmählich ihre frühere Gestalt und Leistungsfähigkeit. Der Bestand deutscher Bundesfürsten, der 1866/70 in das Reich eintrat, hatte eine souveräne Vergangenheit mit eigener Diplomatie und relativ eigener Heerführung. Aus dieser Zeit ragen noch jetzt Gestalten wie der König Georg von Sachsen, der Großherzog Friedrich Wilhelm Ludwig von Baden und auch Prinzregent Luitpold von Bayern in die politische Gegenwart hinein. Auf ihnen liegt noch etwas vom Glanze der früheren Zeit. Es ist aber nach aller menschlichen Erfahrung anzunehmen, daß die politische Bedeutung ihrer Nachfolger geringer sein wird als ihre eigene. Sie werden einen obersten Adel deutscher Nation bilden, nicht aber Sammelpunkte politischer Elektrizität sein. Was an fürstlichem Glanze und Einflusse in Deutschland möglich ist, sammelt sich an der einen Stelle, deren Aktionen soviel weittragender sind als die aller übrigen.

Deshalb ist zwar unsere Reichsverfassung äußerst kompliziert, die Sachlage aber äußerst einfach. **Es gibt zwei Faktoren, die im Deutschen Reiche miteinander zu rechnen haben: der Kaiser und der Reichstag.** Vom Reichstag haben wir in früheren Kapiteln gesprochen und gesehen, daß er sich am Problem der Majoritätsbildung abmüht. Hätten wir einen Reichstag mit Zweiparteiensystem, so würde der Reichstag dem Kaiser politisch gleichwertig gegenüberstehen können, dann würde er eigene gesetzgeberische Initiative besitzen und durch die Geschlossenheit seines Auftretens eine ihm genehme Regierung erzwingen können. In diesem Falle würde auch das Recht wiederholter Auflösung nicht allzuviel bedeuten. Von dem Zweiparteiensystem sind wir aber noch ungeheuer weit entfernt. Unser Parlamentarismus ist jung und arbeitet mit einer Kräftevergeudung und Zerspaltenheit, die ein parlamentarisches System selbst in einer Republik schwer möglich machen würde, die aber gegenüber der geschlossenen Kraft des Kaisertums notwendig zur geringeren Wirkung führt. Natürlich muß die Demokratie auf Erweiterung der tatsächlichen Kraft des Stimmrechtes bedacht sein. Sie wird es aber nur können, wenn sie den Gesichtspunkt stets im Auge hat, daß eine Vielheit von Gruppen die Gesamtkraft des Parlamentarismus lähmt, und daß eine demokratische Majorität nur möglich ist auf vaterländischer Grundlage. Das letztere ist eine unbedingte Notwendigkeit, denn niemals wird es eine Majorität in Deutschland geben, die auf deutsche Machtwirkung verzichtet.

Vorläufig steigt im Vergleich mit dem Reichstag das Kaisertum. Aus dem, was ihm die Verfassung an Rechten bietet, bildet sich ein neues Amt zentraler Gewalt. Das Kaisertum ist mehr geworden als 1871 jemand annehmen konnte. Die Geschichtslage, das moderne Leben, die öffentliche Meinung und die Person des jetzigen Kaisers helfen dazu, die Fülle kaiserlicher Tatwirkung zu steigern. Er ist ein Faktor unter anderen, aber allerdings, er ist der erste.

Von sozialdemokratischer Seite wird öfter hervorgehoben, daß auch der Kaiser ein Produkt der Verhältnisse ist. Ganz recht! Er sowohl als Person wie sein Amt entstehen und werden unter gegebenen Verhältnissen; und wie jeder von uns anderen durch den Standort gebildet wird, auf dem er wächst, so auch der Kaiser. Ganz falsch aber ist es, aus diesem Satz vom Produkt der Verhältnisse schließen zu wollen, daß eine große politische Partei am Kaiserproblem neutral vorübergehen könne. Alle anderen Faktoren, mit denen man sich verbindet oder gegen die man kämpft, sind in derselben Weise Produkt. Wenn der Kaiser stark ist, so sind es erkennbare sachliche Verhältnisse, die ihn stark machen, nicht nur Paragraphen im Reichsgesetzblatt. Wird er stärker als diese Paragraphen, so gilt es den sachlichen Gründen nachzuspüren, warum Deutschland jetzt einen solchen Kaiser haben muß. Wo liegen die sachlichen Gründe der neudeutschen kaiserlichen Gewalt?

Wenn Kaiser Wilhem II. sagte: „wir leben im Zeitalter des Verkehrs", so sprach er mit diesem Wort eine der Grundlagen seiner Macht aus. Die alten deutschen Kaiser waren immer nur an einer Stelle tätig, entweder in Italien, oder am Rhein, oder in den Ostmarken. Wo sie nicht waren, da galt von ihnen: der Himmel ist hoch und der Zar ist weit! Noch Napoleon I. hatte trotz seines bewundernswerten Kurierdienstes doch eine sehr lokale Art der Einwirkung, denn Tilsit und der Ebro waren damals ferner als heute irgendwelche Punkte der bewohnten Erde. Man liest Napoleons Lebensgeschichte immer mit dem Gefühl: was hätte dieser irdische Allgegenwärtige getan, wenn er hätte telegraphieren und in 48 Stunden von Paris nach der russischen Grenze fahren können! Er würde auf allen Schlachtfeldern selber gewesen sein, eine fliegende Kraft fabelhafter Wucht. Napoleon III. war der erste Staatsmann, der den Telegraphen zu handhaben verstand, Bismarck hat ihn sehr benutzt, Wilhelm II. ist geradezu der erste Virtuos des modernen Verkehrszeitalters. Er lebt überall das Leben mit, telegraphisch hörend und redend. Wenn in Norwegen ein Unglück eintritt, ist er der erste, der hilft, wenn irgendwo ein Gelehrter von Ruf stirbt, telegraphiert er der Witwe, wenn irgendwo in der Welt gekämpft wird, ist er so schnell orientiert als es das Kabel zuläßt, die Reichstagsverhandlungen gehen in telegraphischem Auszug in seine Hände, will er etwas wissen, so spielen alle Drähte. Auf einem Schiff, das 22 Knoten in der Stunde zurücklegt, durchfurcht er die Meere Europas, und im Schnellzug, 80 km die Stunde oder mehr, durcheilt er das Land. Kein Mensch größter Geschäfte hat die Verkehrsmittel so in der Gewalt als ein Souverän, der es versteht mit ihnen zu arbeiten. Und daß Wilhelm II. dies versteht, weckt in diesem verkehrsdurstigen, verkehrsbegeisterten Zeitalter ein Gefühl, daß er eine Verkörperung der in uns allen wirksamen elektrischen Tendenzen sei. Wenn man im Eisenbahnzuge sitzt und auf der Nebenschiene rast der Kaiserwagen vorüber, dann denkt man an Wuotan und sein Heer, nur daß es kein mythischer Spuk ist, sondern eine Wirklichkeit: es fährt die moderne Zentralperson!

Als das moderne Leben anfing, dachte man wohl, es würde abflachend wirken und die hochragenden Köpfe in den Massen begraben. Es ist auch nicht zu leugnen, daß es eine ganze Reihe moderner Erscheinungen gibt, die so wirken: die allgemeiner werdende Bildung, die steigende demokratische Gesinnung usw., aber man soll nicht übersehen, daß jedes Zeitalter der Erfindungen und Entdeckungen zunächst die stärkt, die zuerst imstande sind, alle neuen Mittel auszunützen. Die modernen Verkehrsmittel tragen täglich die neuesten Nachrichten in jedes Haus, aber die meisten Häuser können mit diesen neuesten Nachrichten praktisch wenig anfangen. Kraftzuwachs ist der Nachrichtendienst nur für Kraftstellen. Was aber die Zeitungen den Zentralpersonen leisten, ist ungeheuer. Man braucht zunächst einmal noch nicht an den Kaiser zu denken, sondern mache mit uns eine ganz allgemeine Beobachtung: Schwer und langsam hebt sich ein Menschenkopf aus der modernen Masse heraus. Es kostet für den Geschäftsmann, Dichter, Gelehrten ungeheure Mühe, ehe die Ohren, die täglich so unzählige Namen hören, beim Klang seines Namens etwas aufmerken. Ist er aber einmal über den Massendurchschnitt heraufgewachsen, dann stellt sich der moderne Apparat von selbst in seinen Dienst. Bei dem täglichen Stoffbedürfnis aller Zeitungen wird von den gewordenen Größen, sie seien welcher Art sie wollen, jede Kleinigkeit millionenfach verbreitet. Man denke an Tolstoi, Ibsen, Nansen, Vanderbilt, Rhodes, Dreyfus. Alle illustrierten Blätter bringen die gewordenen Größen mit und ohne Familie, mit und ohne Kostüm. Die beständige Wiederkehr derselben Namen fixiert sie im Gedächtnis, bis sich auch der Widerwilligste mit ihnen beschäftigen muß. Niemandem aber dient dieser gewaltige freiwillige Apparat mehr als den geborenen Zentralpersonen. Bismarck verwendete diese moderne Entstehung der öffentlichen Meinung, wie uns Buschs Memoiren zeigen, mit vollem Bewußtsein ihrer Wichtigkeit. Dem Kaiser fließt diese tägliche Unterstützung von selbst zu. Jedes öffentliche Wort von ihm dringt in zwei Tagen bis in das letzte Dorf. Ein Kaiser, der das weiß, muß dies benutzen, und Wilhelm II. tut es. Er spricht sich über jede öffentliche Frage aus. Es gibt keine Angelegenheit, in der der Volksgeist nicht mit ihm gleichsam debattiert. Nie spricht er allen aus der Seele, aber stets spricht er zu allen, und das Gesamtergebnis ist, daß alle eine Art modernes Personalverhältnis zur kaiserlichen Zentralperson bekommen. Wilhelm I. war in der Verwendung dieses modernen Herrschaftsmittels viel weniger eifrig als sein Enkel. Dieser ist in seiner ganzen Methode des Regierens moderner. Diese moderne Methode sammelt Macht.

Man kann bisweilen das Gefühl haben, der Kaiser sei bei aller Macht in gewisser Weise alleinstehend, isoliert. Dies Gefühl ist richtig.

Das Alleinstehen ist aber kein Element der Schwäche. Gerade ein Zeitalter, das es dem einzelnen im Volke so unendlich schwer macht, aus der Gebundenheit seines mit tausend Fäden an das Gesamtleben geketteten Berufs herauszukommen, hat bei allem sachlichen Widerspruch ein Wohlgefallen an kraftvoller Persönlichkeit und läßt sich Schwankungen, Gegenmeinungen, Eigenheiten leichter gefallen, wenn es nur Charakter als solchen: Willensenergie, bemerkt. Die persönliche Willensenergie der Fürsten wächst aber im allgemeinen mit der Isolierung ihrer hohen Stellung. Ein legitimer Monarch in einer Agrarmonarchie hat weniger Gelegenheit, sich als Willensmensch zu entfalten, als ein Herrscher, der keine absolut gleichmäßige Basis seines Wirkens hat. Um das, was wir meinen, an einem sehr grellen Beispiel zu beleuchten, greifen wir rückwärts zur Geschichte der italienischen Fürsten im 14. und 15. Jahrhundert, die uns Burckhardt in seinem bekannten Buche „Die Kultur der Renaissance in Italien" geschildert hat. Wir sagen im voraus, daß uns die höchst degenerierte Moral der Renaissancetyrannen, wie sie Burckhardt beschreibt, nur Ergebnis jener Zeit, der Kleinheit ihrer Herrschaftsverhältnisse und der völligen Unsicherheit jener Herrschaftsexistenzen zu sein scheint, und in keiner Weise allgemein gültige Folge der Situation ist, aus der die starke Willensenergie jener Herrscher floß. Diese italienischen Herrscher waren aber Willensnaturen von typischer Art. Daß sie es waren, erklärt sich nicht bloß aus allgemein menschlichen Verhältnissen wie etwa Rasse und zufällige Blutmischung, denn diese allgemein menschlichen Ursachen wirken stets, große Willensmenschen auf Thronen tauchen aber nur in bestimmten Zeiten auf. Es war damals das alte Lehnssystem in Italien gebrochen, eine alte, lange Tradition versank, und für die neuen Stadtverhältnisse war eine neue politische Tradition noch nicht entstanden. In diese Lücke zwischen alter und neuer Tradition schiebt sich die schaffende Persönlichkeit ein. Die größten Willenspersonen wachsen dann, wenn der Wille der bisher maßgebenden Klassen unsicher wird, wenn eine bisher herrschende Aristokratie versagt und eine neue noch nicht gewachsen ist. Das war auch die Lage Napoleons I. Die alte Aristokratie war für Frankreich in der Nacht vom 4. August 1789 verloren gegangen, eine neue Aristokratie war noch nicht da, eine herrschaftsfähige demokratische Majorität noch weniger, der Platz für einen Cäsar war frei.

Der Einfluß des Napoleonismus auf das neudeutsche Kaisertum ist nicht zu verkennen. Bismarck geht in seinen Erinnerungen nicht direkt auf diesen Punkt ein, gibt aber gelegentlich Material genug, um eine Ansicht zu bestätigen, die sich jedem Beobachter seiner Entwickelung aufdrängt. Er hat in der entscheidenden Werdezeit seines Lebens den Napoleonismus in sich verarbeitet. Bei einem Besuche am Hof Friedrich Wilhelms IV. machte man ihm deutlich, wie wenig angenehm seine Intimität mit Napoleon III. empfunden wird. Am 11. Mai 1857 schreibt er an von Gerlach: „Berliner Nachrichten sagen mir, daß man mich am Hofe als Bonapartisten bezeichnet.“ Diese Ansicht bestreitet er zwar, aber er bemüht sich doch breit und eifrig mit dem Nachweis, daß Napoleon nicht deshalb zu bekämpfen sei, weil er aus der Revolution stamme:

> Die jetzige Regierungsform Frankreichs ist nichts Willkürliches, was Louis Napoleon einrichten oder ändern könnte; sie war für ihn ein Gegebenes und ist wahrscheinlich die einzige Methode, nach der Frankreich auf lange Zeit hin regiert werden kann.

Der Grundgedanke des Napoleonischen Systems ist: die Volkssouveränität wird theoretisch anerkannt, aber durch Übertragung auf einen Mann ausgeübt. Diese Übertragung geschieht durch Volksabstimmung. Die Basis für das Regiment ist der Wille der Masse. Der Imperator ist Verkörperung des nationalen Gesamtwillens, er gründet sein Recht darauf, daß die Nation ihn braucht, und daß er das Heer hat.

Diese napoleonischen Ideen sind in Deutschland nicht rein durchgeführt, aber der preußisch monarchische Gedanke ist stark mit ihnen durchtränkt worden. Wir haben kein Plebiszit, aber wir hatten doch einen aus allgemeinen Wahlen hervorgehenden konstituierenden norddeutschen Reichstag, der die Verfassung mit der Krone Preußen „vereinbarte“. Unser agrarischer Adel ist nicht in einer Nacht vom geschichtlichen Schauplatz abgetreten wie der französische, unsere Revolution von 1848 war nicht siegreich, noch lebt, wirkt, trotzt die alte agrarische Tradition, sie weicht nur langsam, Platz für Platz verteidigend, vom alten Terrain, aber sie weicht doch. Der Kaiser ist zugleich König von Preußen.

Als Preußenkönig hat er das Erbe der alten Tradition übernommen, als Kaiser ist er nationaler Imperator, Verkörperung des Gesamtwillens, persönlicher Führer aus einer alten und neuen Zeit. Er kann um seines monarchischen Untergrundes willen nicht einfach mit den italienischen Stadtfürsten oder mit Napoleon verglichen werden, aber sein Kaiseramt bietet doch Ähnlichkeiten. Die alte Aristokratie kann weder in ihrer protestantischen noch in ihrer katholischen Form den Regierungsbedürfnissen des neuen Deutschland genügen, denn gerade in diesem neuen gewerblichen Deutschland geht sie ja zurück. Sie kann nicht Weltmacht und Welthandel fördern, denn diese Ausdehnungspolitik zieht ihr den Boden unter den Füßen weg. Eine neudeutsche Regierungsschicht ist noch nicht da, weder in der industriellen Aristokratie, noch in der industriellen Demokratie. Es klafft jene Lücke zwischen alter und neuer Zeit, von der wir oben redeten, und damit ist die Situation gegeben, in der persönliche Fürstenenergie sich ausleben kann. Das Volk als Ganzes empfindet, daß bei der Unfertigkeit der neuen politischen Faktoren ein Wegfallen der persönlichen Imperatorenkraft ein Rückfall an die alte Herrscherschicht sein müßte. Darum lebt ihm in der Imperatorenperson seine Volkszukunft, bis einmal tragfähige neue politische Massengebilde da sein werden, die die politische Rolle spielen können, die bis vor kurzem die agrarische Aristokratie spielte. Marx hat das Wort von der „Diktatur des Proletariates" gesprochen und damit gemeint, daß der Übergang vom Kapitalismus zum Sozialismus persönlich diktatorisch geleitet werden müsse, ein an sich richtiger Gedanke, sobald die Zeit für diesen Übergang einmal reif sein sollte. Da es sich aber vorläufig noch keineswegs um den Übergang der Herrschaft vom Kapitalismus zum Sozialismus handelt, sondern erst um das Überwinden der agrarischen Herrschaft durch den privat-kapitalistischen Industrialismus, so ist auch die Uhr der Weltgeschichte, zumal in Deutschland, erst dort, wo sie die Stunde für die **Diktatur des Industrialismus** anzeigt. Diese ist eine Lebensnotwendigkeit für Deutschland und auch für Deutschlands Demokratie. Wenn diese Diktatur der Industrie nicht aus dem preußischen Königshause heraus entstanden wäre, würde „die deutsche Frage" ungelöst geblieben sein, jene deutsche Frage, deren materielle Seite es war, eine Einheit des Marktes zu schaffen und einen kämpfenden Wirtschaftskörper aus den Produktivkräften Deutschlands zu formen. In diesem Fall würde noch heute das Bürgertum republikanisch denken, denn Republikanismus ist in Ländern mit monarchischer Gewöhnung die Verzweiflung an der Leistungskraft der Monarchie, gerade wie erneuter Napoleonismus in Frankreich Verzweiflung an der Republik ist. Solange aber der deutsche Imperator sich als gegebenen Führer zur weiteren Entwickelung darstellt, hat er eine Macht, die unerschütterlich ist, denn niemand garantiert so gut wie er die Verteidigung des deutschen Lebens nach außen.

Deutschland muß eine starke auswärtige Politik führen, weil es eine **neue Großmacht** ist. Wir hören öfter aus wohlgesinntem nationalen Munde die Weltlage Deutschlands so darstellen, als seien wir allein die friedlichen Lämmer, alle anderen Nationen aber seien reißende Wölfe mit fletschenden Zähnen und blutgierigen Augen. Eine solche Darstellung ist einfach dumm. Man braucht nur einmal längere Zeit Deutschland durch die Brille ausländischer Blätter zu betrachten, um zu wissen, daß wir draußen keineswegs als schneeweißes Weltgeschichtsschäfchen gelten. Die Wahrheit ist doch vielmehr folgende: durch die preußisch-deutschen Siege von 1866 und 1870 ist eine völlige Verschiebung im „Gleichgewicht" von Europa eingetreten, unser neues Kaisertum hat das habsburgische Kaisertum in den Schatten gestellt und das napoleonische Kaisertum gestürzt, Berlin hat sich zur Hauptstadt des westlichen Kontinents gemacht, das früher gespaltene, gedrückte, verlachte Deutschtum ist zur maßgebenden Potenz zwischen Rußland und England geworden, aus Machtlosigkeit wurde Macht, und neue Macht ist für andere stets drückend. Wir Deutschen sind die neuesten Revolutionäre in der europäischen Familie, die Leute, die den Schlaf des Erdteils zum letztenmal in entscheidender Weise gestört haben. Daß unser Volk das tat, war sein gutes Recht vor Gott und Menschen, es wollte nach langen Jahrhunderten des Elends auch einmal den Platz an der Sonne haben. Wir sind froh und glücklich, daß es gelungen ist, die Reichseinheit und Macht zu gründen, aber wir halten es für einfältige Sentimentalität, wenn wir nun nach dem allen tun wollten, als hätten wir kein Wässerchen getrübt. Weil wir Nation sein wollten, müssen wir auch offen und gern die Folgen tragen, die sich aus der Erfüllung dieses Wollens ergeben. Wir müssen mit dem Mißtrauen und Übelwollen aller derer rechnen, die durch unsere neue Macht in irgendwelchen Hoffnungen oder Wünschen getäuscht sind. Wenn unsere Nachbarn nicht unter sich auch Streit hätten, und wenn Rußland nicht schwer an innerem Mißgeschick und äußerer Niederlage zu leiden hätte, und wenn wir nicht einen Furcht gebietenden Militarismus besäßen, würden wir in der Lage Preußens sein, als Friedrich II. gegen das ganze damalige Europa zu kämpfen hatte. Es liegt nicht in der Absicht dieses Buches, die Verhältnisse der äußeren Politik genauer zu besprechen, aber an dieser Stelle, wo wir von den Ursachen der wachsenden Macht des Kaisertums reden, dürfen wir nicht völlig an ihr vorübergehen. Die äußere Politik ist in ihrem Gesamtverlauf noch wichtiger und folgenschwerer als die innere. Natürlich hängen beide aufs engste zusammen: man kann keine kraftvolle äußere Politik machen ohne ein gesundes kraftvolles, patriotisches Volk, man kann keine größere soziale Reform ins Leben rufen ohne eine Wirtschaftspolitik, hinter der das Schwert geschliffen ist. Beide Arten von Politik sind ja im Grunde nur Tätigkeiten desselben Gesamtkörpers, zwei Arten von Aktualität desselben Blutes. Aber die äußere Politik hat doch im einzelnen Moment die größere Verantwortung, denn alle inneren Reformen, alle Freiheit, Gerechtigkeit, Wohlstand, Bildung sinken und brechen von dem Moment an, wo die Macht nach außen fällt. Man sehe den heutigen Zustand des so glücklich veranlagten, von Natur reich bedachten französischen Volkes! In allen französischen Revuen werden die Gründe des Niederganges erörtert. Es gedeiht nichts mehr recht. Woran fehlt es? An der Sieghaftigkeit, am Glauben der Nation an ihre Zukunft! Es liegt unseren vortrefflichen Nachbarn unser Sieg im Gebein. Gerade, weil wir die Franzosen lieben, bedauern wir, sie, unsere natürlichen Verbündeten, so pessimistisch zu finden, aber dieses Bedauern muß uns zugleich eine tief eindringliche Lehre dafür sein, was es für eine ungeheure Sache für ein Volk ist, im Aufsteigen begriffen zu sein, siegkräftig zu bleiben. Das empfindet die weitaus größte Mehrzahl unseres Volkes, bis tief hinein in die Sozialdemokratie, daß wir um alles in der Welt keine große militärische Niederlage haben dürfen. Wir verlangen eine Diplomatie, die uns nicht isoliert werden läßt, und eine Heeresleitung, die uns vor Jena und Auerstädt bewahrt. Diplomatie und Heeresleitung sind aber nicht die starken Seiten der Demokratie und des Parlamentarismus. Sie fordern ihrer Natur nach einen ständigen Betrieb, der nicht von heute auf morgen wechselt. Die russische äußere Politik arbeitet mit den längsten Fristen und ist deshalb diplomatisch erster Qualität. Wir wissen, wie schwer es Ländern wie Frankreich und England zeitweis geworden ist, als bündnisfähig zu gelten, da man immer nicht weiß, ob das, was Felix Faure versichert hat, auch die Idee von Loubet ist. Auch Republiken können, wenn sie in festen Händen liegen, erfolgreiche äußere Politik machen (Herr Delcassé in Frankreich erbringt den Beweis), wahrscheinlicher ist aber ein guter Erfolg bei Vorhandensein einer Dynastie, deren Selbsterhaltungstrieb mit dem Selbsterhaltungstrieb der Nation zusammenfällt, und deren Geschichte einen Hintergrund von diplomatischer und staatspolitischer Erfahrung in sich birgt. Glaubt man, daß die schwerste, verantwortungsreichste aller politischen Arbeiten bei völligem Mangel an Erbweisheit am besten betrieben werden könne? Das würde mindestens nicht naturwissenschaftlich richtig gedacht sein. Und ist es in der Heeresleitung anders? Das Heer will einen festen Punkt haben, nach dem es schaut. Wenn in Republiken Feldherren siegreich sind, gelten sie als gefährlich. Eine italienische Stadtrepublik, die ihren siegreichen Truppenführer, der sie rettete, aus Dankbarkeit erschlug, um ihn zum Stadtheiligen machen zu können, handelte in ihrer Weise konsequent, denn sie vernichtete jeden Ansatz monarchischer Gestaltung, aber wer wird sie das nächste Mal retten wollen? Um ein starkes, leistungsfähiges Heer zu haben, müssen selbst sehr republikanische Völker gewisse monarchische Formen tragen. Nun aber ist Deutschland ein Gebiet voll von militärisch-monarchischen Vergangenheiten. Seine zwei größten Feldherren waren ein Kurfürst und ein König. Unsere ganze militärische Vergangenheit läßt für unser Volk gar keine andere Möglichkeit offen, als einen kaiserlichen Kriegsherrn zu haben, wenn wir auf geeinte deutsche Waffenkraft Anspruch erheben. Wir haben uns zur neuesten europäischen Großmacht aufgeworfen. Gut! Weil wir es getan haben, brauchen wir Diplomatie und Heer, und weil wir beide brauchen, brauchen wir den Kaiser.

Es ist aber unser deutsches Auftreten als neue deutsche Großmacht nur die eine Hälfte der Sache. Die andere Hälfte ist die fabelhafte

Wirtschaftsentwickelung, die unser Volk genommen hat, seit es Deutsches Reich wurde. Wir sind seit 1871 als Volk nicht stehen geblieben, sondern mit immer größeren Ansprüchen innerhalb der Menschheit aufgetreten. Orient und Occident füllen sich mit deutscher Arbeit. Die Ursache dieser wirtschaftlichen Machtentwickelung ist dieselbe, die wir von Anfang an als Ursache der wachsenden Demokratie erkennen mußten, die überaus starke Bevölkerungsvermehrung. Je mehr Millionen deutsche Männer Waffen tragen können, je mehr Millionen Hände Ware schaffen können, je mehr Millionen Bürger Schiffe zahlen können, desto höher steigt die Kaisermacht. Als König Wilhelm I. in Versailles, umgeben von Fahnen und Gewehren, in Hörweite der deutschen Geschützlinie, sich zum Kaiser ausrufen ließ, sagte er in einer nach drei schweren glücklichen Kriegen ganz begreiflichen Stimmung:

> Uns aber und unseren Nachfolgern an der Kaiserkrone wolle Gott verleihen, allzeit Mehrer des Deutschen Reiches zu sein nicht an kriegerischen Eroberungen, sondern an den Gütern und Gaben des Friedens auf dem Gebiete nationaler Wohlfahrt, Freiheit und Gesittung.

Der Friede ist seitdem erhalten, an kriegerische Eroberungen in Europa ist nicht gedacht worden, die Neuzeit kam als neue Wirtschaftszeit. Wer hat sie eigentlich gebracht? In erster Linie die deutschen Mütter, diese allzeit Mehrerinnen des Deutschen Reiches! Auf ihrer Leistung, auf der fürsorgenden Arbeit von Millionen Familienvätern ruht im Grunde die steigende Macht des neudeutschen Kaisertums. Diese Väter und Mütter heben Deutschland täglich in die Höhe; wenn aber der ganze Berg steigt, dann steigt auch das Schloß auf seinem Gipfel. „Die Masse muß es bringen" ist auch ein Wort für Könige und Kaiser. Die deutsche Masse bringt es, sie bringt Heer, Flotte, Geld und Macht. Ohne Massenwachstum hilft keine persönliche Genialität. Moderne Riesenmachtmittel sind nur möglich, wenn ein ganzes Volk frühlingsartigen Saft in seinen Gliedern hat. Nicht die Fürsten machen das Volk, aber mit dem Volke wachsen große Herrscher.

Es zeigt sich, daß im Grunde Kaisertum, industrielle Aristokratie, Demokratie drei Erscheinungsformen ein und derselben Sache sind. Sie sind drei Folgen des Aufwachsens des neuen, volkreichen, gewerblichen Deutschland auf dem alten agrarischen Boden. Es ist unmöglich, sich Deutschland als mächtiges Kaiserreich zu denken ohne Industrie, Industrie ist unmöglich ohne Proletariat. Die Neuzeit kommt imperialistisch-proletarisch. So sehr die aufsteigenden Mächte der Neuzeit unter sich durch lebhaft empfundene Interessengegensätze und auch durch daraus folgende Antipathien getrennt sind, so oft sie auch bisher politisch sich gegenüberstanden, sie sind doch, weltgeschichtlich angesehen, ein gemeinsames Gewächs. Es ist unmöglich, im gegenwärtigen Zeitpunkt eins dieser Elemente ohne das andere zu denken. Wenn eins von ihnen krankt, so kranken die zwei anderen mit. Dieser Sachzusammenhang ist der Grund, weshalb es nicht als beliebige und willkürliche politische Kombination hingestellt werden kann, wenn wir für unser politisches Programm die Überschrift wählen: „Demokratie und Kaisertum".

Demokratie ist politische Herrschaft des Mehrheitsprinzips, Kaisertum ist nationale Herrschaft des einen. Zwischen diesen zwei politischen Prinzipien gibt es keine endgültige formale Aussöhnung. Aber im Lauf der Geschichte gibt es Perioden, wo die Macht der Verhältnisse, die Logik der wirklichen Dinge ein Zusammenwirken der zwei Faktoren nötig macht. Eine absolute Monarchie ist in der Gegenwart ebenso unmöglich wie eine absolute Demokratie. Beide Teile protestieren formell gegen jede Abschwächung des in ihnen liegenden natürlichen Gegensatzes, aber sie verstehen sich dazu, einen gemeinsamen Weg gemeinsam zu gehen. Hat nicht die bisher herrschende agrarische Aristokratie im Grunde ebenso gehandelt? Die Monarchie entstand im Kampf mit ihr, machte aber dann mit ihr gemeinsam Geschichte. Jetzt bricht die Sicherheit dieses alten Bodens. Die Wirtschaftsführung kommt in die Hand der industriellen Aristokratie. Diese aber hat keine eigene Massenwirkung. **Der Kaiser führt die Nation als Diktator der neuen Industrie. Indem er aber dieses tut, braucht er die Masse, die Demokratie.** Das ist der Entwickelungsgang, den unsere deutsche Geschichte gehen wird. Eins nur läßt sich nicht vorhersagen: mit welchen Zwischenstufen, über welche Hindernisse dieser Weg gegangen werden wird. Jetzt ist zwischen Kaisertum und Demokratie noch volle Spannung auf beiden Seiten. Es ist denkbar, daß diese gegensätzliche Spannung noch größer wird, ehe sie sich löst. Wünschenswert ist, daß bald die beiderseitige Interessengemeinschaft anerkannt wird. Je eher, desto besser, denn für Deutschlands Wirtschaftsleben und nationale Größe kann es keinen schöneren, glücklicheren Tag geben als den, wo das durch die Sachlage gegebene Bündnis auch im Bewußtsein und Wollen der Beteiligten anerkannt wird.

IV. Die Politik Kaiser Wilhelms II.

Es handelt sich beim deutschen Kaisertum nicht um ein Amt, das, ganz abgesehen von seinem einzelnen Träger, in gleicher Weise seine Wirkung äußert. So unabhängig von der Persönlichkeit ihres Trägers sind entweder nur Ehrenämter, die wenig Initiative fordern, oder geringere Dienste. Die oberen leitenden Stellen in jeder Art Geschäft, vor allem im Staatsganzen, sind nicht Stellen, die ihren Träger in eine bestimmte Form hineinpressen, sondern die ihm den Boden geben, sich auszuleben. Unter Wilhelm I. füllte Bismarck unter Gewährung seines Herrn den Raum des kaiserlichen Machtbereiches in höchst persönlicher Weise aus. Seine Wendungen waren Staatswandlungen. Als er persönlich schutzzöllnerisch wurde, mußte Europa nachfolgen usw. Es ist deshalb nicht nebensächlich, wenn wir uns an dieser Stelle direkt mit der Person des gegenwärtigen Kaisers befassen. An Gelegenheit, seine Denkweise kennen zu lernen, fehlt es ja nicht, und diese Denkweise ist ebenso sehr ein politisch zu berechnendes Etwas wie etwa die Entwickelung des Geistes der Sozialdemokratie oder der Agrarier. Natürlich ist Darstellung des Geistes einer lebendig wirkenden Person immer schwer und unsicher, aber auch bei Beobachtung und Vorherbestimmung des Gruppen- oder Massengeistes kann man irren. Sowohl im Leben des Kaisers wie der Parteien können Vorkommnisse sich einstellen, die alle Berechnung über den Haufen werfen. Da aber einmal der deutsche Kaiser die große politische Macht hat, die er besitzt, würde es von der Demokratie direkt falsch und unpolitisch sein, wenn sie sich nicht mit seiner persönlichen Weltanschauung befassen wollte.

Vielleicht ist es gut, dabei von Kaiser Friedrich III. auszugehen. Er fehlt in der deutschen Geschichte. Das, was er in den kurzen Tagen seiner Regierung als todkranker Mann tun konnte, ist nicht ausreichend, um ein politisches Charakterbild zu liefern. Seine Proklamationen wurden im Moment ihres Erscheinens als liberale Kundgebungen aufgefaßt, bieten aber dem, der sie heute nachträglich liest, wenig politisch markante Stellen. Soviel aber ist gewiß, daß er unkonservativ war. Das Verhalten der konservativen Presse in den Monaten seiner Regierung genügt, um das allgemeine Gefühl der Agràraristokratie zu bezeichnen, daß er nicht zu ihr gehörte. Es besteht eine Tradition, daß von ihm aus im Winter 1883/84 eine Aufforderung an die durch Rickert und Richter vertretenen linksliberalen Gruppen ergangen sei, sich zu einigen, da er im Falle eines Antrittes der Regierung eine große liberale Partei zu finden hoffe. Dieser Tradition ist widersprochen worden, wir haben aber Gründe, sie für sachlich richtig zu halten, selbst wenn eine „Aufforderung" oder direkte Mitteilung nicht stattgefunden haben sollte. Die Einigung erfolgte unter der Voraussetzung, daß man nicht nochmals eine Bismarcksche Reichstagswahl durchmachen müsse. Da dieses aber dennoch geschah, so war Rickert gezwungen, 1887 den Kampf gegen das Septennat mitzumachen und sich damit in die volle Gefolgschaft eines unmilitärischen Liberalismus zu begeben, was seiner ursprünglichen Anlage fernlag. Dadurch entstand in der Öffentlichkeit der Eindruck, Kaiser Friedrich würde weniger militärisch sein als sein Vater, ein Eindruck, der sich bis zu französischen Hoffnungen auf Rückgabe von Elsaß-Lothringen steigerte. Dieser Eindruck ist entschieden falsch. Kaiser Friedrich würde Militärkaiser gewesen sein, wie nur je ein Kaiser vor ihm und nach ihm. Aber er würde versucht haben, nach englischem Vorbild parlamentarisch zu regieren. Bismarck erzählt zwar, daß er ihm gegenüber 1885 die Absicht einer Parlamentsregierung verneint habe, aber schon daß Bismarck ihn darum befragte, zeigt die Richtung seiner Gedanken. Vielleicht hat er Parlamentsregierung verneint, weil er Bismarck vorerst behalten wollte, und weil es eine geeinte liberale Majorität nicht gab. Man weiß, daß selbst der schwerkranke Kaiser Schwierigkeiten machte, das Gesetz über Verlängerung der Legislaturperioden zu unterzeichnen.

Es ist schwer, sich klar zu machen, wie eine Regierung Kaiser Friedrichs verlaufen sein würde, wenn er 10 oder 20 Jahre als gesunder

Mann hätte seinem Volke dienen können. Daß er einen politisch leistungsfähigen, das Parlament beherrschenden bürgerlichen Liberalismus hätte hervorrufen können, bezweifeln wir, ebenso aber auch, daß er bereit gewesen sein würde, mit der sozialen Demokratie zu gehen. Es kann sein, daß sein Regiment in schwerem Pessimismus zu Ende gegangen wäre, eine Stimmung, zu der er, wie Gustav Freytag es beschreibt, schon vor seiner Krankheit Neigung hatte. Unter allen Umständen aber gehört dieser liberale Vater und auch die aus England stammende liberale Mutter in das Bild der Weltanschauung Wilhelms II. Nicht als ob er seinem Vater in der Gesinnung direkt gefolgt wäre! Im Gegenteil! Die alte Menschheitserfahrung, daß Väter und Söhne selten völlig gleiche Ideale haben, bestätigt sich auch hier. Kaiser Wilhelm II. ist nicht im bürgerlichen Sinne liberal. Die allgemein humanen, menschenrechtlichen Ideale der alten Achtundvierziger treten bei ihm nicht hervor. Auch ist er religiös nicht im Sinne seines Vaters protestantisch-liberal. Viel stärker als sein Vater steht er unter dem Einfluß der gesamten Bismarckschen Schule. Aber eins hat er doch unverkennbar vom Elternhause: er ist kein reiner Nachfolger der alten konservativen Tradition geworden. Die Wucht der legitimistisch-konservativen Eindrücke, denen ein preußischer Thronfolger ganz von selbst ausgesetzt ist, die Sprache der alten Schlösser, die Gedanken der Kammerherren, das Zeremoniell des Hofes, der Umgang mit den Generälen, der Besitz agrarischer Flächen, das alles ist nicht stark genug gewesen, das moderne Ich zu dämpfen, das im Purpur geboren wurde. Natürlich wirkt die ganze preußisch-konservative Vergangenheit in seiner Seele weiter, und oft bricht sie in einzelnen Worten und Wendungen naturkräftig heraus, aber in der Tiefe dessen, was er denkt und sagt, liegt eine bestimmte, bleibende Wendung gegen die Vertreter der rechten Seite. Er muß aus politischen Gründen meist mit der Rechten gehen, er muß dem Zentrum Freundschaft versichern, aber, soviel wir ihn verstehen: er liebt sie nicht!

Die Reden Kaiser Wilhelms II. enthalten einerseits allgemeine Gedanken über Staat, Nation, Monarchie, Parteiwesen, kurz über seine Gesamtauffassung der Politik, andererseits Aussagen über bestimmte Gegenstände, Gesetze usw. Mit den letzteren müssen seine Regierungshandlungen und sein Verhalten zu hervorragenden Personen in Beziehung gebracht werden. Aussagen über Religion, Kunst, Pädagogik und andere nicht direkt politische Angelegenheiten werden wir im Blick auf den rein politischen Zweck dieser Arbeit außer Betracht zu lassen haben.

Ungeheuer stark und oft tritt in seinen Reden die hohe Bedeutung seines kaiserlichen Amtes hervor.* Er vermeidet es, sein Amt auf die Verfassung zu gründen und geht meist direkt auf die Quelle aller menschlichen Ämter, Aufgaben und Tätigkeiten zurück, auf Gott. „Wir Hohenzollern nehmen unsere Krone nur vom Himmel und haben die darauf ruhenden Verpflichtungen dem Himmel gegenüber zu vertreten.“ Von Kaiser Wilhelm I. sagt er 1897 in Koblenz:

> Er trat aus Koblenz, wie er auf den Thron stieg, hervor als ein ausgewähltes Rüstzeug des Herrn, als welches er sich betrachtete. Uns allen, und vor allen Dingen uns Fürsten hat er ein Kleinod wieder emporgehoben und zu hellem Strahlen verholfen, welches wir hoch und heilig halten mögen; das ist *das Königtum von Gottes Gnaden*, das Königtum mit seinen schweren Pflichten, seinen niemals endenden, stets andauernden Mühen und Arbeiten, mit seiner furchtbaren Verantwortung vor dem Schöpfer allein, von der kein Mensch, kein Minister, kein Abgeordnetenhaus, kein Volk den Fürsten entbinden kann.

Es spricht sich in diesen und vielen ähnlichen Worten nicht so sehr der Absolutismus im Sinne älterer staatsrechtlicher Doktrin aus, als das Bewußtsein, im königlichen Amt, soweit dieses reicht, unbedingt frei von Menschenzwang zu sein. Die Ablehnung, die darin liegt, richtet sich ebenso sehr gegen eine staatsrechtliche Theorie, die den Fürsten zum bloßen Beauftragten anderer politischer Faktoren machen will, als gegen praktische Beeinflussungsversuche. Aus allem Drang der an ihn kommenden Strömungen und Strebungen ringt sich stets von neuem ein äußerst entschiedenes „Ich“-Bewußtsein los. Man versteht dieses „Ich“ wohl kaum, wenn man sich nicht erinnert, wie stark das eiserne „Ich“ Bismarcks auf seiner ganzen Umgebung gelastet hat. An diesem Bismarck-Ich und im Gegensatz zu ihm hat sich das neue Kaiser-Ich gebildet. Die alte Herrscherformel „Wir“, die im offiziellen Sprachgebrauch bleibt, lockert und schärft sich in der Rede zu dem ganz persönlichen Ich. Es ist dann weniger das Amt als die Person, die sich durchsetzen will. Sich als Person weiß der Kaiser zu großen Aufgaben von Gott berufen. Er schreitet „auf dem Wege vorwärts, der ihm vom Himmel gewiesen ist". An diesen seinen Weg glaubt er, denn das Amt des wachthabenden Offiziers auf dem Staatsschiff ist ihm zugefallen. „Mein Kurs ist der richtige und er wird weiter gesteuert", „herrlichen Tagen führe ich euch noch entgegen". Es war 1891, wo er sagte: „Einer nur ist Herr im Reich, keinen anderen dulde ich", und wo er in das goldene Buch des Münchener Rathauses einschrieb: suprema lex regis voluntas.

Eine eindringlichere Formulierung des monarchisch-persönlichen Bewußtseins kann es kaum geben als dieses an Ludwig XIV. erinnernde Wort. Zwischen dieser Formulierung und der demokratischen Formel von der Souveränität der Majorität kann man keine dialektische Vermittelung suchen wollen. Der Monarch denkt als Monarch, der Proletarier als Proletarier, jeder von beiden denkt aus seiner Lage heraus, und man müßte einen traurigen Kleister von Worten kochen, wenn man beide Teile zu derselben staatsrechtlichen Lehre bringen wollte. Das ist ja aber auch nicht nötig, da verschiedene politische Faktoren mit verschiedenen klar ausgesprochenen naturnotwendigen Tendenzen desto freier und offener das Gemeinsame finden können, nachdem sie ihre Unterschiede beiderseits unzweifelhaft dargetan haben. Viel unklarer als eine Demokratie, die ihr Prinzip wahrt, aber praktisch mit dem Kaiser geht, ist ein Konservatismus, der theoretisch die absolute Macht anerkennt, und praktisch gegen sie agitiert, sobald sie ihm irgendwie drückend wird. Niemals kann in einem großen Volke eine einheitliche staatsrechtliche Theorie eine allgemeine Zustimmung gewinnen. Alle Politik ist ein Handeln und Kämpfen von Kräften. Der Kaiser ist unter diesen bei uns vorhandenen Kräften die erste. Das weiß er und spricht es aus. Von ihm zu verlangen, daß er etwa reden solle wie Eugen Richter oder auch nur wie Professor Hänel, ist ein einfacher Unsinn. Er ist in seiner Weise ebensogut Partei wie alle übrigen Mächte, er hat eine große Tradition, eine große Verantwortung und eine gewaltige Machtbefugnis. Nehmen wir dazu, was wir im vorigen Abschnitt über die durch die Übergangslage geschaffene relative Isolierung des kaiserlichen Diktators der neuen deutschen Entwickelung sagten, so werden wir gestehen müssen, daß die „Ich"-Reden des Kaisers das notwendige Ergebnis der Stellung sind, in der er sich befindet. Man kann sich keine willenskräftige Individualität an seine Stelle denken, die nicht nach einer Art Naturgesetz so reden müßte.

Es ist ja doch unmöglich, das Persönliche aus der Weltgeschichte auszuschalten! Um vorwärts zu kommen, braucht jedes Volk eine Anzahl prophetisch sichere Ich-Personen. Auch die Demokratie lebt, wie wir schon sahen, nicht ohne dieses Element. Warum soll der Thron nicht die Stelle sein für solche Sicherheit des eigenen Willens? Was hülfe es uns, wenn wir einen Fürsten hätten, der sich leiten ließe? Oder wenn wir keinen hätten? Wäre dann die Demokratie und der Sozialismus in Deutschland auch nur um einen Zentimeter weiter voran? Im Gegenteil! **Unsere Fortschrittshoffnungen gründen sich mehr auf den Kaiser, als auf den Reichstag in seiner jetzigen Zusammensetzung.** Natürlich ist jede starke, mit Imperatorengewalt ausgerüstete Ich-Person ein gewisses Hemmnis der freien Entwickelung anderer Kräfte. Der verstorbene Ludwig Bamberger hat nach Binarcks Tode die Frage aufgeworfen, ob Bismarck imstande gewesen wäre, das deutsche Bürgertum politisch zu erziehen, wenn er gewollt hätte. Die Frage ist nicht ganz richtig gestellt, denn ein Bismarck kann das nicht wollen. Wer Tag für Tag direkte Entscheidungen in Weltmachtsfragen abzugeben hat, für den kommt die politische Erziehung der einzelnen Teile einer Masse, die er oft als Hinderung empfindet, nur gelegentlich in Betracht. Im allgemeinen wird er geneigt sein, auch die innere Politik nur unter dem Gesichtspunkt des Schachspiels der Kräfte anzusehen. Eine Förderung ihrer politischen Tendenzen kann also die Demokratie vom Imperator nur insofern erwarten, als Konzessionen demokratischer Art für Hilfsleistungen auf nationalem Machtgebiet 'geleistet werden. Eins aber wird dabei von demokratischer Seite oft übersehen. Man glaubt, daß es ein direktes Interesse des Imperators sei, freiere Gestaltung der Landtagswahlen, Kommunalwahlen, Vereine usw. zu hindern. Das ist nicht der Fall. Der Imperator, der Weltpolitik macht, ist tatsächlich in der Lage, in diesen Dingen äußerst entgegenkommend zu sein, um so mehr, je mehr er seiner eigenen persönlichen Wucht sicher ist. Er ist keineswegs ein geborener Gegner demokratischer Fortschritte, nur allerdings auch kein geborener Freund derselben. Solche Fortschritte zu erreichen, ist und bleibt Aufgabe einer klugen, praktischen

Politik der Masse. Der Imperator hat sein Auge anderswohin gerichtet: auf die **Ausdehnung der Macht.** In dieser Richtung war Kaiser Wilhelm, getragen vom Glück des bisherigen Werdeganges des neuen Deutschen Reiches, von Anfang an voll von freudigem Optimismus. Er sah die Zukunft gleich dem „vom Golde der aufgehenden Sonne bestrahlten Wasserspiegel des in majestätischer Ruhe sich ausbreitenden stillen Ozeans". Am nachdrücklichsten verkündete er sein Zukunftsprogramm 1896 bei dem 25jährigen Jubiläum der Gründung des Deutschen Reiches:

> Aus dem Deutschen Reiche ist ein Weltreich geworden. Überall in fernen Teilen der Erde wohnen Tausende unserer Landsleute. Deutsche Güter, deutsches Wissen, deutsche Betriebsamkeit gehen über den Ozean. Nach Tausenden von Millionen beziffern sich die Werte, die Deutschland auf der See fahren hat. An Sie, meine Herren, tritt die ernste Pflicht heran, mir zu helfen, dieses Deutsche Reich auch fest an unser heimisches zu gliedern.

Sein Programm ist: Erweiterung der preußisch-deutschen Militärmacht zum Weltreich. Dazu gehört Heer und Flotte. In äußerst zahlreichen Reden trat er für beides ein. Dem Grafen Caprivi spricht er unvergeßlichen Dank für die Durchbringung der Militärvorlage von 1893 aus. Wenn der neue Reichstag die Militärvorlage nicht bewilligt haben würde, lag ein ernster politischer Konflikt nicht außer dem Bereich der Möglichkeit. Am 9. Mai 1893 sagte der Kaiser auf dem Tempelhofer Felde zu den Generälen:

> Ich hoffe von einem neuen Reichstag die Zustimmung zur Militärvorlage. Sollte aber diese Hoffnung täuschen, so bin ich gewillt, alles, was ich vermag, an die Erreichung derselben zu setzen, denn ich bin zu sehr von der Notwendigkeit der Militärvorlage, um den allgemeinen Frieden erhalten zu können, überzeugt.

Mit derselben unbeugsamen Energie setzte er die Vermehrung der Flotte durch. Daß Deutschland heute in seiner Gesamtheit dem Verständnis des Flottengedankens sich öffnet, daß bis weit in die Reihen der Demokratie hinein die Flotte begeisterte Freunde findet, ist in erster Linie sein Werk. Oberflächliche demokratische Schriftstellerei weiß für den Umschwung, den er auf diesem Gebiete hervorgerufen hat nichts Besseres zu sagen als: Servilität und Byzantinismus! Das ist aber eine geradezu jämmerliche Erklärung für die Tatsache, daß die große geschichtliche Notwendigkeit der Seemacht vom obersten Führer des deutschen Staates zuerst eindringlich erkannt und gegenüber anderen Strömungen straff festgehalten wurde. Ist es etwa Byzantinismus, wenn unsere ganze Jugend den Flottengedanken mitdenkt? Das Volk als Ganzes fand an der Hand seines Kaisers ein neues weltgeschichtliches Ideal, ein Ideal, das von Wasserromantik umrauscht, von Wimpeln und Flaggen umflattert, an Hansa und holländische Seemacht angeknüpft, aber doch im Grunde eine schwere, nüchterne, teure Lebensforderung des neudeutschen Industrialismus ist. In nichts anderem ist der Kaiser so sehr moderner, industrieller Deutscher wie in seiner tatkräftigen Arbeit für die Flotte. Wenn er selbst im März 1905 unter dem Druck englischer Vorherrschaft in Bremen eine resignierte und zurückhaltende Rede gehalten hat, so begreifen wir, daß und warum er sie halten mußte. Sein Ideal ist aber dasselbe geblieben. Er hat im Zeitalter des Verkehrs den Blick für die Politik der Erdkugel gewonnen, während unsere Demokratie vielfach noch die Politik der alten deutschen Kleinstaaterei mit sich herumschleppt. In diesem Punkt bezeichnet die Regierung Kaiser Wilhelms II. einen entschiedenen Fortschritt gegenüber der Bismarckschen Periode. Was Kaiser Wilhelm II. beseelt, ist die Staatspolitik einer werdenden ersten Handelsmacht. Er sieht die Weltlage richtig, in der wir sind. Schön und kraftvoll spricht sich das in der Hamburger Flottenrede von 1899 aus:

> Blicken wir um uns her — wie hat seit einigen Jahren die Welt ihr Antlitz verändert! Alte Weltreiche vergehen und neue sind im Entstehen begriffen. Nationen sind plötzlich im Gesichtskreis der Völker erschienen und treten in ihren Wettbewerb mit ein, von denen kurz zuvor der Laie nur wenig gemerkt hatte. Ereignisse, welche umwälzend wirken auf dem Gebiete der internationalen Beziehungen sowohl wie auf dem Gebiete des nationalökonomischen Lebens der Völker, und die in alten Zeiten Jahrhunderte zum Reifen brauchten, vollziehen sich in wenigen Monden.

Wer das Herankommen einer neuen Zeit im allgemeinen Völkerverkehr so stark fühlt, der gehört nicht zu den alten Aristokratien, die vor der Neuzeit Angst haben und sich nicht genug vor ihr „schützen" können. Er kennt das große wirtschaftliche Aus- und Einatmen des industriellen Körpers, er kennt die Notwendigkeit von Export und Import, und seine Flottenpolitik sichert uns, daß er nie, nie eine dauernde Gemeinschaft mit der agrarischen Aristokratie haben kann.

Sein Verhältnis zu dieser agrarischen Aristokratie ist ein im höchsten Grade interessantes und eigentümliches. Er ist Gegner der agrarischen

Wirtschaftspolitik und verlangt doch dabei die Gefolgschaft seines Adels. Niemals wurde dies deutlicher als bei den Verhandlungen über den deutsch-russischen Handelsvertrag in der Zeit Caprivis. Zum damaligen Reichstagspräsidenten von Levetzow sagte der Kaiser im Februar 1894:

> Ich bin weit davon entfernt, auf die Überzeugung eines einzelnen einwirken zu wollen, aber Sie müssen doch klar darüber werden, wie der Kaiser von Rußland diese Dinge auffaßt. Er würde es gar nicht verstehen können, wie Leute, welche bei Hofe ein- und ausgehen, welche meine Uniform tragen, in einer Sache gegen mich stimmen, welche von so weittragender Bedeutung ist.

Als dann am 6. September 1894 in Königsberg Galatafel gehalten wurde, wurden die konservativ-agrarischen Führer von der Einladungsliste gestrichen: Graf Mirbach, Graf Kanitz, Graf Klinckowström, Graf Dohna-Wundlack und von Klitzing. Im Trinkspruch aber sagte der Kaiser:

> Ich habe tief bekümmerten Herzens bemerken müssen, daß aus den mir nahestehenden Kreisen des Adels meine besten Absichten mißverstanden, zum Teil bekämpft worden sind, ja sogar das Wort Opposition hat man mich vernehmen lassen. Meine Herren, eine Opposition preußischer Adeliger gegen ihren König ist ein Unding!

Über den Antrag Kanitz soll der Kaiser zu Freiherr von Manteuffel gesagt haben: „Sie können mir nicht zumuten, daß ich Kornwucher treibe." Die Annahme der Handelsverträge mit Österreich, Italien und Belgien begrüßt er schon 1892 mit folgenden Worten:

> Ich glaube, daß die Tat, die durch Einleitung und Abschluß der Handelsverträge für alle Mit- und Nachwelt als eines der bedeutendsten geschichtlichen Ereignisse dastehen wird, geradezu eine rettende zu nennen ist. . . Ich bin überzeugt, nicht nur unser Vaterland, sondern Millionen von Untertanen der anderen Länder, die mit uns bei dem großen Zollverband stehen, werden dereinst diesen Tag segnen.

In all diesen und vielen anderen Worten, die der Kaiser in Hamburg, Bremen und anderswo gesprochen hat, findet sich eine ganz einheitliche, mit der Flottenpolitik notwendig verbundene handelspolitische Überzeugung. Die Handelsverträge Caprivis, die der Kaiser als rettende Tat bezeichnet, wurden mit Hilfe der Liberalen und Sozialdemokraten angenommen. Auf dieser Seite liegt die natürliche parlamentarische Majorität für die Ziele Kaiser Wilhelms II., eine Majorität, die aber nicht entstehen und sich entwickeln kann, solange es für freiheitlich gilt, Heer und Flotte zu verweigern. Diese natürliche Majorität für die Wirtschaftspolitik des **Flottenkaisers** hat ihrerseits versagt. Der Kaiser konnte nicht mit Parteien regieren, die ihn in einer Zeit, wo er mit der Rechten im Kampfe lag, bei allen militärischen Forderungen im Stiche ließen. Er konnte es nicht, denn wie kann er seinen Beruf als Machtvertreter der Nation aufgeben? Es kam, wie es durch diesen Fehler der Linken kommen mußte: das System Caprivis, das im Grunde das System Wilhelms II. war, fiel zu Boden. Die neuen Zolltarife wurden durchgedrückt, aber kein Wort des Kaisers begleitete ihre Entstehung. Auch bei den Handelsverträgen Bülows hat er in sehr auffälliger Weise absichtlich geschwiegen. Er wird wieder reden, wenn der Geist Caprivis wieder möglich wird.

Es ist sehr wichtig, daß sich Kaiser Wilhelm II. niemals gegen die Wirtschaftspolitik der Linken ausgesprochen hat. In allen seinen Reden existiert kein einziges Wort gegen Kapitalismus, Industrialismus, gegen die Politik der gewerblichen Volkshälfte. So leicht sonst sein Sprachgebrauch an altertümliche Denkweisen anklingt, so ist er doch absolut frei von allen Redewendungen konservativer und klerikaler Mittelstandspolitiker. Er will, wie jedermann in Deutschland, die Nöte der Landwirtschaft so weit erleichtern, als es im Rahmen einer industriellen Weltmachtpolitik möglich ist; die Grundlage alles seines Tuns aber ist diese Politik. Was der Kaiser gegen die Linke sagt, liegt auf ganz anderem Gebiet. Die Sozialdemokratie ist antimilitärisch und darum „vaterlandslos". In schärfsten Ausdrücken bekämpft der Kaiser die Ablehnung nationaler Macht von dieser Seite, begreiflicherweise doppelt scharf, wenn sozialdemokratische Taktlosigkeit sich an der Erinnerung seines kaiserlichen Hauses vergriff. Was der Kaiser in dieser Hinsicht sagte, läßt sich an Herbigkeit kaum überbieten: „eine Rotte von Menschen, nicht wert, den Namen Deutscher zu tragen", „vaterlandslose Feinde der göttlichen Weltordnung". Schon 1889 sprach er zu den Bergarbeitern Schröder, Siegel und Bunte: „für mich ist jeder Sozialdemokrat gleichbedeutend mit Reichs- und Vaterlandsfeind". Diese Beurteilungsweise der politischen Stellung der Sozialdemokratie hat sich in der ganzen Regierungszeit Wilhelms II. nicht geändert, trat nach dem Tode Krupps besonders lebhaft hervor, und wird und kann sich nicht ändern, solange diese Partei ihren törichten, zwecklosen Standpunkt in Sachen der Vaterlandsmacht beibehält. Auch das an anderer Stelle noch zu erwähnende Wort vom „Austoben" der Sozialdemokratie kann daran nichts ändern. Im Punkte der Vaterlandsverteidigung kann, darf, wird ein deutscher Kaiser keinen Zoll breit nachgeben. Wenn er in diesem Punkte auch nur die geringste Unsicherheit zeigen würde, müßte das für alle Volksgenossen, die Sozialdemokraten eingeschlossen, verhängnisvoll sein. Aber ist es nicht vielleicht psychologisch richtig, zu glauben, daß Kaiser Wilhelms Aussprüche über die Vaterlandslosigkeit der Sozialdemokraten einen Wunsch enthalten, mit den deutschen Arbeitern gemeinsam deutsche Politik machen zu können? Zu Leuten, von denen man nichts hofft, spricht man in anderer Weise. Der Kaiser vertritt das Wirtschaftsinteresse aller derer, die einen guten Geschäftsgang brauchen. Was wäre natürlicher, sachlich verständiger, als daß die Bewegung, deren wirtschaftliche Hauptangelegenheit der Lohn ist, mit ihm geht?

Ehe die Linke nicht für Militär und Flotte ist, muß der Kaiser seine Wirtschaftspolitik mit der Linken und seine Militärpolitik mit der Rechten machen. Das ist ein unhaltbarer Zustand. In diesem Doppelspiel reiben sich viele vorzügliche Kräfte vergeblich auf, denn niemals bewilligt die Rechte ohne Entgelt. Natürlich setzt der Kaiser die nationalen Machtforderungen stets durch, aber auf Kosten einer wirtschaftlichen Politik, die er selber vertritt. Das, was man „Zickzackkurs" genannt hat, beruht auf diesem Zustande. Im Kaiser liegt das Wechselnde nicht, sein Kurs ist tatsächlich klar, nur fehlt für diesen Kurs die parlamentarische Grundlage. Die Sozialdemokratie nötigt den Kaiser, nach rechts hin, beim Zentrum und bei den Konservativen, festeren Anschluß zu suchen, als es seinem eigenen Programm entspricht. Damit schädigt die Sozialdemokratie die Lebensinteressen der Masse, die sie vertritt. Wenn sie politisch klug wäre, ginge sie mit dem Kaiser!

Es finden sich Sozialdemokraten, die diesem Gedankengang nicht jedes Recht abstreiten. Ohne ihre Grundsätze aufzugeben, verschieben sie den radikalen Gegensatz gegen die Monarchie in den ersten Teil ihres Programms, das heißt unter diejenigen Sätze, die „innerhalb der gegenwärtigen Gesellschaftsordnung" unerfüllbar sind. Was einmal dort aufgehoben ist, kann dort belassen werden, denn Dinge, die einer „andern Gesellschaftsordnung" angehören, kümmern uns noch weniger als die uns unbekannten Staatsgrundgesetze Chinas. Aber sie geben zu bedenken, daß der deutsche Kaiser bei allem zeitweiligen Gegensatz zu den Konservativen sich doch niemals wirklich von ihnen trennen werde, er werde lieber mit ihnen untergehen als mit einer Masse von Demokraten leben wollen. Alle seine Differenzen mit jenen seien nur Gefechte unter Freunden, und der geschichtlich notwendige Sprung von rechts nach links werde faktisch vom Kaiser nicht getan werden. Das würde mit anderen Worten heißen: die industrielle Weltmachtspolitik Wilhelms II. sei in ihm schwächer als die Beeinflussung durch die „Edelsten und Besten".

Wenn man sich die Frage so vorlegt, wird man zweierlei zur Beantwortung nicht vergessen dürfen:

1. Die Umgebung Kaiser Wilhelms II. ist gar nicht in der Weise konservativ, wie es bei früheren preußischen Königen der Fall war. Schon allein das Element der Marineoffiziere ist völlig andersartig. Dazu kommt, daß die neue Aristokratie am Hof mehr und mehr Platz findet. Es gab eine Zeit, wo Stumm viel am Hofe verkehrte, es kam eine andere Zeit, wo Krupp mehr zu gelten schien, es wurde von Ballin gesprochen, niemals aber gab es eine Zeit, in der man von besonders nahem Verkehr agrarischer oder klerikaler Größen etwas gehört hat.

2. Nach allem, was man von ihm sieht und hört, ist Kaiser Wilhelm II. ein Mann, bei dem Gefühlsgründe sich im Entscheidungsfall den Verstandesgründen unterordnen. Sein heller, weltoffener Verstand muß ihm aber in jedem Augenblick etwaigen Schwankens sagen, daß eine hervorragende Zukunft seines ruhmreichen Hohenzollernschen Hauses nicht in einem hochschutzzöllnerisch abgeschlossenen Winkel europäischer Erde zu haben ist, der nach der väterlichen Weise ostpreußischer Rittergüter geleitet wird.

Unzweifelhaft würde die Krisis, die zwischen Krone und Agrariertum bevorsteht, für beide Teile so bitter und schwer sein, daß sie ihr beide möglichst lange aus dem Wege gehen. Die Konservativen bewilligen aus diesem Grunde ohne Kanitz doch noch immer Kähne. Wenn sie das zum erstenmal unterlassen, dann sagt auch der Kaiser: nun ist es genug! Der Kaiser fügte sich in die Ablehnung des Kanals, aber vergessen wird er die Kanalgeschichte nie. Mit jedem Jahrfünft vermehrt sich der Gewitterstoff zwischen Krone und Getreideadel. Das Gewitter kommt, man weiß nur nicht wann. Und wenn nun das politische Gewitter kommt, nach dem der deutsche Boden dürstet, wenn einmal alle Blitze, die in der Hand des Imperators sind, nach den Schlössern an der Oder und Weichsel hin zucken, wenn die Abrechnung kommt für eine Schuld von Jahrhunderten, wenn die Neuzeit wie Morgenröte in die Höhe steigt, was macht dann die Demokratie? Dann legt sie die Hände in den Schoß und lacht, wie es wettert und donnert in den oberen Regionen! Nein, das kann und darf sie nicht tun! Das Vaterland, um dessen Zukunft dann gekämpft wird, ist ihr Vaterland. Es wird in diesem Zeitpunkt nicht bloß Taktik sein, sondern unmittelbares Volkswollen, Lebenstrieb, was der Masse in der Seele spricht: Du und Dein Kaiser, Ihr gehört zusammen, denn Ihr habt denselben Kampf! Man löse, wenn die Zeit dazu reif ist, ein einziges Mal den Reichstag auf mit der offenen Regierungsparole: gegen Brotwucher! Der Erfolg wird überraschend, überwältigend sein, und im Feuer der gemeinsamen Arbeit für das Wohl des ganzen deutschen Volkes wird in kurzer Zeit viel altes Mißverständnis schmelzen. Zwar Ledebour und Zubeil werden auch dann noch ihre alten Reden halten, aber diese Reden werden nicht mehr das Bekenntnis der demokratischen Millionen sein. **Wer aber will ein Deutschland überwinden, in dem der Kaiser und die Masse sich gefunden haben?**

Aber steht nicht unverwischbar zwischen Kaiser und Masse der Tag von Oeynhausen? Als dort im schönen westfälischen Bade die treuherzigen Männer und Frauen jenes urdeutschen Gebietes wie Mauern standen, ihren Kaiser zu begrüßen, sprach der kaiserliche Mund die bekannten Drohungen, deren Folge die Einbringung der „Zuchthausvorlage" war. Wie scharf diese nicht zum Gesetz gewordene Vorlage im Gemüt der gesamten sozialdemokratischen und nicht sozialdemokratischen Arbeiterbevölkerung gewirkt hat, weiß und begreift jeder, der dem mühsamen, opfervollen Kampfe der Arbeiter um bessere Lebenslage seine Aufmerksamkeit widmet. Ihr Echo ist nicht mit der Stunde verklungen, wo Lieber und Bassermann dem verhängnisvollen Entwurfe ein schnelles Ende brachten.

Es wird nicht genügen, hier bloß von einem weniger gut unterrichteten Kaiser an einen besser zu unterrichtenden zu appellieren, es kann nicht genügen, da dieser Entwurf ein Stück des Systems gewesen ist, das bisher gewaltet hat. Das System, zu dem er gehörte, war die Politik der „Sammlung“, die wir früher beschrieben haben. Von diesem Gesichtspunkt aus wird das, was bisher geschehen ist, in seiner traurigen Notwendigkeit begriffen werden können, und von ihm aus wird auch das Zutrauen wachsen, daß, wenn einmal diese Politik der Sammlung von Agrariern und Kohlenfürsten vorüber ist, derartiges nicht wiederkehrt.

Wenn es richtig ist, was wir ausführen, daß der Kaiser der oberste Kopf der neudeutschen Industrieentwickelung ist, so hat er dieselben Verbindungsmöglichkeiten wie die industrielle Aristokratie nach rechts und links. Solange die Verbindung nach rechts besteht, erneuern sich natürlich die Versuche der Eindämmung der Organisation der Arbeiter. Ist aber einmal diese Verbindung zu Ende, ist die Zeit vorbei, wo Kaiser Wilhelm II., wie Graf Douglas vor 17 Jahren sich ausdrückte, „Kartellkaiser“ ist, dann wird er es gerade sein, der mit seiner ganzen persönlichen Dringlichkeit und mit dem ganzen Erfolge, den seine Worte bei den führenden Industriellen haben müssen, diesen klar macht: der Arbeiter kämpft um sein Brot; ihm gebührt dabei gleiches Recht und gleiche Sonne! Daß der Arbeiter das Recht hat, für Verbesserung seiner Lage zu kämpfen, hat Wilhelm II. mitten im heftigen Streit gegen die Sozialdemokratie immer voll anerkannt, noch 1902 in Breslau, wo er sagte:

> Sendet uns eure Freunde und Kameraden aus eurer Mitte, den einfachen schlichten Mann aus der Werkstatt, der euer Vertrauen besitzt, in die Volksvertretung. Der stehe ein für eure Wünsche und Interessen, und freudig werden wir ihn willkommen heißen als Arbeitervertreter des deutschen Arbeiterstandes, nicht als Sozialdemokraten.

In diesen Worten liegt die Anerkennung des Klassenstandpunktes der Arbeiter, eine Anerkennung, die grundsätzlich weit über das hinausgeht, was bürgerliche Redner dem Arbeiter zuzugestehen pflegen. Der Kaiser oder sein Nachfolger werden den Arbeiter wie jeden anderen Bürger begrüßen und sich seiner politischen Regsamkeit freuen, sobald sie selbst sich von der jetzigen klerikal-konservativen Majorität loslösen wollen.

Und was sie ihm dann werden geben müssen, ist Liberalismus: das volle freie Recht im Staat, nichts anderes, nichts besonderes, aber eben dieses. Irgendwann wird der Kaiser sagen müssen: ich will, daß ohne Rücksicht auf Partei, von allen Staats- und Militärbehörden und Gerichten ein Arbeiter behandelt wird wie jeder andere Staatsbürger! Wieviel ein solches Wort ausmachen würde, kann nur der ermessen, der in den Arbeiterblättern verfolgt, wie die verschiedenartige Behandlung heute wirkt, und wie ausgedehnt sie vorkommt.

Bis aber dieses Wort einmal gesprochen wird, ist der Kaiser gezwungen, trotz Protestantismus, Handelspolitik, Modernität der Wirtschaftsauffassung, sich mit dem Zentrum gut zu stellen. Die Gründe dazu sind früher ausgeführt worden, und Bülows Vermittlerrolle zwischen Berlin und Rom ist bereits dargestellt. Es blieb dem Kaisertum nichts anderes übrig, als seine protestantische Tradition für eine Periode zu unterbrechen. Hohenlohe hat die Wege geebnet, jetzt fährt der Wagen fast von selbst. **Wenn der Schwerpunkt der deutschen Staatsleitung von rechts nach links verlegt werden soll, so muß er eine Weile auf die Mitte, auf das Zentrum gestützt werden.** Der Landesbischof der größten evangelischen Landeskirche muß in einer früher unerhörten Weise dem Katholizismus sich nähern. Die religiöse, innere Seite des Vorganges geht uns hier nichts an, auch sind wir überzeugt, daß gerade bei Wilhelm II. der Protestantismus innerlich unzweifelhaft fest bleibt; aber zum Gesamtbilde des jetzigen Kaisers gehört es, ihn in Maria Laach zu sehen, wo er den Benediktinern, die das landwirtschaftlich und künstlerisch wunderbar feine Erbstück der Jesuiten einstweilen verwalten, einen Hochaltar schenkt. Dieser Hochaltar erinnert in merkwürdiger Weise an frühere Reden in Wittenberg, besonders wenn man hinzunimmt, daß Abt Benzler zum Kaiser sagte, jetzt stehe er „an der Glanzstätte der christlichen Kultur deutscher Lande“. Oder man höre die Worte des Prälaten Dr. Bellerheim in Aachen, der im Juni 1902 zum Kaiser sprach:

> Für Kaiser und Reich beten wir hier Tag für Tag im Kreislauf des Jahres. Diese Gebete werden begonnen, wenn das Morgenrot dem Schoße der Frühe entsteigt, sie setzen sich fort, wenn die Sonne ihre Höhe erreicht, und, Majestät, sie ersterben erst dann auf unseren Lippen, wenn die Schatten des Abends empordämmern.

Der Kaiser aber spricht am Abend desselben Tages von Karl dem Großen und stellt sich, sein Haus, sein Reich und Heer unter das Kreuz. Er redet hier wie in Straßburg zu den „Herren der Kirche“. Es spinnen sich zahllose Fäden an, sichtbare und unsichtbare, und der Bund politischer Notwendigkeit wird auf dem Wege der Höflichkeiten bisweilen fast zur Innigkeit. Langsam fing die Annäherung im Jahre 1893 an, wo Wilhelm II. in Rom mit dem Kardinal Ledochowsky auf der deutschen Botschaft frühstückte und, nach dem Bericht der „Kölnischen Volkszeitung“, zu ihm sagte: „Eminenz werden gebeten, die Vergangenheit zu vergessen.“ Was ist in diesen 10 Jahren alles anders geworden! Schon sagt der Papst in freier Ansprache gelegentlich: Germania mea.

Und wo soll das alles hinaus? Soll etwa doch die Geschichte des neuen Deutschen Reiches in Ultramontanismus enden? Soll die Größe der Zentrumspartei, der Blick auf Österreich und die Angst vor den Demokraten das Kaisertum endgültig romanisieren? Wir glauben es nicht, aber wir fühlen, daß es großer Anstrengungen bedürfen wird, um das Verhängnis abzuwenden. Es ist nötig, daß auch ohne Zentrum Weltpolitik gemacht werden kann.

V. Demokratie und Heer.

Ein vielgelesenes französisches Buch über „Die Superiorität der Angelsachsen“ von Edmond Demolins vergleicht den Patriotismus der modernen Völker und kommt zu dem Resultat, daß der auf Militarismus gegründete Patriotismus der Franzosen, Deutschen, Russen, Italiener und Spanier eine weltgeschichtlich geringwertigere Form sei als der auf die Unabhängigkeit des Privatlebens gegründete Patriotismus der Engländer und Nordamerikaner. Die Engländer haben gerade deshalb die Welt erobert, weil sie kein militärisches Eroberungsvolk sind, sondern eine lockere Gemeinschaft von kolonisationsfähigen Individuen, die allen Drill und alle Subordination verschmähen. Daß ein Franzose, nachdem sein Volk nicht mehr imstande ist, eine Militärmacht ersten Ranges zu bleiben, sich solchen Ideen zuwendet, ist nicht auffällig, sachlich richtig sind sie aber deshalb nicht. Auch Englands Vorherrschaft ist mit Kanonen gegründet und wird mit Kanonen erhalten. Wenn es mehr schwimmende als fahrende Kanonen hat, so liegt der Grund dafür in dem Inselcharakter des englischen Mutterlandes. Und gerade die neueren englischen Erlebnisse in Südafrika haben es schlagend bewiesen, daß auch England zum System des Landmilitarismus wird übergehen müssen. Durch die Umspannung der Erdkugel mit Schienenwegen wird jede Großmacht genötigt, sowohl Landheer wie Flotte zu haben. Das liegt im Wesen der modernen kapitalistischen Großstaatsentwickelung. Deutsche Sozialdemokraten sehen es mit Schmerz, wie ihre englischen Brüder Machtenthusiasmus treiben, sie werden sich aber sagen müssen, daß die Entwickelung der englischen Arbeiterschaft älter ist, als die der deutschen, und daß das, was heute drüben ist, bei uns in einiger Zeit sein wird.

Zwar hat der sozialdemokratische Haupttheoretiker Kautsky in der „Neuen Zeit" die Behauptung aufgestellt, der Gegensatz zum Militarismus sei der eigentliche Unterschied der Sozialdemokraten von allen bürgerlichen Parteien:

> So paradox es klingen mag, dieser an sich gar nicht sozialistische, von der bürgerlichen Demokratie her übernommene Kampf (gegen den Militarismus) wird immer mehr dasjenige Merkmal, das die Sozialdemokratie, d. h. den Sozialismus des kämpfenden Proletariates, von den bürgerlichen Reformparteien unterscheidet.

Er führt aus, der Wille zur Sozialreform sei bei dem Wachsen der sozialreformerischen Stimmung im Bürgertum nicht mehr ein entscheidendes Trennungszeichen der Sozialdemokraten von allen übrigen, auch der Glaube an das „Endziel" sei es bei den beliebig weiten Entfernungen, die man dem Endziel geben könne, nicht; unterscheidend, trennend, charakterisierend im strengen Sinne des Wortes sei der Antimilitarismus! Das soll „reiner Marxismus" sein! Nicht die ökonomische Lage, nein, die antimilitaristische Theorie ist das Kennzeichen des Proletariats. So konzentriert sich eine welterobernde Lehre rückwärts, wenn sie ihren Dienst getan hat! Nach dieser Lehre fällt der proletarische Sozialismus beim nächsten Kriege in sich zusammen, denn sobald ein Krieg beginnt, an dem Deutschland beteiligt ist, ist die ganze Volksmasse dafür, daß wir die besten Kanonen, Gewehre und Pferde haben müssen, die es gibt. Man sah ja schon beim

Burenkriege, wie sehr die deutschen Arbeiter den Buren gute Munition wünschten. Wie wird es sein, wenn sich einmal die Massen Europas gegeneinander bewegen? Dann verfliegt aller „Antimilitarismus" vor der absoluten Notwendigkeit, daß unser Volk sich verteidigen und daß es womöglich den Krieg in das Land des Gegners tragen muß, um nicht sich aller Unbill der Kriegsverheerung auszusetzen; dann wollen alle Sozialdemokraten, wie Bebel richtig zusagt, ihrem Volke tapfere Dienste tun, und werden höchst froh sein, wenn sie Festungen, Artilleriebrigaden und zuverlässige, genügend zahlreiche Offiziere und Unteroffiziere vorfinden. Die Masse hat, wie ja auch Bebel in dem schon erwähnten Worte sagt, ein Vaterland, selbst dann, wenn sie gegen die Regierung des Vaterlandes protestiert! Und ohne Masse kann das Vaterland nicht verteidigt werden.

Man denke an die großen Zahlen unseres Heeres! Im Jahre 1903 findet sich folgender Friedensbestand der Hauptwaffengattungen und des Gesamtheeres:

	Infanterie	Kavallerie	Artillerie	Gesamtsumme
Offiziere	13 386	2 437	4 025	24 374
Unteroffiziere	48 828	9 670	15 897	81 958
Gemeine	337 220	57 227	74 098	495 500
Gesamtkopfzahl	401 998	70 148	95 156	606 872

Dieser Friedensbestand ist die Grundlage des Kriegsheeres. Das Kriegsheer beziffert sich auf fast 3 Millionen Mann. Welche technischen und ökonomischen Schwierigkeiten der Transport, die Dislozierung, Verpflegung und militärische Verwendung dieser unerhörten bewaffneten Männermassen macht, kann der Nichtfachmann nur ahnen, und wird nicht versuchen, dieses Gebiet zu erörtern. Jedermann aber hat das unmittelbare Gefühl, daß hier unbedingte Zentralisation herrschen muß, wenn die kolossalen Kräfte nicht vergeblich hingeopfert werden sollen. Wir sind froh, daß die Oberleitung dieses Gesamtkörpers durch unsere kaiserliche Spitze dem Ehrgeiz rivalisierender Generale entzogen ist, und sehen darin eine Garantie des Erfolges gegenüber Zuständen, wie sie sich beispielsweise in Frankreich finden. Die kaiserliche Spitze aber weiß, daß diese bewaffnete Macht nicht aus den Kreisen der Hofrangordnung gestellt werden kann, sondern daß sie „das Volk in Waffen“ ist, nur möglich durch die Fruchtbarkeit der Menge.

In Deutschland werden jetzt in einem Jahre etwas über 2 Millionen Kinder geboren, während etwas mehr als 1 100 000 Menschen sterben. Der Geburtenüberschuß beträgt etwa 900 000. Das ist neudeutsche Lebenskraft, Lebenskraft eines industriellen und landwirtschaftlichen Proletariats. Schon einmal sprachen wir von diesen Bevölkerungsziffern, als wir die Träger der demokratischen Bewegung suchten. Damals galt es zu zeigen, daß die Ziffer dieser Träger unaufhaltsam wächst. Jetzt ist es nötig darzutun, was diese wachsende Proletarierzahl für die Macht der Nation bedeutet. Aus den Kindern werden die Rekruten.

Die proletarische Masse bildet die Masse des Heeres. Von alters her war der Bauer der geborene Soldat. Er mußte seine Haut „zu Markte tragen“, seine harten Knochen und wetterfesten Muskeln waren das Material für die Großtaten des großen Kurfürsten und Friedrichs II. Um Soldaten zu haben, versuchten die Hohenzollern, ihrem Adel das Bauernlegen zu verbieten. Der Alte Fritz tat alles, was er konnte, um bäuerliche Population zu heben. Wenn die Hohenzollern beim siebenten Jungen Pate stehen, so tun sie das als Militärfürsten. Menschen, Menschen, damit wir Krieg führen können! Die Massen entscheiden im modernen Krieg. Die Heldenhaftigkeit einzelner verschwindet, der Patriotismus der Masse wird Lebensforderung des Staates. Wo er fehlt, hilft das beste Gewehr nichts. Masse ist aber längst nicht mehr Bauernmasse allein. Niemand wird den außerordentlich hohen Wert der Bauernsöhne für Kavallerie und Infanterie und ihre im Verhältnis zur Bevölkerungsziffer sehr hohe militärische Leistung verkennen, aber unzweifelhaft ist, daß in etwa 20 Jahren, wenn die jetzt geborenen Industriekinder herangewachsen sind, die Majorität des Heeres dem Industrievolk entnommen sein wird. Selbst wenn auch in Zukunft der Prozentsatz der Militärtauglichen beim Landvolk größer sein sollte als in den Industriebezirken, so wird dieser Mangel durch die steigende Gesamtziffer dieser Bezirke ausgeglichen. Außerdem scheint es nicht völlig sicher, daß Landvolk unter allen Umständen besseres Soldatenmaterial liefert. Von 100 endgültig abgefertigten Gestellungspflichtigen waren in der Zahl der Militärtauglichen des Jahres 1902:

	1896	1899	1901	1902
Ostpreußen	**69,0**	**69,2**	**68,6**	**69,0**
Elsaß	**63,0**	**63,4**	**67,6**	**66,9**
Lothringen	**62,2**	**57,1**	**62,3**	**63,3**
Westpreußen	**64,9**	**62,4**	**65,1**	**63,0**
Posen	**59,0**	**59,4**	**59,9**	**61,4**
Westfalen	**56,1**	**54,0**	**59,1**	**59,0**
Prov. Sachsen	49,0	**55,9**	**58,1**	**59,0**
Pommern	**60,8**	**60,5**	**60,1**	**58,6**
Großherz. Hessen	50,4	**55,5**	**59,2**	**58,2**
Hessen-Nassau (XI)	**55,6**	**54,1**	**55,4**	**58,2**
Hessen-Nassau (XVIII).	—	51,7	53,9	**58,2**
Großherz. Baden	50,1	**53,9**	**55,5**	**56,6**
Kgr. Württemberg	**56,3**	52,8	54,5	55,1
Rheinland	**54,1**	52,4	52,8	54,7
Hannover	52,4	49,7	53,7	54,2
Kgr. Bayern (II).	53,9	52,8	53,5	53,8
Bayern (III)	—	—	52,2	53,0
Kgr. Bayern (I)	52,5	49,5	54,6	52,7
Schleswig-Holstein	**56,1**	**55,4**	53,5	52,2
Kgr. Sachsen (XII)	50,5	48,7	**54,9**	52,1
Kgr. Sachsen (XIX).	—	46,5	50,7	51,5
Schlesien	43,6	46,1	49,2	48,7
Brandenburg	49,0	47,2	47,6	47,3

Diese vierfache Reihe zeigt, daß die Leistung der Provinzen gewissen Schwankungen unterworfen ist, gerade so wie die Gesamtleistung des Reiches. Was über den Durchschnitt hinausragt, ist durch den Druck kenntlich gemacht. **Keinesfalls aber ist die Lage so, daß Industriegebiete unter allen Umständen militärisch schlechter sind als Landwirtschaftsgebiete.** Die eigentlichen Bauernländer Hannover und Bayern stehen in allen Jahren unter Durchschnitt, und wenn Westfalen Besseres leistet als Hannover, so ist man versucht, mehr an seine Metallarbeiter zu denken, als an seine Bauernsöhne. Auch Schlesiens sehr niedrige Ziffer läßt sich kaum allein auf industrielles Konto setzen. Zuzugeben ist, daß die Großstädte ungünstig wirken, aber Industrie auf dem

Lande schafft im allgemeinen vortreffliche Soldaten, soweit es sich nicht um verarmte, hungernde Hausindustrie handelt. Grenzgebiete und Provinzen mit Tagelöhnerarbeit stehen allerdings obenan.

Und was die Qualität der Soldaten aus der Industrie anlangt, so sind sie vielleicht im Ertragen von Strapazen etwas geringer, aber sie haben dafür in ihrer Mehrzahl etwas, worauf es im modernen Heer gewaltig ankommt: technisches Verständnis. Das Heerwesen wird immer technischer. Die neuen Waffen sind feine, komplizierte Maschinen. Der alte Unteroffizier, dessen Leistungen in Körperkraft und Strammheit bestanden, wird je länger desto mehr verschoben von einem Mann, der gewisse technische Intelligenz besitzen muß. Das industrielle Zeitalter schafft sich einen industriell gearteten Krieg. Die Artillerie, diese deutsche Hauptwaffe, bietet in hervorragender Weise technische Arbeit. Wenn Deutschland auf einen Zusammenstoß mit dem Slaventum rechnet, und nur für diesen Fall brauchen wir unser kolossales Landheer, so werden wir unsere Überlegenheit nicht in der reinen Ziffer an sich suchen dürfen, sondern nur darin, daß wir eine technisch besser gebildete Masse zur Verfügung haben.

Es liegt also offenbar ein großer Teil der militärischen Kraft des Deutschen Reiches in seinen industriellen, demokratischen Elementen. Dieser Zustand kann eine Gefahr ersten Ranges bedeuten, wenn unsere Demokratie nicht staatserhaltend sein will. Alle großen Heerführer der Vergangenheit waren darin einig, daß der Geist der Truppe von unberechenbar großer Bedeutung ist. Bei der gesteigerten Gefahr des Zukunftskrieges, im Hagel der Repetiergewehre, unter dem Eindruck des rauchlosen Pulvers, wird alles darauf ankommen, ob das Heer in sich selbst eine kampfbereite Gesinnung hat. Mit anderen Worten: **Deutschlands militärische Zukunft hängt davon ab, wie sehr seine Demokratie vom nationalen Gedanken erfüllt ist.** Die alte Form opfervoller Königstreue ohne politisches Nachdenken ist für die Majorität des Heeres vorbei, Landsknechte, die für Geld und Raub schießen und sich schießen lassen, haben wir nicht. Wir haben junge Männer, die, schon ehe sie in den Krieg ziehen, eine bestimmte politische Anschauung in sich aufgenommen haben, Staatsbürger, die selber wissen wollen, wofür sie kämpfen.

Aus dieser Sachlage ergeben sich Folgerungen sowohl für die Staatsregierung wie für die geistigen Leiter der Demokratie.

Die Staatsleitung, deren erste Aufgabe die Vaterlandsverteidigung ist und bei allem Wechsel politischer Systeme bleiben muß, kann an dem Faktum nicht gleichgültig vorübergehen, daß der Bestand des Heeres vom materiellen und geistigen Zustand des Industrievolkes immer mehr abhängig wird. Mit etlichen Arreststrafen wegen Einführung sozialdemokratischer Literatur in den Kasernen ist hier lächerlich wenig getan. Das Vorhandensein der Proletarierkinder im Heer ist eine eiserne Notwendigkeit. Ihre geistige Umgestaltung durch Kriegsartikel und Instruktionsstunden ist eine höchst ungenügende Maßregel. Im ruhigen Friedensdienst zeigt sich das Denken der uniformierten Demokratie aus begreiflichen Ursachen wenig an der Oberfläche. Ein deutscher Generalstabschef wird aber von Natur immer den Kriegsfall im Auge haben. Er denkt sich eine Niederlage irgendwo im fremdsprachlichen Osten, etwa bei Warschau. Die strenge Disziplin ist durch das hoffentlich nur vorübergehende Unglück gelockert. Der Charakter des Heeres ist auf die denkbar härteste Probe gestellt: schlechte Verproviantierung, da die Marschrouten geändert werden mußten, schlechtes Wetter, polnische Wege, polnische Hütten, Verwundete, bange Sorgen vor den kommenden Tagen! In solcher Lage wird man alles, alles gern um ein in patriotischem Sinn absolut zuverlässiges Heer geben. Was aber tut man heute, um in solchem Fall ein solches Heer zu haben? Hier ist der Punkt, von dem aus die Militärführer sozial werden müssen.

Für die geistige Leitung der Demokratie aber ergibt sich aus allen diesen Dingen, daß sie bereits heute ein eminent wichtiges Stück der Staatsleitung faktisch in ihrer Hand hat. Sie ist bereits heute mitverantwortlich für die Erhaltung des nationalen Staates, denn der von ihr ausgehende Geist wird sich im nächsten nationalen Entscheidungskampfe zeigen. Von da aus ergeben sich neue Pflichten und Rechte. Die Pflicht besteht darin, daß die Demokratie in Anerkennung, daß sie einen Teil dieser Macht repräsentiert, ihre grundsätzliche Stellung zur Staatsmacht ändern muß, das Recht darin, daß sie dann an die

Gestaltung der Staatsmacht und den Betrieb des Heeres bestimmte Anforderungen wird stellen können.

Es bestehen bis jetzt in der bürgerlichen und proletarischen Demokratie mehrere getrennte Gedankengänge hinsichtlich der Heeresfragen, die nach Gelegenheit nebeneinander gebraucht werden. Um sie festzustellen, lassen wir die betreffenden Sätze der demokratischen Programme folgen.

Die deutsche Volkspartei sagt über das Heerwesen:

> Umgestaltung des Heerwesens in volkstümlichem Geist, kurze Präsenzzeit unter Abschaffung des Vorrechts der Einjährig-Freiwilligen, Reform des Offizierpensionswesens, Öffentlichkeit und Mündlichkeit sowie Ständigkeit der Militärgerichte, Beschränkung der Militärgerichtsbarkeit auf militärische Vergehen, Milderung der militärischen Strafen und Strafarten, Sicherung des Beschwerderechtes Unterstützung aller Bestrebungen, welche der Annäherung der Völker, dem friedlichen Ausgleich der zwischen ihnen entstehenden Streitigkeiten und der gegenseitigen Verminderung der Kriegsrüstungen zu dienen geeignet sind, Einsetzung ständiger internationaler Schiedsgerichte. — Mitwirkung des Reichstages bei der Entscheidung über Krieg und Frieden.

Die freisinnige Volkspartei fordert:

> Erhaltung der vollen Wehrkraft des Volkes, allgemeine Dienstpflicht bei möglichster Abkürzung der Dienstzeit, Reform des Einjährig-Freiwilligen-Institutes, keine gesonderte Knabenerziehung zu Berufssoldaten, Beförderung nach Maßgabe der Tüchtigkeit, keine Verabschiedung wegen unterlassener Beförderung, keine Duelle, Beschränkung der Militärgerichtsbarkeit auf militärische Verbrechen und Vergehen, Öffentlichkeit und Mündlichkeit des Strafverfahrens, jährliche Feststellung der Friedenspräsenzstärke durch Etatsgesetz — Unterstützung der internationalen Friedensbestrebungen, Verallgemeinerung des schiedsrichterlichen Verfahrens bei internationalen Rechtsstreitigkeiten.

Das Programm der Sozialdemokratie enthält:

> Erziehung zur allgemeinen Wehrhaftigkeit, Volkswehr an Stelle der stehenden Heere, Entscheidung über Krieg und Frieden durch die Volksvertretung, Schlichtung aller internationalen Streitigkeiten auf schiedsrichterlichem Wege.

Das sozialdemokratische Programm ist bei aller Kürze das weitgehendste. Es stellt den Scharnhorstschen Gedanken an die Spitze: „Erziehung zur allgemeinen Wehrhaftigkeit.“ Bei allem Streit um die Art der Ausführung dieses Gedankens soll man die vaterländische Wucht dieses Leitgedankens nicht gering achten. In diesem kurzen Satz kündigt sich die wahrhaft demokratische Kämpfernatur jeder echten Volksbewegung an. Die deutsche Volkspartei sagt von der Notwendigkeit des Kampfes gar nichts, die freisinnige Volkspartei will die volle jetzige Wehrkraft erhalten, **die Sozialdemokratie will das ganze Volk wehrhaft machen. In dem ersten Satze des sozialdemokratischen Militärprogramms liegt die tatsächliche Anerkennung, daß wir in einer Welt des Kampfes leben, in der jeder Arm bewaffnet werden muß, der Waffen tragen kann.** Wie stimmt das zu Kautskys Charakterisierung des proletarischen Sozialismus?

Wenig zu diesem ersten Satz paßt allerdings der letzte: Schlichtung „aller" internationalen Streitigkeiten auf schiedsrichterlichem Wege. Der Kern und der Irrtum dieses Satzes liegt in der Verallgemeinerung. Gegen Schiedsgerichte, wo und wie sie möglich sind, wird niemand etwas haben. Sie gehören schon jetzt zum diplomatischen Handwerkszeug, und vielleicht wird in Zukunft ihre Anwendung sich vermehren lassen. Es kann auch gar nichts schaden, wenn die Parteien, die die Masse der Kämpfer vertreten, dafür programmäßig eintreten, daß in jedem möglichen Falle Schiedsgerichte eintreten. Ob freilich Schiedsrichter nicht bisweilen den Streitstoff vergrößern, darf nach den Erfahrungen, die die Donaufürstentümer und das frühere ungeeinte Italien gemacht haben, bezweifelt werden. Immerhin, die Absicht, wenn ehrlich, ist lobenswert! Aber etwas anders steht es mit dem Satze, der alle Streitigkeiten schiedsrichterlich beilegen will. Er entstammt einer völlig anderen Denkart, einer vormarxischen, utopistischen Periode. Gewiß, noch heute laufen Menschen herum, die diese Denkweise haben, aber man pflegt mit Recht vor ihrer geschichtlichen und politischen Einsicht keinen übertrieben großen Respekt zu haben. Sie malen alle Greuel des Krieges und brauchen dabei nicht zu übertreiben, denn das wirkliche Gemälde der zerschossenen Leiber, verspritzten Gehirne, verdursteten Fieberkranken, blutigen Pferde, verlassenen Eltern genügt, um jedes Gefühl aufzuwühlen. Sie rechnen die Millionen und Milliarden vor, die die Rüstungen kosten, und dann rufen sie im Ton des Propheten oder der Prophetin: die Waffen nieder! Als ob die wirklichen Kriegsursachen durch einen Appell an Herz und Gewissen beseitigt werden könnten! Diese phantastische Behandlung der Kriegsfrage hat sich im sozialdemokratischen Programm in ein einziges Wort geflüchtet, breit und behaglich aber flutet sie durch die sozialdemokratischen und demokratischen Blätter und Reden. Leute, die doch sonst Darwin und Marx kennen, machen sich von diesem faulen Zauber nicht frei!

Der Sozialdemokrat versteht den Klassenkampf, weil er in ihm lebt. Er war in seinen Anfangszeiten bereit, den Klassenkampf mit dem Gewehr in der Faust zu führen. In Paris, im Jahre 1871, hat die Demokratie soviel Pulver verwendet, als sie eben konnte. Diese selbe Demokratie will den Völkerkampf mit weicher Schiedsgerichtssalbe behandeln! Eine solche Erweichung allen geschichtlichen Denkens hält sie oft in naivster Weise für einen Fortschritt. So sagte auf dem sozialdemokratischen Parteitag in Hannover der Referent zur Milizdebatte Geyer:

> Die Hebung der Schule bedingt eine geistige Hebung des ganzen Volkes, und dann wird auch das Urteil des Volkes über die sogenannte Notwendigkeit der Kriege ein ganz anderes sein, als wie es heute dem Volke eingetrichtert wird.

Also bei wachsender Bildung halten wir den Krieg nicht mehr für notwendig! Als ob es Bildung oder Moral gewesen wären, die bis jetzt das Blutvergießen vermindert haben! Einst war das ganze deutsche Land voll von Leuten, die sich gegenseitig die Schädel spalteten. Stadt gegen Stadt, Burg gegen Burg! Wodurch hat das aufgehört? Etwa dadurch, daß man den Raubgrafen Schiedsgerichte vorschlug? Rudolf von Habsburg hing sie an die Bäume, wenn sie nicht Ruhe hielten. Das war zwar brutal, aber es hat geholfen. *Der Weg zum ewigen Frieden führt über die Entstehung von größeren Machtzentren.* Deutschland ist so glücklich, zu den wenigen Staaten zu gehören, die überhaupt noch in dem Sinne souverän sind, daß sie nach eigenem Interesse über Krieg und Frieden entscheiden können. Wer nicht sehr stark ist, kommt zu den Mächten dritter und vierter Klasse, denen man erlaubt, daß sie von den Großen bekämpft werden, wenn die Großen ihre Interessensphäre verändern wollen. **Nichts, nichts hilft in der Weltgeschichte Bildung, Kultur, Sitte, wenn sie nicht von der Macht geschützt**

und getragen werden! Das lehrt die ganze Geschichte, und je gebildeter die Leute werden, desto mehr werden sie dieses wissen. Dann werden sie sich nicht mehr einreden lassen, man könne ohne harte Gewalt Souveränitäten unterwerfen, sinkenden Völkern die Gebiete aus der Hand nehmen, die sie nicht mehr zu leiten vermögen, Platz für wachsende Millionen von Menschen, Handelsfreiheit für den Bedarf steigender Industrien gewinnen. Wer leben will, muß kämpfen. Das gilt vom einzelnen, von der Klasse, vom Volk. Weil wir bald ein Volk von 60 Millionen Menschen sind und in nicht ferner Zeit ein solches von 70 Millionen sein werden, deshalb müssen, deshalb können wir um die deutsche Existenz auf der Erdkugel kämpfen, deshalb ist der erste Satz des sozialdemokratischen Militärprogramms richtig: Erziehung zur allgemeinen Wehrhaftigkeit!

Wie nun die allgemeine Wehrhaftigkeit des deutschen Volkes am besten zu erreichen sei, ist zwischen Regierung und Demokratie im allerhöchsten Grade strittig, so sehr strittig, daß über dem Streit der Vordersatz des sozialdemokratischen Militärprogramms fast zu verschwinden scheint. Es kämpfen zwei Militärsysteme: das jetzt geltende mit allgemeiner Wehrpflicht und zweijähriger Dienstzeit für die Infanterie, und ein noch nirgends durchgeführtes großstaatliches Milizsystem, das die Dienstzeit ganz oder zum großen Teil durch militärische Jugenderziehung ersetzen, und das neben den Berufsoffizier in stärkerer Anzahl den Bürgeroffizier stellen will. Früher wurde das Heerwesen der Schweiz als Muster hingestellt und als Hauptgrund geltend gemacht, daß das Milizsystem billiger sein werde. Beides geschieht heute nur noch in begrenzter Weise. Man hat eingesehen, daß der deutsche Zukunftskrieg andere Vorbereitungen braucht als die Verteidigung der Hochalpen, und daß auch das Schweizer Milizsystem hinreichend teuer ist. Soviel ich als militärischer Laie sehen kann, haben sich im Lauf des letzten Menschenalters das deutsche Heer und das demokratische Heeresideal einander genähert. Wir sind durch die Caprivische Militärvorlage mit ihrer erhöhten Ausbildungsziffer und ihrer kürzeren Dienstzeit einen merkbaren Ruck in der Richtung vorwärtsgegangen, die von der Demokratie gesucht wird, soweit sie überhaupt ernsthafte militärische Ideale vertritt. Wieviel Schritte in der Richtung noch getan werden müssen, ehe man von „Volkswehr“ reden kann, ist schwer zu sagen. Schon heute besteht das Kriegsheer zu etwa $^5/_6$ aus Angehörigen des bürgerlichen Erwerbslebens. Ob und inwieweit ohne Gefahr für die Gesamtheit dieses Verhältnis noch mehr zugunsten des letzteren Teiles verschoben werden kann, ist eine Sache, über die ein Urteil ohne sehr genaue kriegsgeschichtliche Studien nicht rätlich erscheint. Beachtenswertes Material dazu bieten die Studien von Bleibtreu. Keinenfalls aber ist es eine Verletzung demokratischer Gesinnung, eine zweijährige Ausbildungszeit im Durchschnitt für nötig zu halten. Auch der energischste Demokrat muß auf dem Standpunkt stehen, daß eine ungenügende Wehrhaftigkeit das Schädlichste ist, was es gibt. Man schafft bei ungenügender Ausbildung Heere, die nichts taugen.

Wie alle menschlichen Organisationen ist auch die Heeresorganisation in beständigem Fluß. Was heute unmöglich ist, kann in zwanzig Jahren notwendig sein. Ob freilich Deutschland den Anfang weiterer Demokratisierung des Heeres macht oder Frankreich, ist zweifelhaft. Wir glauben, daß die Franzosen, auf denen die Heereszziffer stärker lastet als auf uns, zeitiger den Zwang empfinden werden, ihr wirtschaftliches Leben durch weitere prinzipielle Änderungen zu entlasten. Unsere Sorge muß es dann sein, ohne Verlust unserer stärkeren Kraft, jede mögliche und gesunde Reform mitzumachen. Dazu aber ist erforderlich, daß die Demokratie ihr jetziges rein negatives Verhältnis zur Heeresverwaltung aufgibt. Nur wer am Heer politisch mitschafft, hat die Möglichkeit, im Heer zu reformieren. Solange sich die Demokratie auf den Standpunkt der reinen Ablehnung stellt, verhallen ihre Proteste gegen die Schäden des „Militarismus“ Eine Massenpartei aber, die es nicht hindern kann und im Grunde auch nicht hindern will, daß ihre Angehörigen die Waffen tragen lernen, hat stärkste Ursache, sich größeren Einfluß in Militärsachen zu schaffen. Einfluß aufs Heer haben die, die das Heer bewilligen.

Die Deckungsfrage ist politisch und volkswirtschaftlich von größter Wucht. Das deutsche Heer kostete im Jahre 1903 mit Einschluß Bayerns 575 253 000 Mk. in fortdauernden und 43 388 000 Mk. in einmaligen Ausgaben, im ganzen also 618 641 000 Mk., das heißt, etwas mehr als 1000 Mk. im Jahr auf den Kopf des stehenden Heeres. Diese Summe geht an sich der Volkswirtschaft nicht verloren, wird aber nicht zur direkten Erwerbung von Arbeitskraft und Herstellung von Ware verwendet. Im allgemeinen wird sie, ebenso wie die später zu erwähnende Ausgabe für die Kriegsflotte, durch Kopfsteuer gedeckt, denn die im allgemeinen auf Einkommensteuer begründeten Matrikularumlagen der Einzelstaaten werden seit 1879 durch die vom Zentrum eingebrachte „Frankensteinsche Klausel“ illusorisch, und werden auch nach der neuesten Reform des Herrn von Stengel kaum sehr in Betracht kommen. Indem das Zentrum die Klausel einbrachte, wollte es im Sinne des Föderalismus das Finanzwesen der Einzelstaaten stärken, hat aber damit zugleich die Kapitalisten geschont. Etwa $^3/_4$ der Reichseinnahmen sind Zölle und Verbrauchssteuern: 810252000 Mk.! Die Hauptposten der Zolleinnahmen waren 1902 folgende:

Material-Waren, Kolonialprodukte	216 663 000 Mk.
Getreide- und Landbau-Erzeugnisse	169 562 000
Petroleum	73 481 000
Öl und Fett	18 853 000

Die Hauptposten der Verbrauchssteuern folgende:

Bier	92 958 000 Mk.
Tabak	67 490 000
Salz (Steuer und Zoll)	53 824 000
Zucker (Steuer und Zoll	117 593 000

„Die Masse muß es bringen!“ Mit jedem Bissen, mit jedem Schluck wird das Vaterland verteidigt. Die „Vaterlandslosigkeit“ der Sozialdemokraten ist also eine theoretische, in Wirklichkeit wird von ihnen stark zur Heereserhaltung beigetragen. Gerecht kann aber eine Massensteuer nicht genannt werden, die die „stärkeren Schultern“ nicht stärker belastet. Wer am meisten zu schützen hat, soll die höchste Versicherungsprämie zahlen. Jetzt gibt Krupps Erbin fürs deutsche Heer kaum mehr als irgend ein Arbeiter. In dieser Hinsicht ist „kein Unterschied unter den Hammerschmieden“ Natürlich muß die Demokratie auf eine andere Weise der Kostendeckung dringen. Sie darf sich und wird sich nicht damit abspeisen lassen, daß schließlich doch alle Steuern und Zölle „abgewälzt“ würden und deshalb nur von der Volkswirtschaft im ganzen und nicht von einzelnen Konsumenten getragen würden. Die Lehre von der Abwälzbarkeit ist noch in vollem Dunkel, und es spricht nicht für sie, daß sich die finanzkundigsten Kreise so sehr gegen Börsen- und Kapitalsteuern wehren. Auch diese sind ja abwälzbar! Im Steuergebiet muß der Grundgedanke folgender sein: ein moderner militärischer Staat braucht große Einnahmen, die er dem volkswirtschaftlichen Gesamtleben irgendwo entziehen muß. Als Entziehungsstelle empfiehlt sich jede Gelegenheit, wo größeres Kapital aus einer Hand in die andere übergeht, d. h. Erbschaftssteuer, Grundstücksverkaufssteuer nach Höhe des Wertzuwachses, Stempelsteuer für Veräußerung börsenfähiger Werte. Sicher ist, daß diese Klasse von Steuern weit mehr einbringen kann, als sie es heute tut. In England bringt die Erbschaftssteuer dem Staate jährlich 340 Millionen Mark. Aber freilich ist zu bezweifeln, ob es denkbar ist, alle wachsenden Reichsausgaben auf dieses Konto zu schreiben. Soll der Staat neue größere Mittel für alle seine Zwecke in die Hand bekommen, so wird er gewisse Produktionszweige in eigene Verwaltung nehmen müssen. Eine demokratische Finanzpolitik führt zu staatssozialistischen Unternehmungen. Staatssozialistische Unternehmungen sind aber ihrerseits nur berechtigt, wenn sie wirksamer, parlamentarischer Kontrolle unterstehen. Beim heutigen Zustand muß auch ein warmer theoretischer Freund von Staatsunternehmungen sich bedenken, einen Gedanken wie den der Verstaatlichung der Kohlenbergwerke ernstlich zu diskutieren. Für jetzt kann die Demokratie nichts anderes tun, als jene obengenannten direkten Steuerformen zugleich mit weiterer Schärfung der Progression der Einkommensteuer fordern.

Wenn einmal die besitzenden Kreise, die Aristokratien, Heer und Flotte bezahlen sollten, könnte man jedenfalls hochinteressante Studien über ihren Patriotismus machen. Auch die industrielle Aristokratie, die Lieferanten von Kanonen, Panzerplatten, Gewehren, Schiffskohlen, sind in diesem Punkt keineswegs sicher. Aber das hilft nichts. Die Demokratie kann unter keiner anderen Bedingung ihrerseits an Bewilligungen denken, denn nichts macht heute die Bevölkerung militärfeindlicher als die Bezahlungsweise.

Jetzt ist der Sachverhalt der: die Aristokratien bewilligen, und die Masse bezahlt. Es bezahlt immer am meisten der, der nichts bewilligt für Dinge, die an sich nötig sind. Durch alle Proteste ist noch kein Fortschritt in der Bewaffnung aufgehalten worden, aber die Protestierenden wurden Opfer der Finanzpolitik ihrer Gegner. Das kann erst anders werden, wenn die deutsche Demokratie grundsätzlich erklärt: wir sind bereit, über die Verteidigungsmittel in Verhandlung einzutreten. Erst wenn sie das tut, haben ihre Proteste gegen ungerechte Steuern einen politischen Wert.

Ein anderer alter Streitpunkt zwischen Demokratie und Regierung geht allmählich seiner Regelung entgegen: die Einsetzung der Heereskosten in den jährlich zu bewilligenden Haushaltplan. Das von Bismarck bevorzugte System des Quinquennats oder Septennats ist verlassen. Es wird bei Heer und Flotte ein Gesamtplan der Beschlußfassung unterbreitet, dann aber jährlich bewilligt. Daß diese Bewilligung auf Grund eines beschlossenen Planes nicht ganz frei ist, muß zugegeben werden, aber es wird kein Großstaat auch bei radikalster Demokratie wesentlich anders handeln können, denn Neubildung von Divisionen oder Herstellung von Panzerschiffen ist keine Sache von kurzen Fristen. Das, was jetzt in viel höherem Grade die Gemüter beschäftigt, ist der moralische Zustand der Heereseinrichtung. **Es wird von der Menge des Volkes als unsittlich empfunden, daß die bürgerliche Ehre unserer jungen Männer im Heere viel zu wenig gewahrt ist.** Man sagt zwar, daß der Rock des Königs ein Ehrenkleid sei, und daß es nichts Herrlicheres gäbe, als fürs Vaterland sich kampfbereit zu machen, aber die Entwürdigungen der Soldaten durch Beschimpfungen und Mißhandlungen hören noch immer nicht auf. Das Offizierkorps hat seine Ehre, es muß sie haben, aber der gemeine Mann hat auch seine Ehre. Er will seine Menschenwürde nicht fahren lassen, wenn er in die Kaserne eintritt. Es ist falsch, Soldaten, die im bürgerlichen Leben sich keine Beschimpfung gefallen lassen sollen, im Heer nach Art der Gesindeordnung zu traktieren. Bebels jährliche Rede über Soldatenmißhandlungen ist eine vaterländische Tat, so oft er sich auch im einzelnen vergreifen mag. Für diese Rede danken ihm Millionen deutscher Mütter. Es muß eine Stelle geben, vor der sich die Roheit fürchtet, die zu den Berufsgefahren des Kasernendienstes gehört. Und wenn die Demokratie gegen die oft lächerliche und oft ärgerliche Überspannung des Reserveoffiziers-wesens im bürgerlichen Leben streitet, so tut sie der Nation und auch dem Heer einen Dienst. Wir brauchen ein tüchtiges, selbstbewußtes Offizierkorps, aber der Offizier darf nicht vergessen, daß er von allen den „Plebejern" bezahlt wird, die einzelnen seiner Standesgenossen als absolut minderwertig erscheinen. Der Auftraggeber des Heeres ist das gesamte Volk. Wir treiben Militarismus nicht um der Knöpfe und Achselklappen willen, sondern nur deshalb, um in der Stunde nationaler Gefahr eine einzige, waffenstarrende, lebendige Masse sein zu können. Dann wird plötzlich jeder Arm Goldes wert. Im Kriege nennt man auch den einen Helden, den man sonst einen Proleten nennt. Wie froh ist der Offizier, wenn er vor der Schlacht des Korpsgeistes aller seiner „Leute" sicher ist! Und noch etwas anderes muß hinweggetan werden. Die Reden des Kaisers vom inneren Feind und vom Schießen auf Vater und Mutter haben tiefe Furchen im Volksbewußtsein gegraben. Das Heer wird als Zwangseinrichtung für Untertänigkeit empfunden. Es muß aber feststehen, daß nur der äußere Feind Gegenstand des Waffen-kampfes sein soll. Da der Gedanke an Revolution, wie wir im ersten Abschnitt ausgeführt haben, als erloschen gelten darf, so haben derartige Drohungen keinen ersichtlichen politischen Zweck, müssen aber die Wirkung haben, daß die Menge das Heer noch immer nicht als Bestandteil ihrer eigenen Stärke und nationalen Freiheit anzusehen bereit ist.

VI. Die deutsche Kriegsflotte.

Die deutsche Flotte ist eine alte liberale Forderung. Wenn unsere Vorfahren von einem großen, freien, deutschen Volke träumten, dann konnten sie sich dieses Volk nicht anders denken als seefahrend und seemächtig. Der Liberalismus hat den Gedanken erfunden, dem der Kaiser die Form gegeben hat: „Reichsgewalt ist Seegewalt". Die Anfänge der deutschen Flotte sind aus liberaler Begeisterung herausgeboren, in Zeiten, wo es schwerer war an deutsche Seeerfolge zu glauben als jetzt. Als im Jahre 1848 Dänemark die deutsche Küste blockieren, als der Handel der deutschen Nation von dem kleinen Nachbarvolke lahmgelegt werden konnte, da griff das Bürgertum zur deutschen Seeverteidigung, in Hamburg brachte man Geld zusammen, die Nationalversammlung in Frankfurt bewilligte, ohne freilich sichere Einnahmequellen zu haben, 18 Millionen Mark, das ganze fortschrittliche, zukunftsfrohe Deutschland wollte Flotte.

Preußen wurde auch in dieser Sache der Vorkämpfer Deutschlands. 1853 kaufte es den Jahdebusen und baute Wilhelmshaven, und 1859 ging das erste deutsche Panzergeschwader nach Ostasien. In den Kriegen von 1864 und 1870 hat die junge Flotte ihre Schuldigkeit getan, ohne daß es zu großen Seeschlachten gekommen wäre. Eine der ersten Taten des Norddeutschen Bundes war ein Flottengesetz. Wenn von da an bis heute die deutsche Flotte gewachsen ist, so entspricht das durchaus der ganzen geschichtlichen Vergangenheit des deutschen Reichsgedankens, das steigende gewerbliche Leben mußte den alten liberalen Zug zur Flotte verstärken. In keinem Punkt spricht sich das neudeutsche Staats- und Machtgefühl so aus wie in diesem. Der jetzige Bestand der deutschen Kriegsflotte ist folgender:

	In Betrieb	In Bau
Linienschiffe	18	9
Große Kreuzer	13	3
Kleine Kreuzer	32	
Kanonenboote	18	—

Der Personalbestand der Kaiserlichen Marine ist 1861 Offiziere, 528 Offiziersaspiranten, 1587 Deckoffiziere, 7111 Unteroffiziere, 24820 Gefreite und Gemeine. Die Kosten betrugen 1904:

Fortdauernde Ausgaben	99 Millionen Mark
Einmalige Ausgaben	
im ordentlichen Etat	83
außerordentlichen Etat .	46

Alle diese Ausgaben sind im Steigen begriffen. Darüber, ob sie nötig sind, ist im letzten Jahrzehnt gestritten worden. Es ist aber unmöglich, an dieser Stelle eine ausreichende Begründung des ganzen Flotten- und Weltmachtgedankens zu geben, weil man die gesamte auswärtige Politik Deutschlands beleuchten muß, wenn man die Flotte als Bestandteil einer allgemeinen deutschen Geschichtsauffassung verständlich machen will.

Wer in dieser Richtung besten, durchdachten Stoff finden will, den verweisen wir auf das vortreffliche Buch von **Dr. Paul Rohrbach** „Deutschland unter den Weltvölkern, Materialien zur auswärtigen Politik" (Buchverlag der „Hilfe" 1903). Ich meinesteils erkläre mich in allen Hauptsachen mit Rohrbachs Buch einverstanden und kann es darum als Begründung auch meines eigenen warmen und lebhaften Eintretens für die Vergrößerung der deutschen Flottenmacht nennen. Rohrbachs Buch geht von derselben Tatsache aus, die auch für meine politische Arbeit maßgebend ist, daß Deutschland voraussichtlich um das Jahr 1925 etwa 80 Millionen Einwohner haben wird. Durch diese kommenden Millionen muß alles bestimmt werden, was wir als Staat im ganzen tun. Ein Volk, das nicht wächst, kann auf den weltwirtschaftlichen Wettkampf verzichten, wir können es nicht. Weltwirtschaftlicher Wettkampf ohne Kriegsflotte ist aber nur solange möglich gewesen, als unsere Industrie- und Handelskraft schwach war. Je mehr wir importieren und exportieren müssen, desto verwundbarer und desto schutzbedürftiger werden wir zur See. Es ist also derselbe Vorgang, den wir schon als Ursache der neuen Mächte in der inneren Politik kennen lernten, der uns auch zwingt, Flottenmacht zu werden. Gerade die arbeitende Menge hat sachliches Interesse an der Flotte, selbst wenn sie es aus falschem Doktrinarismus nicht zugestehen will, denn die Herbeischaffung von Arbeitsstoffen und Nahrungsmitteln sind Lebensfragen der arbeitenden Masse ebensogut wie der gewerblichen Unternehmer. Um unsere Einfuhr gewinnen zu können, müssen wir Ausfuhr und Kapitalanlage im Ausland haben. Gegen beides wendet sich landläufiges Gerede, das den Dingen nicht auf den Grund geht. Man sagt, erst solle man die Bedürfnisse des inneren Marktes befriedigen, ehe man die Neger an Hosen und die Chinesen an Klaviere gewöhne. Aber es gibt ja eben keinen Stoff für den inneren Markt, der nicht erst gekauft werden muß. Natürlich fehlt es, wie Professor Delbrück einmal ausführte, in Deutschland an Millionen von Wolljacken. Die Wolle dazu gedeiht aber in Australien, woher wir sie erst kaufen müssen. Es gibt darum keinen Fortschritt des inneren Konsums ohne Exportpolitik. Was wir aber nicht mit Waren kaufen, muß als Zins für

Kapital gewonnen werden, das im Ausland angelegt ist. Dieser Zins kann vom Ausland nur in Waren bezahlt werden und muß darum der Masse indirekt zugute kommen, da die Aristokratie nicht imstande ist, das erworbene Güterquantum für sich zu verbrauchen, so sehr sie das auch möchte. Dieser von Bernstein hervorgehobene Gesichtspunkt ist sehr wichtig. Der einzelne Kapitalist arbeitet natürlich nur für seinen Profit, aber mit oder ohne Willen ist er ein Organ der ganzen Volkswirtschaft. Er sitzt an der Quelle und trinkt zuerst, aber er kann es nicht hindern, daß Ströme wirtschaftlichen Wassers durch seine Hände weiterfließen. **Die relativ gute Lebenslage der höheren englischen Arbeiter gründet sich wesentlich mit auf den Weltkapitalismus Englands.**

Von dieser Erkenntnis aus muß die Demokratie in ihrer Gesamtheit für alles eintreten, was die kapitalistische Wirtschaftsentwickelung in ihrem Geschichtsgange fördert. Dazu gehört unzweifelhaft die Kriegsflotte. Englands Handelsmacht hat sich eine alle Meere beherrschende Riesenflotte gebaut. Tut das der Engländer aus Mangel an Sachkenntnis? Wenn man liest, wie vielfach die Sozialdemokratie die deutsche Flotte bekämpft, dann fragt man sich, wie sie sich die Tatsache der englischen Flotte erklärt. Entweder England war grenzenlos dumm, daß es sich solche zwecklosen Ausgaben machte, oder es folgte einer sachlichen Notwendigkeit. Im letzteren Falle beginnt dieselbe sachliche Notwendigkeit für uns zu bestehen, es sei denn, wir wollten uns einfach dem internationalen Imperialismus der Engländer fügen. In der Idee zwar kann man ein Zeitalter des Freihandels sich denken, das weder unter englischer noch unter anderer politischer Vormacht steht. In Wirklichkeit ist aber ein Zustand der vollen Handelsfreiheit stets nur ein Ideal der Mächtigen, die das Meer beherrschen. Wollen wir freien Handel anstreben, so müssen wir ihn gegen englischen Imperialismus und gegen die Zollpolitik aufstrebender kleinerer Wirtschaftsmächte behüten können. Im anderen Falle dienen wir mit unserer politischen Selbstschwächung nur der vorhandenen ersten Weltmacht, die sich die Erdkugel als englisches Interessengebiet denkt. England walten zu lassen, ist international richtig gedacht. Wer kein Gewicht auf das Deutschtum legt, der kann ja die Menschheitszukunft in englische Hände legen wollen.

Nur soll er dabei nicht verschweigen, daß bei diesem System die Vorteile des Weltverkehrs nach wie vor nach England fließen. Wo die Macht ist, dahin rinnen die Güter. Wenn England die Führung des Welthandels hat und behält, so nimmt es unsere Arbeit und zahlt uns nach seinem Wohlgefallen. Es ist ein offenbares Ergebnis aller bisherigen Wirtschaftsgeschichte, daß der Markt politischen Schutz braucht. Wir müssen ausführen, um einführen zu können. Unsere Ausfuhr wird eine wachsende Konkurrenz der englischen Arbeit in England selbst und in aller Welt. Um dieser Konkurrenz willen müssen wir gerüstet sein, denn es fällt dem Engländer nicht ein, in alle Zukunft seine Häfen, Kohlenstationen und Kabel unserer Konkurrenz freizugeben und seine Grenzen zollfrei zu lassen. Je mehr unsere Ausfuhr steigt, desto mehr häuft sich die Spannung zwischen den konkurrierenden Nationen, aus vielen kleinen Reibungen entsteht gegensätzliche Elektrizität, und eines Tages fragt es sich, ob wir an Gibralter und Suez vorbeifahren dürfen, ohne Tribut zu entrichten. Das sind nationale Sorgen, denen sich kein Bevölkerungsteil wird entziehen können, der im geschäftlichen Leben steht.

Der Anteil deutschen Wirtschaftslebens, der auf See fährt, wird beständig größer. Der Raumgehalt der deutschen Seeschiffe (netto) hat sich seit 1876 verdoppelt, die Zahl der Dampfschiffe betrug:

1881:	414 mit	8 657 Mann Besatzung
1891:	896	22 317
1903:	1 545	42 984

Der Seeverkehr zwischen deutschen und fremden europäischen Häfen war:

	Ankunft	Abgang
1893:	22 728 Schiffe	23 185 Schiffe
1897:	27 589	27 979
1902:	33 754	34 283

Der Seeverkehr zwischen deutschen und außereuropäischen Häfen war:

	Ankunft	Abgang
1893:	2 181 Schiffe	1 729 Schiffe
1897:	2 333	1 782
1902:	2 298	1 756

Stärker als die Zahl der Schiffe, bei der alte Segelschiffe durch größere Dampfer ersetzt werden, steigt die Ziffer des Güterverkehrs.

Wir geben die Hauptzahlen von Einfuhr und Ausfuhr im Spezialhandel in Tausenden von Tonnen:

Einfuhr	1889	1893	1897	1902
Nahrungsmittel	4 297	4 726	7 524	8 580
Rohstoffe	20 862	25 558	30 712	32 891
Fabrikate	1 452	1 551	1 925	2 063
Ausfuhr				
Nahrungsmittel	1 472	1 578	2 525	2 667
Rohstoffe	15 284	17 979	25 229	29 247
Fabrikate	1 557	1 804	2 265	3 115

Deutschland hat die zwei größten Seehandelsgesellschaften, die es auf der Erde überhaupt gibt, den Norddeutschen Lloyd und die Hamburg-Amerika Paketfahrt-Aktiengesellschaft. Unsere zwei großen Häfen werden immer mehr zu kontinentalen Stapelplätzen allerersten Ranges. Von Hamburg und Bremen aus geht das deutsche Volk mit seiner Arbeit in die Welt hinaus. Kaum ist ein neuer Hafen gebaut, muß ein weiterer angelegt werden. Es quillt und schwillt dort von Gütermengen, vom Leben der Masse. In dem Ausland aber sitzt der Kaufmann und vermittelt den Umsatz. Dieser Handel ist es, der zunächst Schutz braucht. Jeder Deutsche im Ausland ist abhängig von dem Einfluß, den sein Konsul hat. Ohne Konsulatsvertretung ist er in vielen Ländern verlassen und verloren. Die Konsuln aber sind nur ein Teil der gesamten Staatsmacht und gelten soviel als der Staat vermag, der sie angestellt hat. Schon dieser Rechtsschutz ist ohne Flotte nicht durchführbar. Wer über „Kanone als Industriehebel" spottet, höre doch, mit welcher Einmütigkeit alle deutschen Handelsvertreter im Ausland die Flotte fordern! Es ist töricht, lächerlich, sich gegenüber diesen realen Bedürfnissen hinzustellen und von der Heimat aus zu dekretieren: ihr braucht keinen Schutz! **Wer das neue industrielle Deutschland will, der muß die Flotte wollen.** In diesem Punkt ist unser Kaiser ganz modern und macht sich zum Führer einer unausweichbaren Lebensforderung der Gesamtnation. Wer ihn in dieser Frage verläßt, der hat keinen Blick für die kommende Zeit. Er will dem Industrialismus die Wege ebnen und will in Ausübung seines Kaiserberufes das deutsche Volk vor dem Elend einer Blockade schützen, die unsere Küsten heimsuchen wird, wenn es uns an Linienschiffen fehlt. Die Geschichte wird ihm recht geben, und spätere Geschlechter werden nicht begreifen, daß es die vorwärtsstrebenden Elemente im Volke waren, die ihn in dieser Sache im Stich gelassen haben. Man denke: endlich, endlich kommt Deutschland dazu, eine große See- und Handelsmacht zu werden, endlich erfüllt sich das Hoffen der alten Demokratie, endlich ist der Kaiser da, der dieses Handelsvolk versteht, liebt, der seine Sache glänzend vertritt, da drückt sich die Demokratie zur Seite und versagt! Nur die freisinnige Vereinigung ist für die Flotte eingetreten. Die anderen Parteien der Linken lehnten ab! Das ist ein Jammer und ein tiefer Schade!

Auf keinem Gebiete liegt das Wollen des Kaisers so klar, so absolut geschichtlich notwendig vor seiner ganzen Nation wie auf diesem. Mit seinem Flottengedanken setzt er sich durch, damit wird er der Erzieher der Nation zum Industrialismus, damit bricht er endgültig die agrarische Tradition. Seit der Kaiser mit erweiterten Flottenplänen gekommen ist, hat sich seine geistige Führergewalt über das deutsche Volksdenken merkbar erhöht, denn nun erst, wo ganz Deutschland einsieht, daß es sich nicht um halbe Arbeit handelt, da weicht die „Reichsverdrossenheit" Wir Deutsche haben wieder ein großes praktisch-politisches Ideal, wir glauben an unsere nationale Zukunft und trauen dem, der sie uns zeigt. Es ist ja für einen Mann, der sich zur demokratischen Gesamtströmung rechnet, ungewohnt, so voll und froh vom Kaiser zu reden, wie ich es jetzt tue. Das Mißtrauen lauert bei jedem solchen Wort und denkt, der Sprecher solcher Worte sei eine Höflingsseele. Nein, das ist nicht der Fall! Wer hat mehr opponiert gegen die Zuchthausvorlage, wer stand dem Kaiserwort beim Hamburger Streik bestimmter entgegen als eben derselbe Mann, der, wenn er von deutscher Flotte und Zukunft redet, glücklich ist, denselben Kaiser preisen zu können, dem er als politischer Pastor das Recht seiner freien politischen Überzeugung nicht geopfert hat? In voller persönlicher Freiheit und Unabhängigkeit bricht die Erkenntnis heraus, daß wir Deutsche froh sein müssen, den Flottenkaiser, den Industriekaiser zu haben. Nicht immer war diese Erkenntnis gleich stark. Oft haben die Stumm und Köller und Miquel wie Wolken um den Berg gehangen, daß man den Gipfel kaum sah. Aber von Jahr zu Jahr zeigt sich mehr, daß es eine Grundidee ist, die den jetzigen

Kaiser beseelt, eine Idee, die jeder begreifen muß, der selbst das Zeitalter der Maschine als seine Zeit erlebt. Der Kaiser ist kein Demokrat; das kann man von ihm nicht verlangen. Er ist Monarch und sieht die Dinge von seinem monarchischen Standpunkt aus an, wie wir es von unserer Lage aus tun. Nie wird er auch in Zukunft denselben Stimmungsgehalt und dieselben Tendenzen haben können, die die Masse hat, und von ihren Vertretern zu fordern berechtigt ist. Er bleibt der erste Aristokrat Deutschlands, und wer warten will, bis er antiaristokratisch empfindet, kann warten, bis er stirbt; aber daß er als erster Aristokrat Deutschlands den geschichtlichen Werdegang seines neudeutschen Volkes mit ganzer Seele erfaßt hat, das ist seine persönliche Größe. Er versteht das Pulsieren des Wirtschaftskörpers der 56 Millionen. Vielleicht hört er das Hauchen, Seufzen, Grollen, Zürnen der Arbeitsmasse dieses Körpers nicht ebenso genau wie das Wogen der Einfuhr und Ausfuhr, aber auch dieses wird er stärker hören, wenn die Masse beginnt, mit ihm großdeutsche Welthandelspolitik zu machen.

Ob sie es wollen wird? Heute sagt sie „Nein!“ Aber dieses Nein ist kein „Niemals!“ Von allen Seiten drängen die Dinge selbst dazu, dieses Nein abzuschwächen. Es ist zu offenbar, daß die Demokratie mit ihrer erfolglosen Opposition gegen die Flotte sich selbst am meisten schädigt. Was kann sie erreichen wollen?

1. Sie kann erreichen wollen, daß die Flotte überhaupt nicht vermehrt und damit die deutsche Weltstellung gegenüber der englischen schwächer wird. Ob ein derartiges Wollen jemals in fernen Jahren Aussicht auf Erfolg haben könnte, ist zu bezweifeln. Aber selbst wenn die Möglichkeit vorläge, daß die Demokratie das Flottenwachstum hindert, so würde sie damit der demokratischen Entwickelung in Deutschland keinen Dienst tun, denn sie müßte alle nationalen Deutschen bis auf den letzten Mann gegen sich herausfordern und damit das hervorrufen, was jetzt in Worten, aber nicht in Wirklichkeit vorhanden ist, die eine reaktionäre Masse, die um der deutschen Zukunft willen jede Bewegungsfreiheit einer solchen Demokratie verhindern müßte. So schwach ist das deutsche Volksgefühl nicht, daß es sich freiwillig, anstrengungslos einem derartigen Internationalismus opferte.

2. Sie kann erreichen wollen, daß die jetzige Regierung gezwungen wird, größere Konzessionen an die Demokratie zu machen, um von ihr Flottenbewilligung zu erlangen. Je länger sie ihre Zustimmung absolut versagt, desto teurer wird sie sie vielleicht einmal verkaufen können. Das ist ein politischer Gedanke, gegen den sich logisch nichts einwenden läßt, und der nicht an sich unnational ist. Auch andere Parteien verlangen Preise für ihre Mitwirkung. So aber, wie die Dinge heute liegen, ist Gefahr, daß der Preis nicht steigt, sondern sinkt. Die Flotte wird gebaut, aber nur mit Gegnern der Demokratie. Die Demokratie treibt die industrielle Aristokratie und das Kaisertum durch ihre radikale Negation in das Lager der agrarischen und klerikalen Aristokratie und gefährdet damit ohne allen erkennbaren Zweck selbst diejenigen freiheitlichen Rechte, die sie hat. Auf diese Weise verlängert sie für die industrielle Masse die Zeit des vergeblichen Wartens und Opferns.

Wir sagen nicht, daß die Demokratie bedingungslos alles bewilligen soll, was gefordert wird. Wenn sie bedingungslos sich zur Verfügung stellte, würde sie dem Volke wenig dienen. Was wir verlangen, ist nur, daß sie bereit ist, mit sich über die Flotte verhandeln zu lassen. Die Regierung kommt erst durch einen solchen Entschluß der Demokratie in die Möglichkeit, nach rechts hin Wünsche zu versagen. Jetzt muß sie den Agrariern zu willen sein, weil es die bürgerlichen und sozialistischen Demokraten so wollen, sie muß sich zu einer Verkehrs-, Handels-, Gesamtpolitik drängen lassen, die mit ihrer vorzüglichen Grundtendenz in schneidendem Widerspruche steht. Oft hat die Sozialdemokratie bisher sagen können, daß sie von den Fehlern ihrer Gegner lebt. Können dieses Wort nicht heute die Konservativen noch viel mehr sagen? Diese Leute, die den deutschen Osten polonisieren, die den Kanal verweigern, die Deutschland abschließen wollen vom Welterkehr, sie sind (o Ironie!) die Stützen der Flotte! Die Leute, die unsere Bildung hemmen, die uns Kornzölle aufladen, die Rom als Menschheitsmittelpunkt ansehen, sind dem Kaiser jetzt nötig für das größere Deutschland! An sie ist Deutschland verkauft durch die Blindheit der jetzigen Leitung seiner Demokratie! Um der Flotte willen bekommen sie, was sie wollen. Sie wissen, wie man in der Politik etwas erreicht, die Demokratie aber weiß es nicht.

VII. Das soziale Kaisertum.

Als Ferdinand Lassalle im Winter 1863/64 seine Besprechungen mit Bismarck hatte, wollte er die Kräfte des damaligen „Allgemeinen deutschen Arbeitervereins" der durch Bismarck vertretenen preußischen Regierung zur Verfügung stellen, wenn diese das allgemeine Wahlrecht als Gegendruck gegen den Liberalismus des Landtages oktroyieren würde. Bismarck hat später bei der Vorberatung des Sozialistengesetzes diesen Vorgang als geringwertig hinzustellen versucht, es ergibt sich aber aus Lassalles Verteidigungsrede vor dem Staatsgerichtshof, daß Lassalle ganz bestimmte Aussagen Bismarcks besitzen mußte. Wenn aus dem Plane nichts wurde, so liegt die Erklärung wohl in dem Bismarckschen Wort: „was kannst du armer Teufel geben?" Das, was Lassalle an organisierten Kräften besaß, war viel zu wenig, um der Regierung eine Stütze bieten zu können. Immerhin ist es für die weitere Geschichte des Verhältnisses von Demokratie und Kaisertum nicht gleichgültig, daß ganz im Anfang der Sozialdemokratie schon einmal ein Moment vorhanden war, wo die zwei Hände sich zu berühren versuchten. Aus jenem Moment stammt das Wort vom „sozialen Königtum". Lassalle führt aus, das Königtum könne der liberalen „Clique" nicht weichen, es könne aber das Volk auf die Bühne rufen und sich auf dasselbe stützen. Es brauche sich hierzu nur seines Ursprunges zu erinnern, denn „alles Königtum ist ursprünglich Volkskönigtum gewesen".

> Ein Louis-Philippsches Königtum, ein Königtum von der Schöpfung der Bourgeoisie, könnte dies freilich nicht; aber ein Königtum, das noch aus seinem ursprünglichen Teige geknetet dasteht, auf den Knauf des Schwertes gestützt, könnte das vollkommen wohl, wenn es entschlossen ist, wahrhaft große, nationale und volksgemäße Ziele zu verfolgen.

Die Lage, in der Lassalle diese Worte sprach, war anders als die heutige, und doch verwandt. Heute ist es die agrarische „Clique", die den Absichten der Krone entgegenwirkt. Gegen diese Clique könnte die Krone „das Volk auf die Bühne rufen und sich auf dasselbe stützen", wenn die inzwischen tausendfach vergrößerte Organisation der Masse bereit sein würde, sich rufen zu lassen. Die Zusammenarbeit von Masse und Kaisertum würde „soziales Kaisertum" heißen.

Oft ist dasselbe Wort für Dinge gebraucht worden, die zwar an sich gut und segensreich sind, aber nicht aus einer politischen Verbindung von Kaisertum und Masse hervorgingen. Hierher gehört insbesondere die Sozialreform im Zeitalter Kaiser Wilhelms I. Man muß begrifflich und sachlich die damalige Reform von den sozialen Erlassen Kaiser Wilhelms II. unterscheiden, wenn man zu einer klaren Auffassung dessen gelangen will, was soziales Kaisertum in Zukunft sein kann. Die Unterscheidung zwischen den zwei äußerlich ähnlichen Vorgängen wird durch Aussagen Bismarcks erleichtert, die er nach seiner Entlassung zu verschiedenen Schriftstellern getan, und die durch Aufnahme in Poschingers Sammlung anerkannt wurden. Bismarck wehrt sich dagegen, daß er eine Art Staatssozialismus eingeführt habe, und sagt über die Sozialreform Wilhelms I.:

> Das ist durchaus nicht richtig. Was ich getan habe, lag in der Richtung der Wohltätigkeit, nicht in derjenigen der Einmischung. Ich befürwortete die Beschaffung irgend einer Versorgung für die durch das Greisenalter geschwächten oder durch Krankheit oder durch Unfall zur Arbeit unfähig gewordenen Arbeiter ... Als ich meinen Plan zum ersten Male dem Kaiser Wilhelm I. empfahl, begriff er dessen gesamte Tragweite nicht sofort, aber sobald diese ihm voll und klar vor die Augen trat, nahm er ihn eifrig auf, und in den letzten Jahren seines Lebens war es sein Lieblingsprojekt. Niemand nahm ein höheres Interesse daran, und sorgte eifriger für den Erfolg dieses Projektes als er. Aber aus Arbeitern durch gesetzliche Maßnahmen zufriedene Menschen werden zu lassen, ist ein Hirngespinst, ein Phantom, das sich nicht greifen läßt, wenn man ihm naht.

Mit voller Entschiedenheit stellte sich Bismarck dem Ideengange Kaiser Wilhelms II. entgegen. Auf die Frage, ob die Arbeiterschutzgesetzgebung nicht eine Weiterführung der kaiserlichen Erlasse von 1881 sei, antwortet er:

> I ganz und gar nicht. Für die kaiserlichen Erlasse, die mein eigenstes Werk sind, an denen ich in Varzin ohne jeden anderen Menschen gearbeitet, trete ich voll und ganz ein. Die Grenzlinie zwischen dem, was die kaiserlichen Erlasse erzielen, und der Arbeiterschutzgesetzgebung liegt eben genau da, wo der Zwang anfängt.

Er hat nun zwar selbst die Arbeiterschutzkundgebungen Kaiser Wilhelms II. für die Öffentlichkeit formuliert, aber nicht, weil er sie billigte:

> Diese Erlasse waren seit langem eine Lieblingsidee des Kaisers: Hintzpeter, Douglas und andere — kurz solche, die nicht im Dienst waren, haben mit Sr. Majestät darüber Beratungen gehalten. Der Kaiser versprach

sich von den Erlassen Erfolg bei den Wahlen. Mir wurde eine Redaktion gezeigt, die weitgehender war als diejenige, welche erschienen ist. Ich war prinzipiell gegen die Erlasse; sollten sie aber durchaus erscheinen — der Kaiser bestand darauf — so wollte ich meine Redaktion durchsetzen, damit die Erlasse gemildert würden. Ich übernahm die Redaktion und schrieb die Erlasse in der jetzigen Form nieder — als Diener des Kaisers. Die Redaktion rührt also von mir her. Ich habe keinen Kollegen zugezogen. Ich fügte noch die internationale Konferenz ein; ich dachte, sie sollte gleichsam ein Sieb sein, eine gewisse Hemmung des humanen arbeiterfreundlichen Elan unseres Herrn. Ich glaubte, diese Konferenz würde sich gegen allzu große Begehrlichkeit der Arbeiter aussprechen, gleichsam Wasser in den Wein gießen. Aber selbst diese Erwartungen sind enttäuscht worden.

Diese Bismarcksche Darstellung ist von seiner Stimmung nach der Entlassung stark beeinflußt, enthält aber doch das Wesentliche zur Beurteilung der Lage von 1890. Der neue Kaiser und der alte Kanzler hatten verschiedene Ansichten über die Behandlung der sozialistischen Bewegung. Bismarck dachte nur an Machtkampf:

Im letzten Grunde ist die Sozialistenfrage, ich möchte sagen, eine militärische Frage. Wenn das Geschwür aufgegangen, kann man die Ausschreitungen ja mit Gewalt niederdrücken. Es tritt dann vielleicht an die Stelle des jetzigen kleinen Belagerungszustandes der allgemeine, der Kriegszustand. Freilich geht das nicht auf die Dauer   Er halte die sozialistische Gefahr für die größte, die in der Politik vorliege, z. B. für viel bedeutsamer als die, welche etwa von Frankreich oder sonst wem zu erwarten ist.

Es existiert ein Gerücht, Bismarck habe in seiner letzten Unterredung vor der Entlassung dem Kaiser angeboten, er wolle trotz seines Alters noch einmal in den Konflikt hineingehen und das Wahlrecht beseitigen. Kaiser Wilhelm II. habe dieses Anerbieten mit Entschiedenheit abgelehnt. **Kaiser Wilhelm II. war 1890 entschlossen, mit der Arbeiterbewegung seinen Frieden zu machen. Er wollte nicht nur Sozialreform im Sinne der Wohltätigkeit landesväterlich gewähren, sondern wollte die soziale Bewegung als solche in die nationale Politik hineinziehen.** Ein Beweis für diese Auffassung ist der Inhalt der Erlasse vom 4. Februar 1890. Während nämlich die Bismarcksche Sozialreform Vorschläge brachte, die an sich gut, aber nicht im Gedankengang der sozialistischen Bewegung enthalten waren, stellt sich der Vorschlag

Kaiser Wilhelms II. als direktes Eingehen auf Ideen dar, die in der Sozialdemokratie gepflegt worden waren:

1. Arbeiterschutz hinsichtlich der Zeit, Dauer und Art der Arbeit unter den Gesichtspunkten der Gesundheit, Sittlichkeit und wirtschaftlichen Bedürfnisse der Arbeiter;
2. Wahrung des Anspruches der Arbeiter auf gesetzliche Gleichberechtigung;
3. Arbeiterausschüsse von Arbeitern, die das Vertrauen der Arbeiter besitzen, zur Regelung der gemeinsamen Angelegenheiten und zur Wahrung ihrer Interessen bei Verhandlung mit den Arbeitgebern und mit den Organen der Regierung;
4. Ausgestaltung der staatlichen Bergwerke zu Musteranstalten und Anstellung von Aufsichtsbeamten für den Privatbergbau.

Dieses kaiserliche Programm ist so gut, wie es überhaupt sein konnte. Auch ein erneuter Beginn sozialen Kaisertums wird ähnliche Sätze an seinen Anfang stellen müssen. Am Schluß der Staatsratssitzung vom 28. Februar 1890 bat der Kaiser die Mitglieder, nicht vergessen zu wollen, daß es sich bei den Verhandlungen keineswegs um eine Bekämpfung der Sozialdemokratie handle, sondern lediglich um Ermittelung und, soweit tunlich, um Befriedigung berechtigter Wünsche und Ansprüche der Arbeiter. „Was die Sozialdemokratie betrifft, so ist das eine andere Sorge, mit der werde ich nötigenfalls allein fertig werden und bedarf Ihres Rates und Ihrer Unterstützung dazu nicht.“ Vom 15. bis 28. März tagte bereits die internationale Konferenz für Arbeiterschutz und beriet über

Regelung der Arbeit in den Bergwerken,
Sonntagsarbeit,
Arbeit von Kindern, jugendlichen und weiblichen Arbeitskräften.

Was sie fertig brachte, waren naturgemäß nur allgemeine Gesichtspunkte für etwaige gesetzgeberische Arbeit in den 14 vertretenen Staaten mit industrieller Ausfuhr. Im Reichstag wurde ein Entwurf für gewerbliche Schiedsgerichte und einer für Arbeiterschutz eingebracht, und in den Staatswerkstätten in Spandau und in den Staatsbergwerken an der Saar wurde die Arbeitszeit herabgesetzt. Eine Periode des sozialen Kaisertums schien im besten Gange, man mußte an eine sozialpolitisch fortschreitende Ära glauben, die Folgezeit aber hat diese Ära nicht gebracht. Dem lebhaften Anfang folgte ein matterer Fortgang und dann ein völliges Aufhören. Woran lag das? War es Zufall, war es Notwendigkeit, daß der ideale Versuch Kaiser Wilhelms II. dazu führte, daß nach wenigen Jahren ein „Umsturzgesetz" gebracht wurde?

Die Gründe des Mißerfolges lagen auf zwei Seiten, im Beamtentum und im Parlament.

Das Beamtentum stammte aus Bismarcks Schule und war seit 12 Jahren durch das Sozialistengesetz an Mißachtung der Empfindungen der Sozialdemokraten gewöhnt. Von dieser Gewöhnung machte es sich nicht mit einem Schlage frei, was um so erklärlicher war, als auch die Sozialdemokraten kein neues Empfinden für den Staat an den Tag legten. Wenn das Vorgehen des Kaisers den Erfolg haben sollte, ein neues Verhältnis zwischen Krone und sozialistischer Arbeiterschaft zu begründen, dann mußte der ganze Beamtenkörper die Schwenkung mitmachen, ein Punkt, auf den Caprivi zu wenig Gewicht legte. Er besaß nicht die durchgreifende Art, in der Bismarck den Beamtenkörper in seine Form preßte. Es liegt aber auf der Hand, daß eine fast ganz aus agrarisch-konservativen Elementen bestehende obere Beamtenschaft eines sehr entschiedenen Anstoßes bedarf, wenn sie gegen demokratische Organisationen wohlwollende Neutralität bewahren soll. Damals war der passive Ungehorsam das Kennzeichen der Lage. Die frische, kühne Lebendigkeit des Kaisers setzte sich nicht bis zu den Geheimräten fort. Unter allen Umständen müßte bei einer Wiederkehr des Versuches vom Jahre 1890 in ganz anderer Weise mit dem Beamtenkörper Fraktur gesprochen werden, denn das, was täglich, im einzelnen unkontrollierbar, in der Gesamtwirkung sehr fühlbar, die Arbeiter abhält, dem Staate Vertrauen zu schenken, ist der sich beständig erneuernde Eindruck, daß sie von den Organen der Staatsgewalt nicht ebenso behandelt werden wie alle anderen Staatsbürger. Wir haben darüber schon an anderer Stelle geredet. Bei Enqueten werden häufig die Unternehmer gefragt und nicht die Arbeiter. Im Lohnkampf wird der „Agitator" als Vertreter abgelehnt, der Arbeiter aber, der sich zum Vertreter hergibt, wird vom Unternehmer entlassen. Die Behörde müßte, solange solche Zustände andauern, die Agitatoren als Notvertreter gelten lassen, sie würde damit keine schlechten Erfahrungen machen. Nur selten finden sich Staatsbeamte als Zuhörer bei den großen Generalversammlungen der Gewerkschaften, diesen fleißigen, ernsthaften Tagungen der Berufsverbände! Und man denke an das ganze Polizeiwesen, das die einfachsten Versammlungen erschwert! Der Bund der Landwirte merkt davon nichts! Vor dem Richter auch wird häufig der Arbeiter das Gefühl nicht los, daß er keine absolut klassenfreie Justiz vor sich hat. Wie toll wird in Arbeiterangelegenheiten bisweilen der Paragraph vom groben Unfug verwendet! Ist es ein Wunder, wenn der Arbeiter von dem Beamten, den er sieht, auf den Monarchen schließt, den er nicht sieht? Hier kann mit einer festen Hand, die dem Beamtenschiff einen anderen Kurs gibt, unendlich viel getan werden. Wenn dabei etliche Beamte sollten pensioniert werden müssen, so würde Deutschland dieses Unglück tragen können, denn schließlich wird doch die große Schar der Beamten deshalb bezahlt, damit sie einer weitschauenden, volksfreundlichen Staatspolitik dienen. Unser deutsches Beamtentum hat in seiner Ehrlichkeit und Arbeitstreue turmhohe Vorzüge vor den Bamten anderer Staaten, aber vom Kastengeist der herrschenden Gesellschaftsschichten ist es noch nicht frei geworden. Noch fühlt es die Masse, daß der absolute Polizei- und Beamtenstaat sehr nahe hinter uns liegt.

Im Reichstag wurde die Gewerbenovelle, die den Anfang des Arbeiterschutzes enthielt, in langen Kommissionssitzungen beraten und gegen die Stimmen der Sozialdemokraten im Mai 1891 angenommen. Die Sozialdemokratie hatte einen eigenen Entwurf eingebracht und beteiligte sich lebhaft an den Verhandlungen. Ihren Widerspruch erregte besonders die beabsichtigte Verschärfung der Paragraphen über „Mißbrauch" des Koalitionsrechtes und die schärferen Bestimmungen über Kontraktbruch. Nur die letzteren sind in das Gesetz aufgenommen worden. Die Ablehnung der Gesamtvorlage von seiten der Sozialdemokratie erklärt sich weniger aus Einzelheiten des Gesetzes, das, als Ganzes betrachtet, unter allen Umständen ein Fortschritt war, als aus ihrer politischen Haltung zum neuen Kurs überhaupt. Sie haben die Hand des Kaisers nicht ergriffen und damit haben sie den sozialpolitischen Fortschritt Deutschlands um wenigstens 10 Jahre verzögert. Selbst zugegeben, daß damals nicht alle erwünschten Fortschritte zu erreichen waren, so konnte der allgemeine Rückfall abgewendet werden. Aber die Ablehnung des neuen Kurses zeigte sich sofort bei der neuen, verhältnismäßig kleinen Militärvorlage, die eine Erhöhung der Friedenspräsenzstärke [um 18 574 Mann forderte. Liebknecht sagte, bei den Wahlen von 1890 sei Gericht über Bismarck gehalten worden; nun müsse das neue Verdikt lauten: „Fort mit dem Militarismus!" Das war die denkbar schlechteste Antwort, die das Entgegenkommen des Kaisers erhalten konnte. Von da an war die neue Ära im Kern gebrochen. Caprivi versuchte trotzdem, unkonservativ weiter zu regieren, scheiterte aber, wie wir schon früher darstellten, an der Haltung der Linken bei der größeren Militärvorlage von 1893. **Das soziale Kaisertum ist nur möglich, wenn sich der Kaiser in seinem Hauptberuf, in der Vaterlandsverteidigung, auf soziale und freiheitliche Volksteile stützen kann.** Diese Grundlage hat damals gefehlt. Es fehlte die Majorität der Linken, mit der Vaterland, Freiheit, Sozialismus zugleich betrieben werden kann. Auf die Dauer kann mit den Aristokratien allein kein sozialer Fortschritt geschaffen werden, wenn die Demokratie streikt. Das Schicksal des sozialpolitischen Ministers Herrn von Berlepsch war durch die ganze politische Lage notwendig, er mußte gehen, weil keine Arbeit mehr für ihn vorhanden war. Als er ging, sagte ihm, wie berichtet wird, der Kaiser, er halte noch immer an dem Gedanken seiner Erlasse fest. Was hilft aber dieses Festhalten, solange Bebel und Richter die Bildung einer Majorität hindern, mit der diese Gedanken ausgeführt werden können?

Vierzehn Jahre sind seit jenem kurzen Frühling des sozialen Kaisertums von 1890 verflossen. In diesen 14 Jahren hat die Sozialdemokratie nichts Großes mehr durchgesetzt. Weil sie den Zeitpunkt versäumt, wo sie praktische Politik zugunsten der Volksmasse treiben konnte, ist sie durch ihren eigenen Fehler zur Wirkungslosigkeit verurteilt. Man weiß von vornherein, daß sie für Vaterlandsfragen nicht in Betracht kommt — ein trauriger Zustand für die Vertretung des zahlreichsten, aufstrebendsten Volksteiles im neuen Deutschen Reich! Diejenigen, die mit Kraft und Erfolg die deutsche Zukunft tragen könnten, stellen sich selber in die Ecke und überlassen das Feld ihren Gegnern! Niemand fürchtet mehr ihre revolutionäre Kraft, und niemand findet im Staatsleben ihre aufbauende Macht. Sie protestieren, schelten, klagen, drohen, das ist das Ganze. Kleine indirekte Erfolge werden errungen, sonst aber verpufft die Hoffnung des Proletariats in leere Kanonaden.

Warum haben es eigentlich im Grunde im Jahre 1890 die Sozialdemokraten versäumt, sich als nationale Kraft in die deutsche Politik einzustellen? Einmal, weil alle demokratische Entwickelung, wie wir früher ausführten, naturgemäß langsam ist. Ein Kaiser kann viel schneller eine prinzipielle Wendung vollziehen als eine Massenpartei. Dann aber deshalb, weil man dem neuen Kurs nicht traute. Man hatte noch das Sozialistengesetz über sich, die Ausgewiesenen waren noch draußen, das Wort „sozial" war schon oft vom Regierungstische bei Dingen gebraucht worden, die sich als neue Formen alter Ketten entpuppten, vom neuen Kaiser wußte man persönlich noch wenig, aber allen denen, die um ihn herumgingen, traute man nicht. Dieses Mißtrauen ist begreiflich, aber doch falsch. Wenn damals die Sozialdemokratie mit ihren 35 Abgeordneten in Anerkennung der völlig neuen Lage erklärt hätte: „wir geben keins unserer Prinzipien auf, aber wir sind bereit, diese Regierung ehrlich zu unterstützen, soviel wir können, auch in nationalen Machtfragen, damit sie zeigen kann, ob sie gewillt ist, ernste Sozialreform zutage zu fördern", so würden durch diese Erklärung bereits damals die Konservativen unnötig geworden sein, denn auf diese Weise wäre eine Majorität ohne Kartellparteien (Zentrum 106, Linksliberale 66, Sozialdemokraten 35) entstanden. Einem solchen Vorgehen der Sozialdemokratie würden sich das Zentrum und selbst der Freisinn nicht haben entziehen können. Natürlich würde das in der Partei einen großen Krach gegeben haben, aber sicher keinen unüberwindlichen.

Das, worauf es ankommt, ist der Tatbeweis, daß Deutschland ohne die Ostelbier und Klerikale regiert werden kann. Dieser Tatbeweis ist 1890 nicht geliefert worden, ja, im Gegenteil, es wurde die Unentbehrlichkeit dieser Gegner deutscher freier Volks- und Industrieentwickelung leider tatsächlich dargetan. An den Folgen dieses traurigen Verlaufes leidet heute alles, am meisten die deutsche Regierung und das deutsche Proletariat. Beide werden erst frische Luft atmen, neue Schritte tun können, wenn sie noch einmal dort anfangen, wo sie im Februar vor 14 Jahren standen. Noch immer heißt die Zukunftslosung für unser Vaterland „soziales Kaisertum"! Ist dieses gefunden, dann fällt die Erinnerung an alles Mißtrauen und alle Enttäuschung der Vergangenheit in sich zusammen, dann redet niemand mehr vom „inneren Feind", dann aber klingt es aus Millionen deutscher Seelen, die jetzt die Mitfreude am Machtwachstum der Nation sich selbst verbieten, dann klingt es aus den Städten, die das moderne Leben fassen, dann klingt es vom Schacht, vom Steinbruch, aus der Arbeiterversammlung, ungewohnt, aber von Herzen: Es lebe der Kaiser! Eine Periode einheitlicher industrieller und freiheitlicher Gesetzgebung beginnt, ein Ausarbeiten aller der Anlagen, die in der deutschen Reichsgründung enthalten sind. Mag dann der Osten knurren und brüllen, der Westen und Süden hat dann erst ganz seinen Kaiser gefunden. Wie er eines Tages in Dortmund stand, so steht er dann stets, umgeben von der Masse derer, in deren Augen das neue Jahrhundert glüht. Der Schwerpunkt Deutschlands wird von rechts der Elbe nach links der Elbe verlegt. Wie aber bisher der Osten dem Westen seine Gesindeordnung aufzuprägen suchte, so wird dann Westen und Süden die große schöne Aufgabe übernehmen, ein Landprogramm für den Osten auszuführen: Bauerngut an Bauerngut bis an die russische Grenze!

Der Kaiser hat von der Sozialdemokratie gesagt, sie sei „eine vorübergehende Erscheinung" und werde sich „austoben". Vorübergehend ist nicht die Arbeiterbewegung, die mit dem Volkswachstum steigt, vorübergehend aber ist hoffentlich der Geist der Prinzipienreiterei, der keine Gegenwartspolitik macht, weil er ins endlos ferne Paradies der neuen Gesellschaft starrt. Vorübergehende Erscheinungen sind Zuchthausvorlagen und ähnliches einerseits und undeutsche Politik andererseits, aber bleibende Erscheinungen sind die Armee und die Masse, der Kaiser und die Demokratie. Im Bunde werden sie das Beste leisten können, was in Deutschland überhaupt möglich ist, und ihr Zusammenschluß bringt neuen Saft in den alten Baum des deutschen Liberalismus.

VIII. Schluß.

Als ich vor reichlich 5 Jahren die erste Auflage dieses Buches schrieb, stellte ich eine Darstellung der Politik des nationalsozialen Vereins an seinen Ausgang. Das kann ich heute in der früheren Weise nicht mehr tun. Dieser Verein hat unter dem Druck des Wahlergebnisses von 1903 den Gedanken aufgeben müssen, selbständige Partei neben der Sozialdemokratie werden zu können. Die magnetische Kraft der Massenpartei war zu stark. Einzelne der bisherigen Mitarbeiter gingen zur Sozialdemokratie, die Mehrzahl schloß sich dem **Wahlverein der Liberalen** an, dessen politische Vertretung die Freisinnige Vereinigung ist. Wir konnten das umsomehr tun, als gerade diese Gruppe des bürgerlichen Liberalismus im Kampfe gegen Zuchthausvorlage und Zolltarif und für Flottenvermehrung genau das getan hatte, was unseren eigenen Überzeugungen entsprach. Wer also im Sinne dieses Buches politischen Anschluß sucht, der wird ihn durch das Bureau des Wahlvereins der Liberalen, Berlin, Dessauerstraße 1, finden. Als regelmäßige Anwendung der hier dargelegten Grundsätze dient die von mir herausgegebene Wochenschrift „Die Hilfe" (Berlin-Schöneberg, vierteljährlich 1,50 Mk.).

Der unmittelbare Erfolg des nationalsozialen Vereins bei der Reichstagswahl war verhältnismäßig gering. Er hatte

1898	27 208 Wahlstimmen	— Abgeordneten
1903	30 322	1

Herr von Gerlach, der einzige Abgeordnete unseres Vereins, gehört als Hospitant zur Freisinnigen Vereinigung. Aber die Kleinheit des unmittelbaren Erfolges entscheidet in keiner Weise darüber, ob die Zukunft nicht den von uns vertretenen Gedanken gehört. Alle wirklich wertvollen Gedanken brauchen Zeit, sich durchzusetzen. Auch diejenigen Richtungen, die jetzt breit flutend die Tagesmeinung beherrschen, waren einmal klein. Ob unsere Gedanken die Probe der Prüfungszeit aushalten, das ist die Frage. Wir unsererseits sehen nichts, was uns entmutigen sollte, denn sowohl im bürgerlichen Liberalismus, wie in der Sozialdemokratie steigen die Elemente langsam, aber sichtbar in die Höhe, die sich der Auffassung von „Demokratie und Kaisertum" nähern.

Indem dieses Buch so billig dem Leser angeboten wird, wie es nur möglich ist, versucht es, den Kreis derer zu erweitern, die geistig zusammengehören. Es ist in Deutschland kein Überfluß an Leuten, die politische Dinge mit Ernst und Nachhaltigkeit treiben. Jedermann liest täglich von Politik, aber die politische Pflicht, daß jeder eine Meinung haben soll, ist vielfach noch ganz unentwickelt. Auch sehr gebildete Männer und Frauen sind oft politisch meinungslos. Diese Meinungslosigkeit gibt sich als Bescheidenheit, ist aber Schwäche. Politik ist Willenshandlung und ohne vielfältigen gemeinsamen Willen wird in ihr nichts erreicht. Den politischen Willen zu wecken, ist unser Wunsch.

Wo wären wir heute, wenn in der ersten Hälfte des vorigen Jahrhunderts kein politischer Wille lebendig gewesen wäre. Wir preisen die Opfer, die die früheren Generationen für Volk und Staat, für Freiheit und Kultur gebracht haben. Auf der Hingabe der früheren Geschlechter an das Gesamtwohl beruht unser nationaler Aufstieg. Wollen wir geringere Verdienste um die Zukunft haben als sie die Vergangenheit um uns gehabt hat?

Voraussichtlich sind die nächsten Jahre politische Wartezeit. Wenn kein Krieg die innere Entfaltung unterbricht, so wirken die von uns dargestellten Kräfte in der bisherigen Weise weiter. Zunächst verfestigt sich der Sieg der Gegner, dann aber kommt ein Ruck nach links, die Zeit von Demokratie und Kaisertum. Wohl denen, die sie erleben!

Schiller als Zeitbürger und Politiker

Von Professor Ferdinand Tönnies

Hochfeine Ausstattung, Preis 1 Mark

Inmitten der umfangreichen Schillerliteratur, die durch die Hundertjahrfeier von Schillers Todestag hervorgerufen wurde, darf das in unserem Verlag erschienene Buch von Ferdinand Tönnies ganz besonderes Interesse beanspruchen. Der Verfasser selbst schreibt darüber in der „Hilfe":

„Daß Schiller eine sehr bedeutende Wandlung seiner Denkungsart und Dichtungsart durchgemacht hat, ist bekannt genug und kann niemandem entgehen; besonders nicht, daß eine tiefe Kluft seine späteren dramatischen Werke von den früheren scheidet. Ich versuche zunächst, diese Wandlung auf einen knappen Ausdruck zu bringen. Ich mache darauf aufmerksam, daß schon der frühere Schiller das Herz des deutschen Volkes erobert hatte, daß also ein ganz anderer Mann und Dichter es war, der sich später darin befestigt hat. Kein Wunder, daß die Unterschiede oft verkannt werden, daß man vom ganzen Schiller oder gar ausdrücklich vom späteren aussagt, was nur für den früheren gilt; kein Wunder, daß die Eigenschaften des späteren oft verkannt und mißverstanden werden. Man wird Schillers eigentümlichen Wert sowohl als die Grenzen seines ungeheuren Geistes um so besser erkennen, je mehr man lernt, den früheren und späteren Schiller auseinander zu halten und die echte Gestalt jedes von beiden zu begreifen. Der Hauptgesichtspunkt meiner Schrift schließt sich der in der „Hilfe" abgedruckten Charakteristik des Rousseauschen Geistes an."

Und dann:

„Da Schillers beharrender, wenn auch anfänglich kosmopolitischer, Liberalismus also nationale Farbe annahm, so kann man mit Grund sagen, daß er der dichterische Prophet des National-Liberalismus geworden ist. Und als solcher ist er, wenn auch der Name und die Partei noch nicht vorhanden waren, im Jahre 1859, als sein Säkularleben begann, verstanden und gefeiert worden. Heute stehen wir Schiller ferner, und eben dadurch stehen wir ihm objektiver, also auch kritischer gegenüber. Wir sehen — ich versuche in meiner Schrift es zu zeigen —, daß er als Dichter gerade im Verhältnis zu politischen Ideen zu tiefe Wandlungen durchgemacht hat, als daß man seinem poetischen Charakter eine irgendwie bestimmte politische Farbe zuschreiben dürfte. Mit mehr Recht und Grund, als der Nationalliberalismus den späteren, kann der Radikalismus und Sozialismus den früheren Schiller für sich in Anspruch nehmen und seinen Schiller nennen. Denn in der Tat steht der ganze und wirkliche Schiller diesem ursprünglichen doch näher als jenem."

Es handelt sich, wie man sieht um eine ernste Forschung. Aber sie ist leicht und anregend geschrieben. Es ist die einzige Arbeit, die Schillers gesellschaftliche und politische Anschauungen ohne Nebenabsicht fein erfaßt.

Buchverlag der „Hilfe", Berlin-Schöneberg.

Wie urteilt die Presse über Dr. Rohrbachs Buch?

Die Grenzboten: Eine Arbeit über alle mit diesem Thema verknüpften Fragen, die eingehender Beachtung wert ist. Die Schrift sollte jedem Abgeordneten auf sein Pult gelegt werden. Vielleicht entschließen sich dann doch einige Volksvertreter, das lehrreiche Buch zu lesen, lehrreich, obgleich es eigentlich nur die nächstliegenden greifbarsten Wahrheiten zusammenfaßt, einheitlich ordnet und logisch weiter entwickelt.

Preußische Jahrbücher (Professor Delbrück): Den hier gekennzeichneten Mängeln in unserem öffentlichen Dasein (freiwillige Unterordnung der deutschen Volksvertreter unter Bureaukratie und Diplomatie, zum andern die Verkennung der internationalen Lage, unserer Machtmittel und Ansprüche durch die Alldeutschen) will das Buch entgegenwirken, und man darf sagen, daß es dazu vorzüglich geeignet ist. Manchen Ansichten möchte ich freilich widersprechen, aber das Ganze, gleich wertvoll durch das Material, das geboten wird, und anziehend durch die flüssige Form des Vertrages kann nicht genug empfohlen werden.

Marine-Rundschau: Rohrbachs Schrift verdient die weitgehendste Beachtung.

Deutsche Handels-Wacht: Wer sich für die große Politik interessiert und aus der oberflächlichen Behandlung, die ihr unsere meisten Tageszeitungen angedeihen lassen, keinen Überblick über ihre beherrschenden Richtlinien zu gewinnen vermag, findet hier eine ganz treffliche Anleitung Jedenfalls muß man ihm für die vorliegende Schrift dankbar sein, weil sie geeignet ist, die sprichwörtliche Unwissenheit unserer meisten Landsleute in Fragen der auswärtigen Politik zu mildern. Das Buch ist durchweg in einer großzügigen Betrachtungsweise gehalten, bringt manche neue Gesichtspunkte und ist frisch und verständlich geschrieben.

Literarisches Zentralblatt: Dieses ganz ausgezeichnete Buch behandelt in knappen, leichtverständlichen Grundzügen die politischen Hauptprobleme, die unsere internationale Lage gegenwärtig beherrschen. Es ist um so dankenswerter, als gerade auf dem Gebiet, auf welchem sich diese Arbeit bewegt, die Durchbildung weiterer Kreise viel zu wünschen übrig läßt und Rohrbach daher mit seiner Schrift geradezu einem Bedürfnis nach besserer Schulung der Öffentlichkeit in unseren auswärtigen Angelegenheiten entgegenkommt. Die Lektüre ist allen, die in politischen Dingen mitreden und mittaten wollen, angelegentlichst zu empfehlen.

Monatsschrift für kirchliche Praxis (Professor Baumgarten): Eine hervorragende Schule im politischen Denken und zur Entwöhnung von Konfusion von Politik und Gemüt bezw. Moral bietet Paul Rohrbach's im Buchverlag der „Hilfe" erschienene Schrift „Deutschland unter den Weltvölkern". Die leidenschaftslose, alle ökonomischen und geographischen Bedingungen wie die Imponderabilien der Stimmung abwägende Behandlung ist zumal angesichts des ostasiatischen Krieges vorzüglich geeignet, einen straffen Wirklichkeitssinn zu erziehen. Wir wissen, daß das Buch von verantwortlichen Stellen hochgeschätzt wird.

Sächsische Schulzeitung: Dem Urteile: „Rohrbach gibt ein plastisches Bild der Weltlage in feingeschliffener Darstellung", schließe ich mich an.

Strasburger Zeitung: Daß unsere Politiker dem Buche viel Belehrung entnehmen können, bedarf keiner Begründung. Besonders erfreulich ist, daß unsere Staatsmänner es studieren werden, denn sie hätten den Verfasser kaum mit der Stellung, die er jetzt inne hat, betraut, wenn sie nicht durch seine schriftstellerische Tätigkeit auf ihn aufmerksam geworden wären und sein Urteil hätten schätzen lernen

Im vorderen Asien.

Politische und andere Fahrten durch Rußland, Transkaukasien, Russ. Turkestan. Armenier, Nestorianer, Kurden. Mesopotamien, Syrien. Die Bagdadbahn. Iran.

Von Dr. Paul Rohrbach,

Landeskommissar für die wirtschaftlichen Angelegenheiten in Deutsch-Südwest-Afrika.

142 Seiten. 8°. Reichillustriert. Mit einer guten Landkarte versehen. Eleganter Einband 4 Mk.

Einige Besprechungen:

Deutsche Rundschau für Geographie und Statistik, Wien: Was Dr. Rohrbachs Buch eigenen Wert verleiht, sind hauptsächlich die politischen und nationalökonomischen Erörterungen und Bemerkungen, welche er mit den Reiseschilderungen verknüpft. Sie sind aus den an Ort und Stelle gemachten Beobachtungen, aber auch aus vorausgegangener Beschäftigung mit den Ländern Vorder-Asiens geschöpft und haben ihre volle Berechtigung. Der Titel verschweigt, daß das Buch hübsch illustriert und mit einer guten Karte ausgestattet ist.

Geographische Zeitschrift: . . . Es sind nicht Reisebriefe im gewöhnlichen Sinn; neben der eigentlichen Schilderung nehmen Besprechungen wichtiger politischer und volkswirtschaftlicher Probleme einen breiten Raum ein. . . . Wie ein roter Faden zieht sich durch die Rohrbach'schen Briefe die Mahnung, daß die Deutschen sich diesmal die günstige Gelegenheit nicht entgehen lassen sollten, Kapital unterzubringen, um für die Produkte ihrer Industrie neue Absatzgebiete zu eröffnen.

Luzac's Oriental List, London: „Im Vorderen Asien" ist eine Beschreibung der politischen und archäologischen Reisen Dr. Paul Rohrbachs, welche er im Interesse beider, Rußlands und seines eigenen Vaterlandes, im Herbst des letzten und im Frühjahr des laufenden Jahres unternahm. Rußland, der Kaukasus, Turkestan, Mesopotamien und Persien wurden aufgesucht, und die flüchtigen Eindrücke eines reisenden deutschen Politikers werden hier mit Geschick für die Erziehung einer westlichen Welt beherzigt. Die, denen jene Länder im wesentlichen unbekannt sind, werden vieles finden, was sie interessiert, zumal die Illustrationen gut sind. Die Karte ist sogar ausgezeichnet.

Neue Bahnen, Monatsschrift für wissenschaftliche und praktische Pädagogik: Der geplante Bau der Bagdadbahn und die Funde in Babel haben in neuerer Zeit die Aufmerksamkeit weiterer Kreise auf Vorder-Asien gelenkt; Dr. Paul Rohrbach hat dasselbe bereist und schildert seine diesbezüglichen Erlebnisse in dieser Schrift. Er beschränkt sich nicht auf die Schilderung von Land und Leuten und seiner Erlebnisse, sondern bespricht auch die für die Orientpolitik des modernen europäischen Staatensystems wichtigen und aktuellen Probleme; die briefartige Stilisierung macht die Darstellung lebendig.

Theologischer Literaturbericht: Auch in Rohrbachs flottgeschriebenen Reiseschilderungen „Im vorderen Asien" werden die kirchlichen Verhältnisse und die Frage der Christianisierung des noch türkischen Orients gelegentlich erörtert. Einwürfen nüchterner Alltagsweisheit zum Trotz, die die christliche Orientmission als vergeblich oder doch als verfrüht ansieht, erkennt R. in dem christlichen Hilfswerk wenigstens eines der wenigen sicheren Symptome, daß das Christentum bei uns in Deutschland überhaupt noch eine lebendige Religion ist (S. 68).

Wiener Allgemeine Zeitung: Ein prächtig ausgestattetes Buch, welches gerade jetzt zu günstiger Stunde kommt; denn die interessanten Gegenden des vorderen Asiens, durch welche der Verfasser gefahren ist und die er beschreibt, sind reich an geschichtlichen Ausblicken und politischen Zukunftsaussichten. Auf jedem Schritte begegnet man dort Merkmalen einer großen Vergangenheit zugleich mit den Anzeichen, daß in nicht allzu ferner Zeit an derselben Stelle wieder neues Kulturleben aufkeimen wird. Der Autor hat es in anregender Weise verstanden, Geschichte mit Politik zu verbinden. Im ersten Kapitel wird manch Bemerkenswertes über die politischen Absichten Rußlands gesagt, im siebenten Abschnitte ist von der Bagdadbahn, der brennenden Frage Vorder-Asiens, die Rede, aber auch die Kapitel über Transkaukasien, über das russische Turkestan, über Armenier, Nestorianer und Kurden, über Mesopotamien und Nord-Syrien enthalten viel Belehrendes und Merkwürdiges aus jenem Gebiete, das einst der Mittelpunkt des geschichtlichen Lebens war und das dann so viele Jahrhunderte lang abseits der großen Weltereignisse ein zwar nicht ruhiges, aber für Europa uninteressantes Dasein führte. Jetzt soll das freilich etwas anders werden.

Verlag der „Hilfe", Berlin-Schöneberg.

„Asia"

Eine Orientreise

von D. Fr. Naumann.

Elegant gebunden und reich illustriert 4 Mk.

Verlag der „Hilfe" Berlin-Schöneberg.

Athen, Konstantinopel

Damaskus, Nazaret, Jerusalem

Kairo, Neapel

Politische, künstlerische und religiöse Betrachtungen

Einige Stichproben aus den zahlreichen Besprechungen:

Krefelder Zeitung (liberal): „... Als Künstler kennt Naumann sowohl die Schönheit der Farben als das Geheimnis der Linie. Die kleinen Skizzen, die er beigibt, sind charakteristisch für seine Art zu sehen: meist sind es einige Linien, die ihn gefesselt haben, oder die Verteilung von Licht und Schatten. Ausgezeichnet in der Beziehung ist die Ansicht der Sophienkirche in Konstantinopel... Und da das Buch nicht im Parteiinteresse geschrieben ist, so ermöglicht es zugleich die unbefangenste Würdigung Nau:::anns und seiner politischen Bestrebungen. Wir empfehlen es vornehmlich aus ästhetischen Gründen, aber der Reichtum an religiösen und politischen Gedanken gibt dem Buch seinen dauernden Wert."

Christliche Welt (Besprechung in 3 Aufsätzen): Ich habe den höchsten und anspruchvollsten Maßstab an das Buch gelegt, und das um so mehr, als ich selber, mit Ausnahme der eigentlichen Kaisertage in Jerusalem das alles gesehen habe, was Naumann beschreibt — und noch einiges mehr. Trotzdem und gerade darum muß ich sagen, daß mich selten ein Buch so gefesselt hat, und daß ich nur sehr wenige literarische Leistungen so bewundert habe und noch bewundere, wie die „Asia".

Leipziger Zeitung (konserv.): „Ich möchte die Naumannschen Bilder mit denen des berühmten Pierre Loti über das heilige Land vergleichen; hier wie dort neben den gesättigten Farben der Wirklichkeit der süße Schmelz der Intuition."

Hamburgischer Korrespondent (nat.-lib.): „Als den wertvollsten literarischen Niederschlag der großen Kaiserfahrt nach dem Morgenlande und der mit ihr im Zusammenhang stehenden privaten Orientreisen darf man das vorliegende Werk ansehen."

Sächsische Schulzeitung: Der Verfasser ist ein abgesagter Feind hohler Redensarten und gedankenloser Nachbeterei. Mit Geist und Humor weiß er jeder Stadt, jedem Volksstamme den er sah, eine Marke anzuheften, wie sie nur eine scharfe Beobachtungsgabe prägen kann.

Vossische Zeitung (freis.): „... Auch wer nicht gerade allen Ansichten des Verfassers zustimmt, wird das Buch mit Vergnügen und Genuß lesen. Auszüge zu geben wäre in diesem Falle müßig. Kaufen ist das Richtige."

Briefe über Religion

von

D. Fr. Naumann.

3. umgearbeitete und erweiterte Auflage, fein kartonniert 1.50 Mark.

In diesen Briefen legt der durch seine Sonntags-Andachten („Gotteshilfe") in weitesten Kreisen bekannt gewordene Verfasser seine grundsätzliche Stellung zum Christentum dar und erklärt, wie man gleichzeitig Christ, Darwinist und „Flottenschwärmer" sein kann. Von allen Schriften Naumanns haben die Briefe über Religion die zahlreichsten und günstigsten Besprechungen in der Presse gefunden. Hier können natürlich nur

—— einige Urteile ——

folgen.

Die Kirche: Diese Briefe würden es allein schon rechtfertigen, daß die Heidelberger Fakultät an ihrem Jubeltage Naumann zum Ehrendoktor der Theologie ernannt hat. Hier wird ein Neues gepflügt. Hier redet ein Mann, der nicht blos den Geist Christi, sondern auch den Geist der Zeit in seinen Tiefen erfaßt hat; und er weist den Weg, auf dem wir uns aus den verwickelten und bedrückenden Verhältnissen der Gegenwart in eine klare und gegründete Zukunft hineinarbeiten können. Es wird keiner, der in der heutigen Geisterbewegung steht, diese Briefe ungelesen lassen dürfen.

Die christliche Welt: Die Seele wogt im großen Sturme und dabei offenbart sie wundervolle Tiefen. Und was das Denken und Begriffemachen nicht zur Einheit bringt, das preßt, mit heißer Liebe die Gegensätze beide gleich umfassend, Persönlichkeit und Wille doch zusammen. — Endlich: wer so zu reden weiß, darf nicht den Mund schließen wollen, wie das Ende der Briefe befürchten macht. Seine Gabe verpflichtet ihn und der Dank derer, die auf ihn sehen.

Kirchenblatt: Sie regen mehr zum Denken an, als manche dicke dogmatische Untersuchung.

Theologische Rundschau: Das mag ein typisches Beispiel sein, wie N. auch dadurch, daß er zum Widerspruch reizt, anregt und zum Dank verpflichtet. Von den zahllosen wertvollen, hilfreichen und fruchtbaren Gedanken seines Buches ganz zu schweigen. Die Stärke liegt bei Naumann's „Briefen über Religion" in der zergliedernden Ehrlichkeit und der bunten Fülle der Anregungen.

Monatlicher Anzeiger des christlichen Vereins junger Männer, Leipzig: Glänzend geschrieben, ein echter Naumann.

Deutsche Monatshefte: Naumann will keine definitiven Antworten geben, er will nur mit der ihm eigenen großen Ehrlichkeit auf die große Spannung hinweisen, in der sich das vulgäre Christentum und unser Zeitbedürfnis befinden. Damit wird freilich sein Buch, das in jeder Zeile den tiefreligiösen Menschen verrät, ganz von selbst zu einem lebhaften Appell an uns alle.

Allgemeine Deutsche Lehrer-Zeitung: Wir bewundern Naumanns Freimut und Überzeugungstreue und gestehen gern, daß uns die Lektüre der Briefe reichen Genuß für Geist und Gemüt bereitet hat.

Preußische Lehrerzeitung: „Wenn Freude Schaffungsmut ist, dann ist alles in und an dem Buche freudig. Hier fügt sich das treffende Wort nur zum tapfern und befreienden Gedanken. Nach diesen sucht man in den Briefen nicht vergebens. Überall sind die Fragen so sicher vorgestellt und so mutig beschaut, daß die Übel schwinden und das Licht durchbricht. Jeder der 27 Briefe hat seinen eigenen Sonnenstrahl, ein aufleuchtendes Bild, gesättigt mit Wahrheit und Kraft."

Leipziger Lehrerzeitung: Wer also wissen will, wie sich die religiösen Lebensprobleme in dem Herzen eines ehrlichen, tiefgrabenden Wahrheitssuchers gestalten, der greife nach diesem schön geschriebenen Büchlein.

Süddeutsche Arbeiter-Zeitung: Naumann schreibt für „Suchende". Wer sich aber zu diesen rechnen darf, der wird mit wirklicher Spannung die Wege mitgehen, die er hier geführt wird. Und an vielen Stellen wird sich ihm sicher die Spannung des Suchens in die Freude des Entdeckens verwandeln. Insbesondere fällt auch aus diesen Briefen viel helles, klärendes Licht auf die Entwicklung in der Religion, von welcher, aus Anlaß des Bibel- und Babel-Streites, so viel die Rede war.

Verlag der „Hilfe", Berlin-Schöneberg.

Patria!

Jahrbücher der „Hilfe" 1901—1905.

Die Frankfurter Zeitung schrieb darüber: „Was man gewöhnlich unter einem Jahrbuch versteht, ist die „Patria" nicht. Sie ist weder ein Rückblick auf Begebenheiten des verflossenen Jahres, noch ein Kalender oder dergleichen. Sie ist eine Sammlung von Essays, die zusammengefaßt sind unter dem Gesichtspunkt: „Alles was gesund ist an politischen und geistigen Regungen, hat in sich eine innere fröhliche Verwandschaft". Diese Gemeinschaft pflegt die „Patria", wobei sie auch gerne Personen das Wort erteilt, die nicht zum engeren Parteiverbande des Herausgebers gehören. Im Einzelnen findet man in ihr Studien der verschiedensten Art." — Jeder Beitrag ist eine abgeschlossene Studie für sich, einzelne Aufsätze sind illustriert. Ein zündendes Vorwort des Herausgebers führt stimmungsvoll in die Lektüre jedes Buches ein. Künstlerischer Buchschmuck und elegante Originaleinbände (Deckelpressung schwarz und gold, Rotschnitt, Buchschmuck) machen die Jahrbücher der „Hilfe" zu hervorragenden Geschenkwerken, die **auch nach Jahren ihren vollen Wert behalten.**

Ihr Inhalt:

1901.

(177 Seiten, eleg. gebunden 3 Mk.)

Vorwort F. Naumanns.
Max Maurenbrecher, Deutschlands Haltung im Burenkrieg.
Paul Schubring, Max Klinger.
Martin Wenck, Die Entwickelung der jüngeren Christlichsozialen.
Friedr. Naumann, Die Politik des Bauern.
F. A. Feddersen, An die Sprache. Stumme Säulen. Feierabend. An das Christkind.
Friedr. Weinhausen, Das Beamtentum der deutschen Arbeiterbewegung.
H. v. Gerlach, Zur Frauenfrage.
G. Traub, Politik und Sittlichkeit.
A. u. B. Bonus, Moderne Bestrebungen im Buchverlag.

1902.

(187 Seiten, eleg. gebunden 3 Mk.)

Vorwort F. Naumanns.
Jakob Beyhl, Die Befreiung der Volksschullehrer aus der geistlichen Herrschaft.
Friedr. Naumann, Das Brot des Volkes.
Paul Schubring. Böcklin — Leibl — Segantini.
H. v. Gerlach, Ein Brief zur Landarbeiterfrage.
M. Wenck, Freuden und Leiden eines Provinzialredakteurs.
Max Maurenbrecher, Caprivi und die politischen Parteien.
Carl Krauß, Die soziale Bedeutung des Fahrrades.
Paul Rohrbach, Ein Moment moderner Geschichtswissenschaft.
Jerem. Weitbrecht, Die evangelischen Arbeitervereine.
Friedr. Weinhausen, Die Berliner Dienstbotenbewegung.
Erich Schlaikjer, Von den „Überbretteln".

1903.

(174 Seiten, eleg. gebunden 3 Mk.)

Vorwort F. Naumanns.
Karl Lamprecht, Über die Anfänge der deutschen Parteibildung im 18. und 19. Jahrhundert.
Paul Schubring, Die Natur bei Richard Wagner.
Friedr. Naumann, Großstadt oder Kleinstädte.
Walter Lotz, Aufgaben der Verkehrspolitik auf dem Gebiete der Handelspolitik und der Wohnungsfrage.
M. Wenck, Die soziale Tätigkeit der Heilsarmee.
Titius, Die Debatte über Harnacks „Wesen des Christentums".
Clara Viebig, Brennende Liebe.
W. Rein, Universität und Volksschullehrer.
A. Pohlmann, Die Bedeutung des Zuckers im Welthandel.
Paul Zschorlich, Shakespeare als Musikphilosoph.
Max Maurenbrecher, Warum mußte die Bernsteindebatte versanden?

1904.

(176 Seiten, eleg. gebunden 3 Mk.)

Vorwort F. Naumanns.
Heinrich Sieveking, Die deutsche Volkswirtschaft im 20. Jahrhundert.
Paul Schubring, Bilderbetrachtung.
Hermann Pachnicke, Liberalismus und Sozialpolitik.
Rudolph Sohm, Die zwei Schwerter.
Lujo Brentano, Über Ausfuhrprämien.
Rob. Prill. Die Bergfreude.
A. Pohlmann, Über See.
Friedr. Naumann, Das allgemeine Wahlrecht.
Pastor X, Sozialdemokratie und Kirche.
Erich Schlaikjer, Ästhetischer Spaziergang.
H. v. Gerlach, Vom deutschen Antisemitismus.
Paul Zschorlich, Eugen d'Albert in seinen Opern.

1905.

(225 Seiten, eleg. gebunden 3 Mk.)

Vorwort F. Naumanns.
Theodor Barth, Heinrich Rickert.
Paul Schubring, Shakespeare und Rembrandt.
M. Wenck, Die Geschichte der Nationalsozialen. II. Teil.
A. Deißmann, Religiöse Fragen aus der unteren Schicht.
K. Weinheimer, Argentinien.
F. Naumann, Das Ideal der Freiheit.
Nitzsche, Die Anfänge der agrarischen Bewegung in Deutschland.
Bonus, Das Weib in der Literatur.